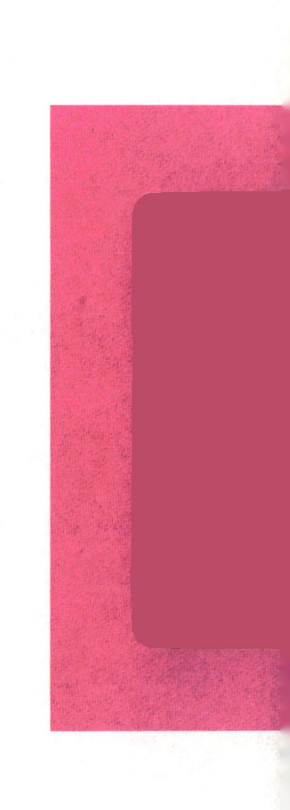

Zur Anpassung des Designs
an die digitalen Medien

Jörg Petruschat | **Editorial**

Verliebt sind wir in die Apparate, sagt Marshall McLuhan. Diese Liebe aber, so fügt er hinzu als wäre das Kritik, sei Narzismus. Wir lieben die Apparate, weil sie nach außen gelagerte Sinnesorgane sind, Organe, die Mensch von sich abgetrennt hat, amputiert. Und so lieben wir in den Apparaten ein von uns abgestoßenes Teil unseres Selbst. Tatsächlich gehören die Experimente mit Leichenohren in die Vorgeschichte des Telefons, viele sehen in der Fotokamera ein künstliches Auge und heute im Internet ein nach außen gelagertes Zentralnervensystem. Diese Amputationen von Ohr bis Hirn – so meint McLuhan – schütze das empfindsame Nervenkostüm. Die Abtrennung entlaste den Menschenkörper von den Reizen, die auf ihn treffen und von den Anforderungen, denen er unterworfen ist, sie ermögliche die Beschleunigung und Ausreizung der jeweiligen Organfunktionen – das Rad ein rotierender Fuß. Folgt man diesen Gedanken, dann wäre es geradezu eine Überlebenstechnik, die eigene Wahrnehmung in Form des Fernsehens zu amputieren, um die Bilder, die die Welt von sich gibt, ertragen zu können. Der kleine Nebeneffekt: diese Sicherung der empfindsamen Nervenfasern wirkt wie eine Droge – sie macht von den technischen Medien abhängig. Heute bereits kann Mensch dieser Nervensicherung nicht mehr entsagen. Wie soll er die Verhungerten auch ertragen ohne Fernsehen?

Nun, diese Abhängigkeit jedenfalls nennt McLuhan Narzismus: Mensch liebt die Apparate, weil sie im Grunde er sind.

Ich halte die Nachbetung dieser Geschichten für Dummenfang. Das Telefon ist nicht das verlängerte Ohr und der Computer nicht das amputierte Gehirn – obwohl sich mit diesen Bildern schon ein Schabernack treiben läßt. Schon die Liebe zu den Apparaten ist ein schief gesetztes Bild. Narziß liebt nicht die Reflexionsfläche, sondern den Jüngling, der auf ihr erscheint, das Geheimnis des Telefons ist nicht das abgetrennte Ohr, sondern das Netz, das die Teilnehmer identifizierbar macht. Auch wiederholt der Computer nicht die Windungen unseres Hirns. Er prozessiert Repräsentanz in Form einfachster, deshalb universell ausfaltbarer Signalsteuerung. Das ist es, was McLuhan die Botschaft der Medien nennt und Neil Postman in den Satz gießt: Wir amüsieren uns zu Tode. Diese Botschaften aber sind nicht die des menschlichen Körpers. Die Botschaft der Medien ist strukturierte und prozessierte Kommunikation, das, was Körper gemein macht. Hier von Prothesen zu reden, oder auch nur zu denken, ist Geistesschwäche. Der Mythos von der Prothetik der Medien, ihre Verzeichnung als Menschenteil ist der Versuch, sie zu beschwören, ist Vergötzung oder Dämonisierung prozessierter Kommunikation. Naturvölker stellen Natur sich göttlich vor, weil Bestechung und Opfer, also Sozialtechniken, dem Übermächtigen Erfolg abringen. Der nachgeschichtliche Mensch stellt die entlaufenen Apparaturen sich übermenschlich vor, um die Fremdheit zu tilgen, die dem Selbsterzeugten innewohnt.

Geistesschwach ist die Vorstellung, die Medien seien amputiertes Teil von uns, weil mit der Anthropomorphisierung der Apparate deren Differenz zum Menschen verschwindet, auf die ihre Funktionalität gegründet ist. Technische Medien prozessieren Kommunikation nicht weil sie übermenschlich, sondern weil sie unmenschlich sind. Diese Unmenschlichkeit aber ist kein moralischer Vorfall, der durch Lebendigkeitsbilder kaschiert werden muß, sondern eine historische Tatsache. **Freuet Euch**, daß das Unmenschliche deutlich wird. Ihr sollt Euch davon trennen, aus ihm heraustreten, es Sein lassen. Dieser Schritt ist keine Geste des Verzichts, die Grenzziehung zu den Apparaten ist ein geradezu unüberschaubar breites Aufgabenfeld.

Geschichtlein von Prothesen, erfunden in den industrialisierten Kriegen zur Ertüchtigung der Krüppel, sollen nur Zufriedenheit verbreiten, damit die Härte, die dem Lebendigen angetan wird, dem Menschen nicht so hart vorkommt; Mythen sollen der Welt die Unheimlichkeit nehmen.

Auf, auf Ihr Designer! Jetzt ist es noch einfach, eine menschliche Welt vorzustellen, jetzt ist die automatische Produktion, die uns vermittelt, noch kriegstechnisch figuriert, in hartem, fordistischen Material. Gentechnologisch wird die Grenze zum Unmenschlichen viel schwerer zu ziehen sein.

Inhalt

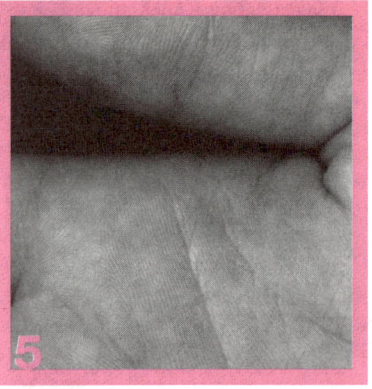
5
Editorial

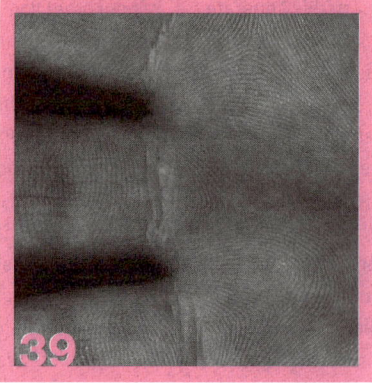
39
Hans G Helms
Von der Lochkarte in den Cyberspace

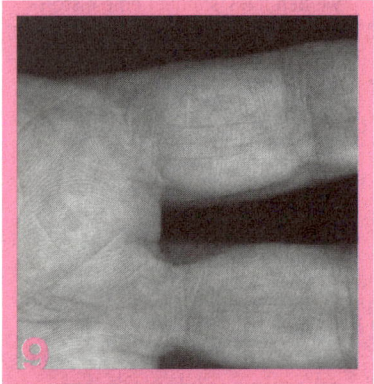
9
Joseph Weizenbaum
**Der Computer verschwindet.
Es hat schon begonnen.**

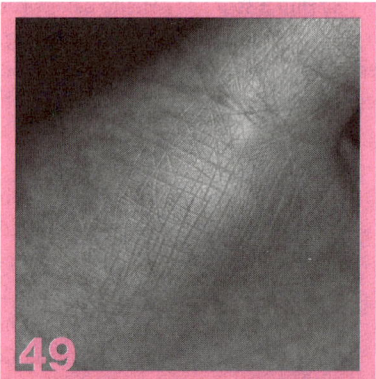
49
Chup Friemert
Mediatektur

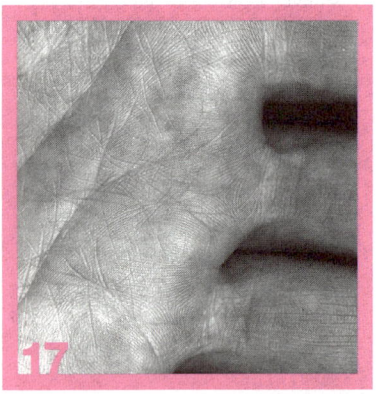
17
Jörg Petruschat
Information takes command?

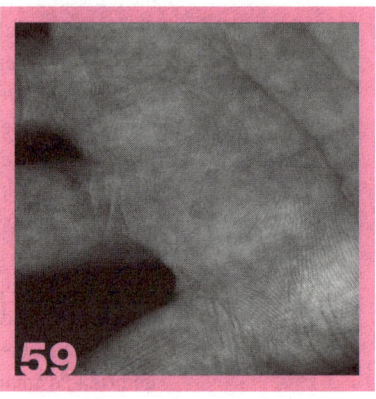
59
Tanja Diezmann
Informelle Charaktere

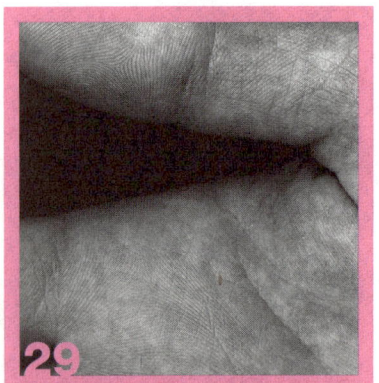
29
Joachim Sauter
Digitale Verdopplung der Welt

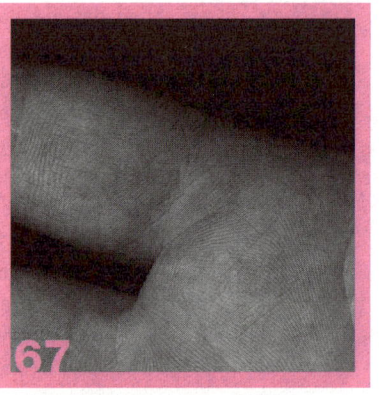
67
Chup Friemert
Der Computer und die DaOisten

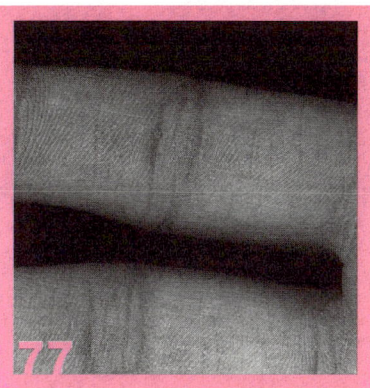
Adib Fricke
Poesie des Zufalls

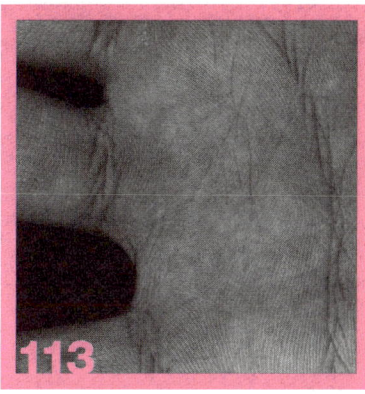
Carsten Schlegel
Das akustische Grabmal

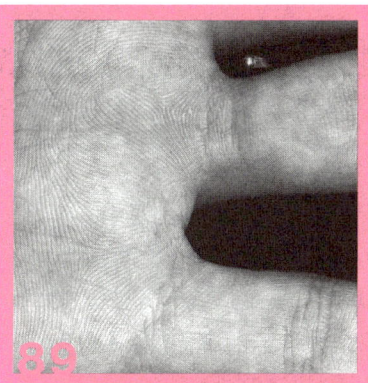
Perforierte Partikel Projektionen

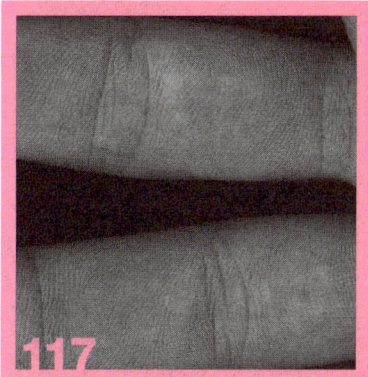
Rezension

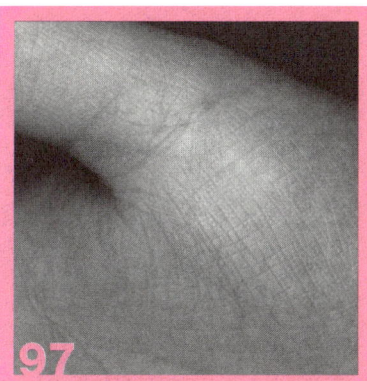
Helmut Staubach
Frage nach der Universalität der Dinge
Nils Krüger
Entwerfen mit oder am Computer?

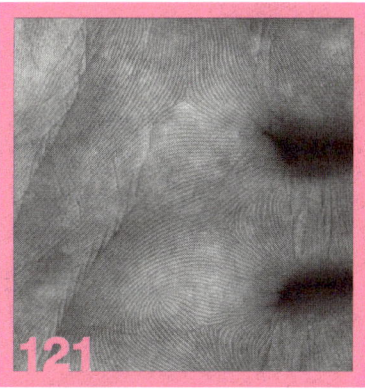
English for you

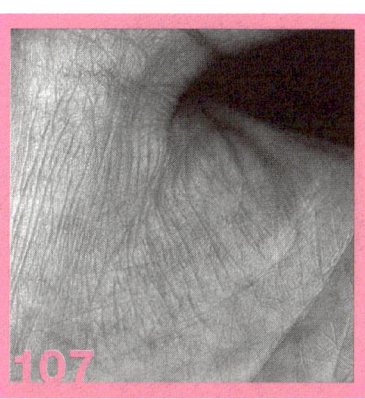
Ann Grove White
Jenseits des Buches

Joseph Weizenbaum | **Der Computer verschwindet.
Es hat schon begonnen.**

Weil Forschungsaufträge am MIT mit Argumenten begründet werden mußten, die dem US-Verteidigungsministerium gefielen, weil Computertechnologie **Tötungsmaschinen im Vietnamkrieg steuerten, wurde Joseph Weizenbaum zum** prominentesten und kompetentesten Kritiker der Verquikung der Computerentwicklung mit dem Militärisch-industriellen Komplex. Wir sprachen mit Joseph Weizenbaum, der die Entwicklung des Massachusetts Institute of Technology (MIT) seit nunmehr über drei Jahrzehnten als Professor begleitet, über die grundsätzlichen Wandlungen, die die Datenverarbeitungsmaschinen in der Gesellschaft und im Denken der Menschen erzeugten.

form + zweck > *In »Die Macht der Computer und die Ohnmacht der Vernunft« steht indirekt die Behauptung, die Computerrevolution hätte nicht stattgefunden: Zumindest nicht in einer Weise, die den Begriff Revolution rechtfertigen würde. Die Pointe dieser Formulierung bestand darin, daß Sie Revolution an soziale Veränderungen banden und weiß Gott seinerzeit keine Veränderungen wahrnehmen konnten. Mir gefällt diese Aussage in einem gewissen Sinne auch noch heute. Ihnen auch?*

Prof. Weizenbaum < Es ist oft gesagt worden, der Computer sei gerade zur rechten Zeit gekommen, *just in time*, denn es habe Probleme gegeben, die ohne ihn nicht lösbar gewesen wären. Tatsächlich aber ist der Computer entwickelt worden, um die bestehenden Strukturen zu erhalten.

Wenn man diese Entwicklung über einen langen Zeitraum betrachtet – ich sehe sie jetzt seit vierzig, fast fünfzig Jahren – dann wird klar, daß sich nur sehr wenig verändert hat. Die Vorhersagen, die Begeisterung – das hat sich die Realität sozusagen nicht verdient. Rein technisch hat sich viel geändert. Die Schnelligkeit der ersten Computer, an denen ich gearbeitet habe, hat man in Sekunden oder Millisekunden beschrieben. Heute spricht man von Nanosekunden, das ist ein Tausendmillionstel einer Sekunde. Das ist eine Veränderung, die man kaum glauben kann, selbst wenn man sie mitgemacht hat, nicht. Auch die Welt ist anders geworden. Was hat sich wirklich verändert?

> *Die technische Entwicklung scheint ein evolutionärer Prozeß zu sein. Relativ unabhängig, immer unabhängiger von dem Wollen der Akteure.*

< Das glaube ich nicht. Man muß sagen, daß besonders das Militär die Entwicklung bestimmt hat und daß alles, was entwickelt wurde, die Antwort auf Wünsche des Militärs ist.

Im Museum für Verkehr und Technik zum Beispiel hier in Berlin ist ein Apparat zu sehen, eine Rakete mit eingebauter Kamera. Die Rakete ließ sich steuern. Sie ist für die Wehrmacht entwickelt worden im zweiten Weltkrieg, nur hat sie nie richtig funktioniert. An ihr kann man sehen, was das Militär verlangt: alles muß immer kleiner werden, immer schneller, es muß überall eingebaut werden können. Das ist der Drang des Militärs. Stellen wir uns vor, eine Gesellschaft ohne Militär, nur für einen Moment. Wie wäre die Entwicklung dann verlaufen?

> *Viele hardware-Entwicklungen setzen heute bestimmte software-Entwicklungen voraus. Diejenigen, die daran arbeiten, können den Zusammenhang kaum noch sehen, in dem sie tätig sind. Aus Konkurrenzgründen werden Ziele gesteckt, von denen der Weg, sie zu erreichen, unklar ist. Diese Arbeitsteilung bewirkt einen anderen Typ von wissenschaftlicher Konzeption, die von sich aus verantwortungsloser ist, weil der Gesamtzusammenhang nicht reflektiert wird.*

< Ja, das stimmt. Ich habe schon vor sehr langer Zeit geschrieben, daß der Computer eine Lösung ist, die Probleme sucht. *Computer is a solution in looking for problems*. Das ist immer noch so. Das Leben ist voll von Widersprüchen und Paradoxen. Eines schließt nicht das andere aus. Es existiert das eine neben dem anderen. Auch im persönlichen Leben ist das so.

Ich weiß nicht, wieviele Jahre es brauchte, bis ich zum ersten Mal eine Anwendung eines Computers gesehen habe, die nicht *computing* durch *computing* war. Das Wort inzestiös fällt einem ein. Alles dreht sich in sich selbst. Und wenn wir heute die großen *software*-Fabriken ansehen, die lösen keine Probleme, sondern sie machen *computing* für *computing*.

Heute ist das Internet so etwas. Niemand weiß genau, was man damit machen soll. Wozu braucht man es?

> *Als Eliza[1] von Ihnen geschrieben wurde, glaubten einige, soziale Verhaltensweisen durch Computer ersetzen zu können. Sie stellten angesichts derartiger Bestrebungen die Frage, ob nicht vorher diskutiert werden muß, ob dies überhaupt geschehen sollte. Heute wird, wie immer, seit es kapitalistische Gesellschaft gibt, das, was möglich ist, auch gemacht. Hürden, die Sie für unüberwindbar hielten, wie die Ersetzung von Funktionen des Lebendigen am Lebendigen, sind bedenkenlos genommen worden – wie bei der Schabe etwa, die von Japanern elektronisch angesteuert und deren Körper zum bloßen Bewegungsapparat degradiert wird. Die McCarthy's heißen heute Moravec oder Takeuchi.*

[1] Eliza hieß eines der ersten interaktiven Programme. Weizenbaum schrieb es 1963 im MIT.

< Es kommt nicht darauf an, ob man Funktionen des Lebendigen ersetzen kann oder nicht, es ist einfach absurd. Es ist schon eine Tragödie, daß so etwas überhaupt veröffentlicht werden kann.

Ein Witz: Was ist der Unterschied zwischen einem Optimisten und einem Pessimisten? Der Optimist sagt mit großer Begeisterung: »Diese Welt ist die bestmögliche, *bestpossible*.« Der Pessimist antwortet: »Ja, leider.«

Ich glaube, das paßt. Ich hatte keinen Zweifel, schon damals nicht, daß das gemacht werden kann, irgendwie. Na ja, sie sind optimistisch, meine Kollegen, daß sie das machen können. Und ich sage: »Ja, leider.«

> *Was halten Sie von dem Versuch, ein technologisch entlastetes Leben zu führen oder zu projektieren?*

< Ein Versuch, die eigenen Hände rein zu lassen, das meinen Sie? Das könnte aus einer Verzweiflung kommen; wenn ich schon nichts tun kann, möchte ich jedenfalls meine Seele retten. Das hört sich gar nicht so schön an.

> *Sind uns die Apparate schon davongelaufen?*

< Dazu eine andere Geschichte, eine erfundene. Es gibt irgendwo ein Konzentrationslager, das von einem Computer verwaltet wird. Der Computer trifft alle Entscheidungen. Jemand hat ein Stück Brot gestohlen. Das gibt man in den Computer ein und der sagt: »15 Peitschenhiebe« oder was auch immer. Zwei Häftlinge beobachten das, und der eine sagt: »Weißt du, es muß doch möglich sein, einen Computer human und vernünftig anwenden zu können.« Der andere sagt: »Ja, aber nicht in einem KZ.«

Die Antwort hat sogar denselben Geschmack wie dieses »Ja, leider.« Ich glaube, daß die Entwicklung, die man fürchtet, eintrifft, weil sie in einer wahnsinnigen Gesellschaft stattfindet. Natürlich kann man in tiefster Verzweiflung sagen, o.k. ich steige aus. Aber man sollte sich klar sein, daß das ein Aussteigen ist.

So etwas zu machen, kann auch vorbildlich sein, ein Vorbild für die Jugend. Und es ist vielleicht eine der ganz wenigen Möglichkeiten, die man hat, um die Gesellschaft zu ändern: Vorbild für die Jugend zu sein. Ich kann mir auch vorstellen, daß es im KZ Menschen gab, die versucht haben, Mensch zu bleiben und anderen Menschen zu helfen. Das sind doch alles furchtbare, dunkle Visionen, aber ich glaube, so ist die Realität.

> *Viele Intellektuelle, die Ihre Bücher gelesen haben oder auch nicht, und glauben Ihrer Ansicht zu sein, entscheiden für sich: der Computer bleibt aus meinem Leben heraus. Sie sagen dies nicht aus Ignoranz, sie sagen es auch nicht, weil es ihnen zu anstrengend ist, sich mit dieser Technologie anzufreunden, sondern sie sagen, ich habe Verhaltensweisen, die mir der Computer zerstört. Sie sagen, der Computer ist Teufelszeug, er soll in meinem Dasein keinen Platz haben. Verstehen sie derartige Positionen?*

< Natürlich verstehe ich das. Ich lobe es nicht besonders. Der, der das sagt, hat vielleicht nicht genügend Disziplin, wenn er dem Computer mehr Macht zuteilt, als das notwendig ist.

Es ist so wie mit dem *shopping*-Wahn, der in unserer Gesellschaft existiert. Ich kenne eine Frau, die hat sehr viel Geld, und um 10 Uhr morgens geht sie *shopping*. Sie wurde einmal gefragt, was sie denn sucht. Da sagt sie, ja wie kann ich das wissen, bis ich dort war. Dem sollte man doch widerstehen, auch in sich selbst.

Ich erinnere mich an eine kleine Wirtschaftskrise zu der Zeit, als Eisenhower Präsident war. Auf einer Pressekonferenz sagte er, jetzt sollte jeder rausgehen und etwas kaufen und wenn das jeder gemacht hat, dann ist wieder alles o.k. Ein Journalist fragte ihn, was er vorhätte zu kaufen. Da hat er lange nachgedacht, in dieser Pressekonferenz war eine große Stille. Schließlich antwortete er: »Ich weiß nicht, das muß ich Mimi fragen.« Mimi war seine Frau.

Ich glaube, Intellektuelle möchten nicht von diesem Apparat abhängig werden.

Lewis Mumford hat mir einmal erzählt, daß er mit 12 oder 13 Jahren angefangen hat, mit der Schreibmaschine zu schreiben. Er hat sein ganzes Leben lang mit einer Schreibmaschine geschrieben. Als er 60 oder 65 Jahre alt war, bemerkte er, daß er nicht mehr mit der Hand schreiben konnte. Er konnte seine Unterschrift irgendwo darunterkratzen, aber nicht mehr mit der Hand schreiben. Das ist furchtbar, sagte er, das will ich nicht und hat sich eingeschrieben in einen Kurs für Kalligraphie. Er hat sich sehr bemüht.

Später habe ich immer gewußt, welcher Brief in der Post von ihm war. Es war schon dem Kuvert anzusehen, dieser wunderschönen Handschrift. Ich kann mir vorstellen, daß jemand sagt, ich will nicht, daß dieses Ding Teil meines Lebens wird.

> *Viele argumentieren damit, daß der Computer dem Menschen die schweren und die Routinearbeiten abnimmt.*

< Man kann heute einen Job bekommen bei McDonalds als Kassierer oder Kassiererin. Man muß nicht lesen können. An der Kasse selbst sind Bilder. Es wird gesagt, der Computer hilft dem Menschen, er macht die Routine, der Mensch die höhere Arbeit. *I see what you mean*. Da ist dieses Mädchen bei McDonalds, der Computer macht die Routinearbeit, er sagt sogar, wieviel Wechsel-

geld zu geben ist, und sie sitzt da und denkt an Hölderlin und Shakespeare.

Es gibt Bereiche, in denen der Einsatz des Computers sehr nützlich ist, zum Beispiel in der Medizin. Ich denke an den *CAT scanner*, mit dessen Hilfe zum Beispiel ein Tumor im Gehirn eines Menschen klar gesehen und lokalisiert werden kann. Aber wieviel Geld, Zeit, Kraft, wieviel menschliches Talent und Genie war für die Entwicklung dieses Gerätes nötig. Und auf der anderen Seite, wieviele Menschen in Amerika sehen nie einen Arzt. Und zwar, weil in Amerika, als einem der reichsten Industriestaaten der Welt, die medizinische Versorgung als reines Geschäft angesehen wird.

Es kommt auf den Kontext, auf die Gesellschaft an. Manchmal werde ich beschuldigt, gerade ich spräche zu dem Einzelnen, plädiere dafür, daß die Hände des Einzelnen rein bleiben. Das sage ich aus Verzweiflung, nicht, weil ich daran glaube, daß es die Aufgabe des Einzelnen ist, seine Seele zu retten. Dennoch leistet man in dem Versuch, sich selbst zu retten, vielleicht gerade die Hilfe, die gebraucht wird, um etwas zu ändern. Ich meine nicht, daß man sich selbst sauber halten und die Politik ignorieren kann. Man muß mitmachen. Ich meine nicht, daß man sich zurückziehen kann auf einen Berg, sich von Beeren ernähren und sich von der furchtbaren Gesellschaft absolut trennen kann. Ich glaube nicht, daß man heute leben kann, ohne Blut an seinen Händen zu haben. Ich glaube nicht, daß es heute reines Geld gibt. Aber man kann von Motiven sprechen. Jedenfalls kann man mehr oder weniger klar sehen, wie es ist und dann reagieren oder zumindest die richtigen Fragen stellen.

> *Individuelle Verantwortung ist heute nicht up to date. Es ist heute sehr viel einfacher, etwas Spaß zu haben und sich nicht um langfristige Perspektiven zu kümmern. Sie stehen in einer bestimmten Generation von Wissenschaftlern, in einer bestimmten intellektuellen Kultur. Sie nannten Mumford, mir fällt sofort Günter Anders ein. Gibt es etwas, das Sie mit Mumford und Anders verbindet, in der Haltung, in der Gestik? Können Sie das beschreiben?*

< Eines ganz bestimmt. Mumford, Anders und viele andere, nicht genug andere, teilen die Fähigkeit, kritisch zu denken. Es kann wohl sein, daß das genügen könnte. Kritisch denken, Fragen zu stellen.

Ich war gestern in Bochum, habe einen Vortrag gehalten. In der Fragerunde sagte jemand zum Thema »Computer in der Schule«, es wäre ja nicht möglich, für jedes Kind einen Lehrer zu haben. Und da mache doch der Computer das und das möglich. Am Schluß meiner Antwort bin ich darauf zurückgekommen, daß er einen Lehrer für jedes Kind nicht für möglich hält. Alle haben dies gehört und heruntergeschluckt. Keiner fragt, warum nicht.

> *Sie haben schon vor langer Zeit gesagt, daß der Computer droht, das Grundmodell für die Welt zu werden. Hat die Computermetapher eine Reduzierung des Weltbildes gebracht?*

< Absolut. Seit dem Triumph der Moderne wird der Mensch verstanden in den Begriffen der Naturwissenschaft. Das hat mit Newton begonnen. Vorher hat der Mensch sich selbst ganz anders gesehen. Ob besser oder nicht besser, ist eine ganz andere Frage. Aber anders.

Mumfords Beispiel mit der Uhr fällt mir ein. Durch sie wurde die Zeit des Menschen quantifiziert, und deswegen war es möglich, Zeit zu kaufen und zu verkaufen.

Heute – und es ist sehr wichtig, das zu erkennen – ist die Computermetapher in die alltägliche Sprache eingedrungen: »So bin ich nicht programmiert«. Der Computer ist in den Alltag eingedrungen und hat das Menschenbild verändert. Das macht gewisse Gedanken, gewisse Ziele möglich, die sonst unmöglich gewesen wären. Sie haben Hans Moravec erwähnt und seine Idee, wir könnten die Maschine so programmieren, daß sie funktioniert, wie wir funktionieren. Sicher können wir von den Computern lernen, wir können vielleicht besser denken mit Hilfe des Computers. Aber jetzt sprechen wir bereits darüber, den Computer mit unserem Körper und schließlich mit unserem Gehirn direkt zu verbinden. Die ganze Bewegung »Künstliche Intelligenz« und deren Meister, die ich alle kenne, sie zeigen eine ungeheure Verachtung des Lebens, lebender Wesen und der Menschen, eine ungeheure Verachtung. Sicher, sie sind Kinder ihrer Geschichte.

Und natürlich bin auch ich ein Kind meiner Geschichte. Es gibt Metaphern, die ich nicht loswerden kann. Um die Juden im Dritten Reich so zu behandeln, wie sie behandelt worden sind – das ist schon ein schönes Wort: behandeln – war es nötig, sie als Ungeziefer zu schildern, zu bestreiten, daß sie Menschen sind. Sie sind etwas anderes, etwas Schmutziges. Im zweiten Weltkrieg wurden in Amerika die Japaner als Affen beschimpft. So etwas ist nötig, wenn man einen Massenmord anfangen möchte. Und ich glaube, dieses Verachten, von dem ich spreche, ist in gewissem Sinne eine geistige Vorbereitung zum Massenmord. Moravec schreibt in seinem Buch »*Mind Children*«, daß in 40 Jahren die Computer uns aufgenommen haben. Aber das sei nicht schlimm, nichts wird verloren gehen. Und was er meint ist, daß irgendwie die Schriften von Shakespeare und Anders und Mumford, daß die Kultur in den Computern weiter»lebt«. Zumindest in dem Sinn, daß sie da gespeichert ist. Solch ein Unsinn. Oder ich denke an Marvin Minsky, der vor langer,

langer Zeit gesagt hat »*The brain is a meatmachine*«. Ich sage es auf englisch, denn im Englischen gibt es zwei verschiedene Ausdrücke für Fleisch. Es gibt *flesh* und es gibt *meat*. Dieser Unterschied existiert nicht in der deutschen Sprache. *Flesh* ist das lebende Fleisch, vor dem man Respekt hat. Es ist zum Beispiel ein Tabu, das lebende *flesh*, besonders eines Menschen, zu essen. Aber *meat*, *meat* kann man brennen, man kann es essen, man kann es schneiden und so weiter. Daß er gerade sagt »*The brain is a meatmachine*« anstatt »*The brain is a machine of flesh*«, das deutet auf diese Verachtung hin. Außerdem sagt er ja ganz offen und immer wieder so etwas wie »Gott war ein mittelmäßiger Ingenieur«, »Der Mensch ist eine Fehlentwicklung«. Der Mensch verschwende seine Zeit mit Schlafen, er werde krank und müsse sterben, und alles, was er wisse, sei auf einmal weg und so weiter und so weiter. Wir – und damit meint er seine Arbeitsgruppen – können das viel besser.

Im Fernsehen fragte ihn einmal jemand: »Sie wollen einen besseren Menschen herstellen?« Antwortet er: »Nein, ich will keinen besseren Menschen herstellen. Ich interessiere mich nicht für Menschen.«

Man muß wissen, daß diese Ideen, diese Haltung in unseren Universitäten gelehrt werden. Ganz besonders in den großen Universitäten, die mit künstlicher Intelligenz zu tun haben, in der Carnegie Mellon University, in der Stanford University, und natürlich im MIT. Und die Studenten, sie fressen das auf. Man sollte fragen, was wird an unseren Universitäten überhaupt gelehrt. Wenn wir uns zum Beispiel die Offiziere in der deutschen Kriegsmaschine ansehen oder auch die SS, die Leute, die dort befohlen, geplant, verwaltet haben. Sie alle sind Produkte der guten deutschen Gymnasien und Universitäten. Da muß man fragen, was ist dort eigentlich gelehrt worden. Aber darum will ich mich jetzt nicht kümmern. Ich kümmere mich um das, was wir jetzt lehren. Und das sehe ich an meiner eigenen Universität, wir lehren so ein Menschenbild. Ja, was kann man da erwarten?

> *Was würden Sie einem Designer sagen, der einen Computer gestaltet – soll er eine Maschine gestalten oder einen Partner?*
> *Man kann sagen, ich sehe eine Maschine und wenn ich sie sehe, dann weiß ich, das ist eine Maschine. Aber man kann sie auch so gestalten, daß das Technische verschwindet, daß sie lebendig wirkt wie ein Freund, wie ein Partner, und eine Hülle erscheint, die mir suggeriert, es wäre ein lebendes Wesen.*

< Ich hätte sehr gern ein Moratorium, das besagt, wir entwickeln in den nächsten 10 Jahren keinen neuen Computer. Nicht, weil der Computer böse ist oder er uns weh tun wird. Seit ich in diesem Bereich arbeite, habe ich keinen Computer gesehen, dessen Möglichkeiten voll ausgeschöpft wurden. Man hat einen Computer, man arbeitet mit ihm. Aber selbst für den Profi gibt es Geheimnisse. Woher soll man wissen, wie dieses oder jenes funktioniert. Jeder, der mit dem PC arbeitet, macht die Erfahrung, daß immer, wenn er anfängt, seinen PC zu beherrschen, endlich vernünftige Programme schreiben zu können, kommt wieder etwas neues und man fängt wieder von vorn an. Die Idee mit dem Moratorium, das habe ich schon vor 30 Jahren gesagt. Und jetzt haben wir das Internet.

Die Leute auf der Straße haben die Vorstellung, der Computer wäre eine Sache, die man sehen und anfassen kann, in die man etwas hineintut und aus der wieder etwas herauskommt. Das ist sehr unrealistisch. Heute sind sehr wenige Computer autonom oder unabhängig von anderen Computern. Es ist sehr wichtig, das zu wissen. Zum Beispiel wird immer gesagt, ein Computer macht nur das, was man ihm sagt. *Computer does only what you tell him to do*. Das stimmt nicht. Was bedeutet es, dem Computer etwas zu sagen? Ja, man tippt so. Ja, aber jemand anders hat das Programm geschrieben. Jemand anders hat dem Computer schon etwas gesagt.

Eine Richtung heute in der künstlichen Intelligenz befaßt sich damit, Computerinsekten herzustellen, sagen wir Ameisen. Bis jetzt müssen wir sie noch ziemlich groß machen, etwa so groß wie einen Hund. Dieses Ding, das man hergestellt hat und das jetzt herumläuft, wird nicht von einem Computer gesteuert, es hat kein Analogon zu einem Gehirn. (Eine Entwicklung, die ich begrüße.) Nein, im Ellenbogen, in den Gelenken, überall sind kleine Computer und zwar ziemlich unabhängig voneinander.

Warum ich mich daran erinnere: Sagen wir, ich sehe so ein Biest, es ist nicht verkleidet, es ist ganz klar eine Maschine. Und es beißt mich, oder ich sehe, wenn es dorthin geht, dann fällt der Strom aus oder es gibt eine Katastrophe. Jedenfalls, ich muß das Ding aufhalten. Ich nehme einen großen Hammer und hämmere auf das Ding ein. Ich habe diese Szene sogar einmal in einem Film gesehen: Der Mann tritt auf das Ding und hämmert darauf herum, und plötzlich fängt dieses Ding an zu weinen und zu schreien, und dann kommt Blut oder irgend so etwas aus ihm heraus, und unwillkürlich denkt man, so etwas darf man doch nicht tun. Das ist interessant. Und es kann wohl sein, wenn jemand mit dem Hammer auf einen Computer schlägt, daß die Leute sagen, nein, das dürfen sie doch nicht, das ist doch ein lebendes Wesen. Ich erinnere mich an eine Szene in einem Film. Ein Selbstmörder ist dabei, aus dem Fenster zu springen. Um seinen Hals hängt eine Leica. Ich sitze in dem Kino und auf einmal hört man: »Nein, nicht mit der Leica.« Das war ich. Da habe ich mich doch verloren. Ich sollte doch vielleicht gesagt haben »Nein, nicht springen.«

Ich habe eine Leica. Ich habe ein *attachment* zu schönen Maschinen. Die Leica ist einfach eine schöne Maschine. Manchmal spiele ich damit, es ist gar kein Film eingelegt. Viele Leute haben solche Liebesaffären mit ihren Maschinen, mit ihrem Auto, mit ihrem Motorrad, ja warum nicht.

> *Geht Ihnen das auch mit Programmen so?*

< Mit Programmen. Nein, es wäre mir nie eingefallen zu rufen: »Nein, nicht mit diesem Programm.« Das ist eine ganz andere Sache. Programme sind eine Analogie zum Spielen. Sie sind Spielzwang, *gambling*. Das Ziel ist Spielen. Das Ziel ist nicht Gewinnen. Für dieses Ziel werden große Fehler gemacht. Ein Beispiel: Jemand hat im Spiel alles Geld gewonnen. Kein anderer Spieler hat mehr Geld. Nun verborgt er es, damit sie weiterspielen können. Vom mathematischen Standpunkt aus kann man nichts Dümmeres machen, weil man nun gegen sein eigenes Geld spielt. Man kann also nur noch verlieren, man kann nicht mehr gewinnen. Aber das macht nichts. Das Verhältnis von Menschen zu ihren Programmen ist diesem Verhalten sehr ähnlich, zum Beispiel werden Programme nie fertig. Man denkt immer, ach wenn ich das schon geschafft habe, dann kann ich doch auch noch das machen, und dann fängt die ganze Sache wieder von vorn an. Aber man hat deshalb nicht Respekt vor dem Programm wie vor einem lebenden Wesen.

> *Weil es immateriell ist?*

< Nein, nicht deshalb. Das ist eine ziemlich grundlegende Sache. Das Programm ist ja nicht das lebende Wesen, sondern der Computer, das System ist das lebende Wesen. Wenn man ein Programm anfängt, dann muß man sehr viel machen, sehr viel zusammenstellen. Zunächst funktioniert es nicht. Aber eines Tages sagt man: »*Then at some point it comes to life.*« Es fängt an zu leben. Es funktioniert. Es funktioniert nicht richtig, aber es funktioniert. Im Grunde hat man es, man muß nur noch modifizieren. Aber das hat viel mehr mit dem Computer zu tun, sehr viel mehr als mit dem Programm. Es ist eine schwierige Frage – zu schwierig für einen Laien –, den Unterschied zwischen der Maschine, dem Computer und dem Programm zu verstehen. Das ist keine Linie, die man leicht ziehen kann. Man kann nicht sagen, hier ist der Computer und dort ist das Programm. Nein, so ist das nicht. Darüber müßten wir lange sprechen, um das klar zu machen. Das ist wie der Strand am Meer, mit einemmal ist man im Wasser. Aber das ist keine absolute Linie wie bei einem Swimmingpool.

> *Wenn wir »Designer« sagen, meinen wir solche Leute wie Hartmut Esslinger, der für Apple den kleinen Computer entworfen hat. Er sagte, er möchte einen kleinen Kameraden für den Schreibtisch machen, einen kleinen Cowboy. Das ist eine bestimmte Art der Integration von Technik.*

< Ich behaupte, daß der Computer verschwindet. Es hat schon begonnen. Computer sind überall versteckt, in Uhren, in Waschmaschinen, in Cameras, in allem möglichen. Wir werden nicht mehr darüber reden.

Wieder eine Analogie. Es gibt ein Gerät in dieser Welt, daß vor 150 Jahren überhaupt noch nicht existierte. Von diesem Gerät sind in Deutschland sicher mehr Exemplare zu finden als es Einwohner gibt. Ich könnte dasselbe über Amerika sagen. Ich bin gewohnt, wie viele andere Leute auch, es immer bei mir zu haben. Sollte ein neues Naturgesetz entstehen, oder sollte der liebe Gott (der liebe Gott macht die Naturgesetze) sagen, dieses Gerät geht nicht mehr, es hört jetzt auf zu funktionieren, dann würden wir in kurzer Zeit Blut auf den Straßen sehen. Leute würden sich brutal erschlagen, es würde furchtbar werden. Eine furchtbare Katastrophe, weil dieses Gerät nicht mehr funktioniert. Was ist dieses Gerät?

> ...

<   Dieses Gerät ist so weit verbreitet, es ist überall, sie können gar nicht daran denken. Obwohl, es wird in den Universitäten gelehrt, wie es funktioniert, wie man es macht. Viele Leute verstehen sehr viel von diesem Gerät. Tausende, nein Hunderttausende. Ich muß sagen, meistens, nicht immer, schlafe ich mit diesem Gerät. Es beruhigt mich.

>   *Strom?*

<   Ich rede von einem Gerät. Drei sehe ich in diesem Zimmer, von hier aus, wo ich sitze.

Jörg Petruschat | **Information takes command?**

Design folgt in seinem analytischen und methodischen Inventar verschiedenen Metaphern und Paradigmen: der Mimesis, der Konstruktion, der Information. Welche Gründe gibt es für derartige Paradigmenwechsel, welche Gewinne und welche Verluste treten dabei auf? Was an analytischer, was an methodischer Substanz verfällt, wenn die Welt in den Bildern computierender Systeme vorgestellt wird, und: ist es für die Entwicklung des Design nicht sinnvoller, divergierende Wege zu gehen, das Design auszudifferenzieren in eine Vielfalt von Arten?

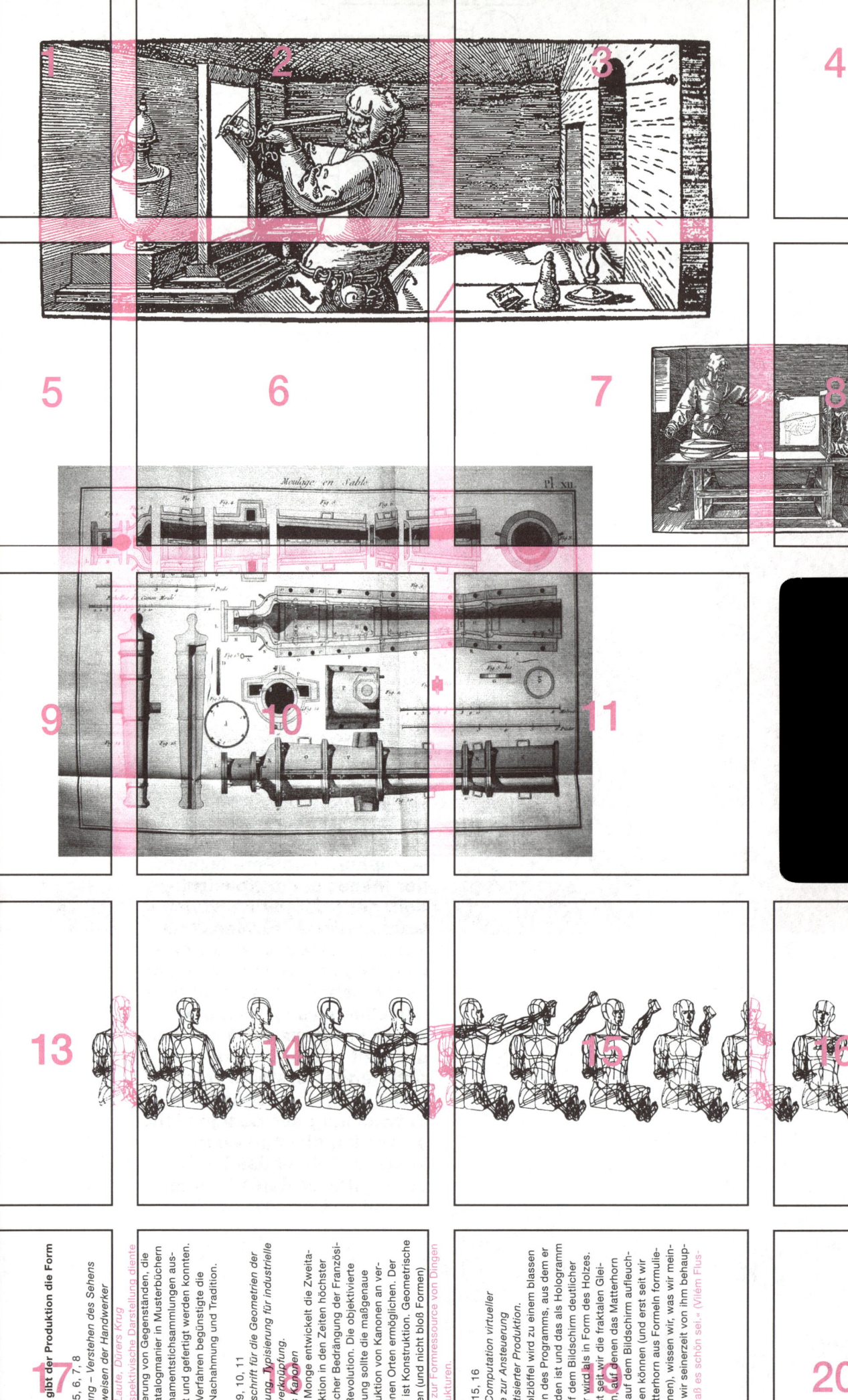

Design gibt der Produktion die Form

1, 2, 3, 5, 6, 7, 8
Zeichnung – Verstehen des Sehens und Anweisen der Handwerker
Dürers Laute, Dürers Krug
Die perspektivische Darstellung diente zur Visierung von Gegenständen, die nach Katalogmanier in Musterbüchern und Ornamentstichsammlungen ausgesucht und gefertigt werden konnten. Dieses Verfahren begünstigte die Kopie, Nachahmung und Tradition.

5, 6, 7, 9, 10, 11
Planvorschrift für die Geometrien der Herstellung, Typisierung für industrielle Arbeitsverknüpfung.
Monges Kanonen
Gaspar Monge entwickelt die Zweitafelprojektion in den Zeiten höchster militärischer Bedrängung der Französischen Revolution. Die objektivierte Darstellung sollte die maßgenaue Reproduktion von Kanonen an verschiedenen Orten ermöglichen. Der Entwurf ist Konstruktion. Geometrische Verfahren (und nicht bloß Formen) werden zur Formressource von Dingen und Strukturen.

13, 14, 15, 16
CAD – Computation virtueller Projekte zur Ansteuerung automatisierter Produktion.
»Der Holzlöffel wird zu einem blassen Schatten des Programms, aus dem er entstanden ist und das als Hologramm oder auf dem Bildschirm deutlicher sichtbar wird als in Form des Holzes. Und erst seit wir die fraktalen Gleichungen, auf denen das Matterhorn beruht, auf dem Bildschirm aufleuchten lassen können (und erst seit wir das Matterhorn aus Formeln formulieren können), wissen wir, was wir meinten, als wir seinerzeit von ihm behaupteten, daß es schön sei.« (Vilém Flusser)

Die Überschrift ist eine Anspielung auf Sigfried Giedion's Buch »Die Herrschaft der Mechanisierung«. Der englische Originaltitel lautet: »Mechanization takes command«. Dieses Buch beschreibt das Paradigma für Gestaltung im Zeitalter fordistischer Massenproduktion: die Durchsetzung des modernen Lebens mit technischer Mechanik und Konstruktivität, mit Kriterien der Funktionalität, der Leistungserfüllung, der Standardisierung. Meine Überschrift »Information takes command« enthält die Frage, ob die mechanischen und thermodynamischen Grundsätze noch Geltung haben können für das Design, oder ob das Paradigma technischer Mechanik antiquiert ist.|[1] Die Frage nach dem nachindustriellen Paradigma fürs Design gewinnt an Schärfe angesichts der Tatsache, daß es bis auf den heutigen Tag keine Designtheorie gibt – nicht im klassischen Sinn des Wortes »Theorie«. Es wäre lange über die Gründe hierfür zu reden entlang der Frage, ob denn Design überhaupt theoretisierbar ist. Mittlerweile allerdings ist der theorielose Zustand des Designs mehr als verwunderlich und die Situation paradox. Einerseits ist postmoderne Realität fast durchgehend durch Design vermittelt: Politik, Konkurrenz, Wissenschaft, Produktion, Alltag, Medien sind Projekte von Gestaltung, wenn auch nicht immer von professionellen Gestaltern. Andererseits beuten eine Vielzahl von wissenschaftlichen Disziplinen das Design empirisch aus: Ethnologie, Wirtschaft, Anthropologie, Kulturwissenschaften, Semiotik beschäftigen sich geradezu lustvoll mit Designprozessen, weil an Designprozessen, so meinen sie, Absicht, Ergebnis und Handlungen, deutlich auseinandergelegt und deshalb einfach zu analysieren sind. Doch weder die Publizität des Designs, noch die Okkupation des Phänomens durch andere Disziplinen sind Designtheorien.|[2] Wie ein Makel zeichnet diese Theorielosigkeit am Design sich ab: theorielos vermag Design am Diskurs der Macht nur mitzustottern, ist es auf Zaubersprüche, Lobbys und Ränkespiele angewiesen. Ist es die Unmündigkeit, die das Design so willfährig für alle Bereiche macht? Stehen die Gedankenlosigkeit im Design und seine Publizität gar in Zusammenhang? Immerhin erfüllt Papaneks Spruch, daß ein jeder Designer sein kann, sich in berufsschädigender Weise, und sensiblen Gemütern ist der Verfall im sozialen Status wie im Werte der Arbeitskraft der Designer seit langem spürbar. Von einem Statuszuwachs fürs Design jedenfalls kann nicht gesprochen werden. »Wir haben einzusehen gelernt, daß zu guter Letzt die menschliche Umwelt von Mächten geformt wird, die sich unserer Kontrolle entziehen. Wir sind in die zwielichtige Lage gestoßen, der Gesellschaft gegenüber eine Verantwortung auf uns genommen zu haben, die in Wirklichkeit von anderen ausgeübt wird. Entscheidungen werden von anderen getroffen, ohne uns, mehr als oft auch gegen uns. Daraus resultiert die allen bekannte und von allen durchlittene Situation. Niemals war es schwieriger gewesen als heute, der menschlichen Umwelt Struktur und Gehalt zu geben. Niemals ist die menschliche Umwelt chaotischer und irrationaler gewesen; niemals reicher an Gegenständen, niemals ärmer an einheitlichen und geordneten Strukturen. Niemals folglich war uns Architekten und Produktgestaltern so viel, und gleichzeitig so wenig aufgegeben. Niemals hatten wir so viele virtuelle und so wenig reale Möglichkeiten wie heutzutage. Niemals hat man uns so sehr gebraucht, und niemals hat man uns zu gleicher Zeit so wenig gebraucht.«|[3] so die Einschätzung von Maldonado; ziemlich dramatisch, sehr moralisch für heutige Ohren. Aber sie ist ja auch schon zweiunddreißig Jahre alt. Es gibt gute Gründe aufmerksam zu sein, wenn die Zeiten theorielos sind. Und es verdienen alle Versuche Interesse und Diskussion, die aus der intellektuellen Schlaffheit herausführen. Sowohl praktizierende Designer in dominierenden Positionen wie auch Ideologen auf dem Gebiete der Gestaltung sehen einen Ausweg aus der Sprach- und Wirkungslosigkeit in einer medien- und informationstheoretischen Aufrü-

---

|[1] Dies ist eine Frage nach den Denkfiguren, in denen Gegenwart, also auch Gegenständlichkeit erfaßt und Zukunft entworfen wird: Auf welches Verstehen, auf welche Denkmuster ist das Design gegründet, das ja von sich selbst das Märchen erzählt, die Umwelt zu gestalten. In der Überschrift »Information takes Command?« spiegelt sich der praktische Aufstieg der Informationstechnologien. Daran geknüpft ist die Erwartung, daß nun auch das Denken im Design auf die Kategorien dieser Informationstechnologien einschwingt. Denn seit es Design gibt, folgte es in seinem Selbstverständnis, in den Methoden der Analyse und Problemlösung, in seiner Weltanschauung immer den avancierten Technologien: Im vorindustriellen Zeitalter war das ästhetische Weltbild auf die Hand gegründet: es folgte dem Grundsatz der Schöpfung. Im industriellen Zeitalter waren die Reflexionen zum Design am maschinellen Produktionssystem orientiert und die Leitkategorie fürs Design hieß Effizienz. Kann heute und zukünftig das Design nur noch erklärt und verstanden werden, wenn es informationstheoretisch analysiert wird?
|[2] Man mag sich die Frage stellen, warum das Design nur in bestimmten historischen Phasen theoretisiert wird, und man wird in der Beantwortung dieser Frage darauf stoßen, daß theorielose Zeiten für das Design Zeiten der Machtlosigkeit, der Wirkungslosigkeit der Designer waren. Der Anspruch auf Theorie war geknüpft an den Anspruch, die Durchsetzungsbedingungen gestalterischer Leistungen, die Bedingungen ihrer Lehr- und Kommunizierbarkeit sich aufzuklären, Gestaltung im gesellschaftlichen Rahmen zu legitimieren.
|[3] Tomas Maldonado in: ulm 12/13, Zeitschrift der Hochschule für Gestaltung, März 1965

Design wechselt die Reflexions-paradigmen im Rhythmus techno-logischer Revolutionen und so auch die menschlichen Analysemodelle.

23, 24, 27, 28
Schöpfung – Handarbeit
Aus der Vitruv-Ausgabe Nürnberg 1549
Der Mensch als Geschöpf Gottes ist der Maßnehmer aller Dinge

25, 26, 27, 29, 30, 31, 33, 34, 35
Mechanisierung – Maschine
Borelli
Der Mensch ist ein System aus Hebeln und Stangen, deren Bewegung sich geometrisch nachzeichnen läßt.

35, 39
Information – Kybernetik
Das Mensch-Maschine-System nach der Vorstellung von Taylor

Die Übergänge vom mechanischen zum informellen Paradigma sind vielfältig. Der Mensch ist eine Reglungsgröße, die angesteuert werden kann.

stung des gestaltenden Bewußtseins. Man glaubt, die digitale Welle würde es erlauben, die Funktion und die arbeitsteilige Einbindung der Designer neu disputieren zu können. Man erhofft – wie Herbert H. Schultes in einem Thesenpapier –, mit der Umstellung des Designs auf das Paradigma der Information würde die Einschnürung der Designer in das ökologische Desaster auflösbar, weil nun von bits und Prozessen gesprochen werden könne, und nicht mehr von Stoffen und Energien gesprochen werden müsse.|4 Man erhofft, die Einbindung des Designs in die Medienverbünde würde das Design (und natürlich jeden einzelnen Designer) weltweit präsent sein lassen, ihm einen nahezu unbegrenzten Markt öffnen, und man rechnet darauf, ein Platz ganz nahe an den Ansteuerungstechnologien der Produktion und der öffentlichen Meinung wäre die beste Startposition ins Zeitalter von *Capt'n Kirk* und *Blade Runner*. Und schließlich kann man am kühlen Flimmern der digital basierten Technologien den kalifornischen Traum der virtuellen Klasse träumen, als *lone eagle* in den neuen *electronic cottages*, fernab von den verschmutzten, stinkenden Städten, zur Natur, ins dörfliche Leben zurückzukehren. Einzig ein ISDN-Anschluß, einzig ein Postzustelldienst und in 200 km Entfernung ein Flughafen wären hierfür noch die Bedingung.

Als Theoretiker verstehe ich diese Wünsche und die Hoffnungen, dem Design eine neue Perspektive zu geben. In diesen Hoffnungen stecken Nöte und in ihnen stecken Sehnsüchte. Und die Erwartung einer Wiedergeburt des Designs aus dem Geiste der Medien ist nicht unbegründet. Beide, Design und Medien, haben ein strukturell sehr ähnliches Verhältnis zur Wirklichkeit. Beide Domänen, das Design wie die Medien, betrachten die Realität als ein Resultat ihrer Projektionen. Für das Design bildete diese Weltansicht – alles, was es gibt, basiert auf einem Entwurf – über Jahrhunderte das Rückgrat des angewandten ästhetischen Selbstbewußtseins. Dieses Bewußtsein, gleich Gott die Welt vorzuentwickeln, basiert auf der Tatsache, daß Design von seinem Ursprunge her Medientechnik ist. Daher hat es seinen Namen, von *disegno*, der Zeichnung. Die Zeichnung, die Verwendung der Medien Papier und Stift, dann der Druckplatten erlösen den Entwurf aus den handwerklichen Bindungen der Herstellung und lassen ihn zu einer eigenen Sphäre kultureller und technischer Kompetenz werden. Zeichnung wird zum Medium des Verstehens von Technik und Kultur, an der Zeichnung wird die Augensinnlichkeit des Menschen verständlich, analysier- und disziplinierbar, wird das Auge mit dem Tastsinn verschränkt. Zeichnungen fixieren die Normen der Mechanik, die

|4 Bei Herbert H. Schultes heißt diese Ohnmachtsfigur Design light. In der Beantwortung der Frage, ob Design auf die ökologischen Herausforderungen reagieren könne oder ob die Designer gar Teil des Problems sind, macht Schultes eine Liste auf:
»– Der Designer wird nicht gefragt, ob es – im Hinblick auf die Umweltzerstörung – sinnvoll oder vertretbar ist, dieses oder jenes Produkt herzustellen; darüber befinden Produktentwickler und Produktmanager.
– Der Designer hat keinen Einfluß auf Fertigungsart und Fertigungsort eines Produktes; das Sagen haben hier die Fertigungsingenieure. Auch kann der Dsginer nicht einmal das Material bestimmen, aus dem ein Produkt gemacht wird; das ist Sache von Materialfachleuten, die nach technischen und ökonomischen Kriterien entscheiden.
– Bei der Farbe, dem Kompetenzbereich des Designers schlechthin, kann er auch nur den Farbton bestimmen, eine ästhetische Qualität; die chemische Zusammensetzung, auf die es ja mit Blick auf die ökologische Problematik in erster Linie ankommt, entzieht sich seinem Einfluß.«
Die Liste zeigt, daß der Desinger in allen Bereichen, die das Produkt als hardware betrifft, außen vor bleibt. Aber das ist noch nicht das Ende der Erzählung.
Nachdem auch Schultes den inzwischen zum guten Ton gehörenden Satz ausgesprochen hat, daß das beste Mittel, die Umwelt zu schonen, das Prinzip der Produktvermeidung wäre – unter Hinzufügung des Satzes »Von dieser Entscheidung bleiben die Designer von vornherein ausgeschlossen, dann dabei handelt es sich um eine unternehmerische Frage.« – nach diesem Pflichtstatement empfiehlt Schultes die informelle Auflösung des Designs: er interpretiert Negropontes Empfehlung Being digital als Handlungsaufforderung, nämlich, die Welt der Materie daraufhin zu untersuchen, inwieweit sie sich entmaterialisieren läßt. Zielmarke der energetischen und stofflichen Abmagerung der Produkte ist ihre totale Digitalisierung. Was dann noch übrigbleibt an materiellem Rest, auch dieses ist dann nicht etwa Gegenstand der Gestaltung, sondern Skelett für Überformungen. An diesen Resten nämlich soll der Designer noch Prediger werden. Schultes nennt es »Gestaltung im Sinne der ästhetischen und symbolischen Qualität« und meint, es müsse »trendy, in oder gar chic« sein, diese »Produkte zu besitzen oder zu benutzen«. Und folgerichtig endet das Thesenpapier neben anderen Merkwürdigkeiten mit einem freimütigen Bekenntnis. Er, Schultes, – immerhin Chefdesigner bei Siemens und damit Protagonist im Sektor des klassischen funktionsorientierten Designs schlechthin – , bekenne offen, daß er der »Vernünftigkeit des Menschen mißtraue«, denn Menschen handeln nicht logisch, sondern »psycho-logisch«, nicht »rational«, sondern »emotional«. Mit der Identifikation von Rationalität mit Vernünftigkeit und Emotionalität als ihrem Gegenstück ist unter der Hand der theoretische Anspruch aus der praktischen Desingarbeit, insbesondere aus so heiklen Bereichen wie der Überlebenssicherung, ausgewiesen. Und das zusammengestauchte Designerbewußtsein ergießt sich in den Worten großer politischer Führer und in der ... eines Rocksongs aus den sechziger Jahren. O-Ton Schultes in der Darstellung von Design light: »Ich kann mit voller Überzeugung sagen: ›I'm a believer!‹ Und wäre die Gefahr, daß man mich der Überheblichkeit und Anmaßung zeiht, nicht so groß, dann würde ich in die legendären Worte des großen politischen Führers Martin Luther King einstimmen und sagen: ›I have a dream!‹ – den Traum, daß der Designer einen wesentlichen Beitrag zur Schonung der natürlichen Ressourcen und damit zur Erhaltung der Umwelt leistet, indem er das Prinzip Design light konsequent realisiert.« – So steht am Ende der Abfindung mit der Wirkungslosigkeit des Designers der Glaube, der den Traum und die Vision Design light, die beides: Glaube und Traum miteinander verbindet. Reflexionen aufs ohnmächtige Design – denn von Theorie ist hier nicht zu reden, obwohl der Artikel unter der Rubrik »Debatte« erschien und die Inhalte als »Thesen« annonciert ist – erzeugt religiöses Bewußtsein.
vgl. Herbert H. Schultes: Design light; in: Design Report 11/96, S. 38

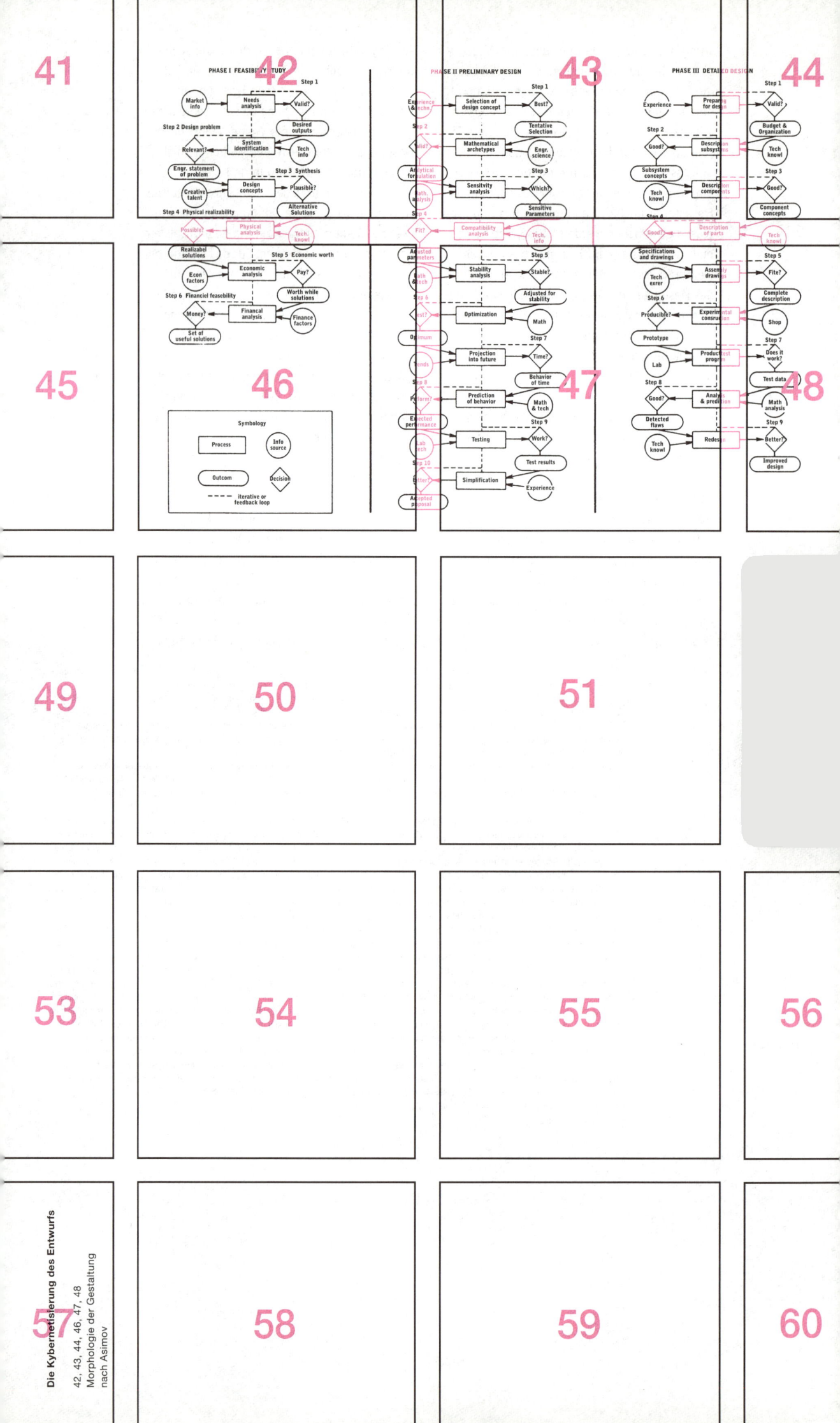

Stile der Kultur und lassen Gestaltung über Grenzen hinweg zu einem musterhaften- und standardgebenden Vorgang werden. Zeichnungen sind Dispositive der Macht, sind Instrumente der Disziplinierung des industriellen, des fleißigen Menschen. Und man kann in aller Gelassenheit den Satz aussprechen, ohne Zeichnung keine industrie-kapitalistische Warenproduktion. Auf das Medium Zeichnung stützt sich der Diskurs vom ästhetischen als dem schöpferischen Menschen und die Illusion, das Chaos der Welt sei auf ästhetische Weise zu ordnen.

Bis in den Ulmer und Nach-Ulmer Diskurs hinauf reicht die medientechnische Grundierung des gestalterischen Bewußtseins. Allerdings basiert er nicht mehr auf der Zeichnung. Die Idee, Formkraft könne die modernen Gesellschaften von ihren Problemen erlösen, war durch die strukturelle Macht der Industrien und Generalstäbe vor, in und zwischen den Weltkriegen, war durch das Töten mit Maschinensystemen und die informelle Macht des Finanzkapitals zum Märchen gemacht.|5 Ulm steht für den Versuch, die hochindustrialisierte Gesellschaft zu ordnen und zu strukturieren. Weltweit griffen Intellektuelle wie Max Bense, Tomás Maldonado, Serge Chermayeff und Christopher Alexander auf jene Wissenschaften zu, die aus der Ansteuerung des industriellen Systems entstanden waren, zur Kybernetik eines Norbert Wiener, zur Informationstheorie eines Claude Shannons, man folgte Abraham Moles. Menschliche Wahrnehmung und Gestaltungskraft wurden als Informationsverarbeitungsverfahren theoretisiert. Von den ersten Experimenten Galvanis, der Froschmuskeln durch elektrische Ströme erzittern ließ bis zur Informationsästhetik Abraham Moles', der Bildwerke nach semantischer und ästhetischer Komplexität katalogisiert, gibt es eine durchgängige – wenngleich bisher kaum nachvollzogene – Entwicklungslinie. Es gehört zu den tragischen Konstellationen der Designgeschichte, daß die informationsästhetische Modellierung des Designs in Ulm in kritischer Absetzung zu den kaum Theorie gewordenen Erfahrungen des Bauhauses geschah, daß die Versuche zur Begründung einer Designtheorie in den *linguistic turn* der Philosophie, der Ästhetik gerieten, daß die Ansätze eines William S. Huff, die auf D'Arcy Thompson aufbauen, nicht über grundlegende geometrische Morphologien hinauskamen – ich erinnere an Rolf Garnich – und unter die Räder eines populistisch-semiotischen Ansatzes gerieten – aber das wäre ein gesondertes, ein designtheoriegeschichtliches Thema, das für Reformüberlegungen an deutschen Schulen sehr lehrreich ausgehen würde.

In beiden Fällen, sowohl im Ursprungsmythos vom Design als Zeichnung, wie im informationsästhetischen Zugriff, wird Design in den Figuren der Kommunikation und Reproduktion beschrieben,|6 wird Design auf Ermittlung reduziert, wie es Otl Aicher in einem internen Papier der Hochschule Ulm formulierte. Zunächst sollten die Formerfindungsprozeduren entmystifiziert werden. Veränderungen, Evolutionen und Revolutionen in den Gebrauchsweisen, die Domäne der dinglichen Kultur ist dem informationsästhetischen Zugriff äußerlich.|7 Das macht Informationstheorie nicht unbrauchbar. Solange Design nicht Entwurf, sondern Umsetzung von Anforderungen ist, ist der informationsästhetische Ansatz vorzüglich. So ist Graphic Design weitgehend mit dem medientheoretischen Inventar beschreibbar, solange es sich um die ästhetische Übersetzung etwa von Text und Bild von einem Medium in ein anderes handelt – die Grundkonstellation von Lay-Outs. Sollen aber die Entwurfsanteile im Graphic Design beschrieben werden, wird es sofort kritisch. Dann muß das antike Vokabular der Kunstwissenschaften bemüht werden, dann wird es nebelig oder es gilt, was der Autorität – des Geldgebers oder des Professors – halt gefällt. Vollends problematisch wird der medientheoretische Zugriff für das Produktdesign und die Architektur. Dort kulminiert eine informationstheoretische Zurichtung des De-

|5 In Ulm ging es nicht um Zeichnungsfähigkeit. Die Zeichnung, das handgreiflich Ästhetische hat seine Ordnungskraft verloren.
|6 Design, das ist die Fähigkeit zur Selbstdarstellung, Design, das ist eine Anleitung für industrielles Produzieren. Medientheoretisch kann sehr viel ausgesagt werden über die Integration von Gestaltung in übergreifende politische, ökonomische, technologische Zusammenhänge. Medien haben den unzweifelhaften Vorteil, weil sie Informationen prozessieren, in dieser Prozessierung Virtualität zu erzeugen. Medien sind Medien, weil sie zwischen zwei Zuständen eine Möglichkeit des Übergangs, eine virtuelle Domäne bilden. In dieser Vermittlung aber steckt zugleich auch das Verhängnis. Das Verhängnis der Medien heißt Abhängigkeit. Die Zeichnung macht von Kunden abhängig, die über fremde Arbeit gebieten, der Rechner von Anschlüssen an Reproduktionstechnologien.
|7 Entwerfen, so etwa die schlichte Weisheit des medientheoretisch bemühten Vilém Flusser, ist den Göttern, den Metaphysikern und jenen Maschinen vorbehalten, die besser komputieren können als die Menschen. Denn erst als die Rechner uns das Matterhorn auf dem Bildschirm zu generieren vermochten, wußten wir, was wir meinten, als wir sagten, es sei schön. Medientheoretisch ist der Designer ein einfältiges Wesen, Formgeber von Ideen, die in ihn einfallen. Seine Tätigkeit besteht darin, anderen diese Einfälle aufzuschwatzen. Was der Designer darin leisten kann, wird von der Haltung des Stiftes, von der Kenntnis des Betriebssystems bestimmt.

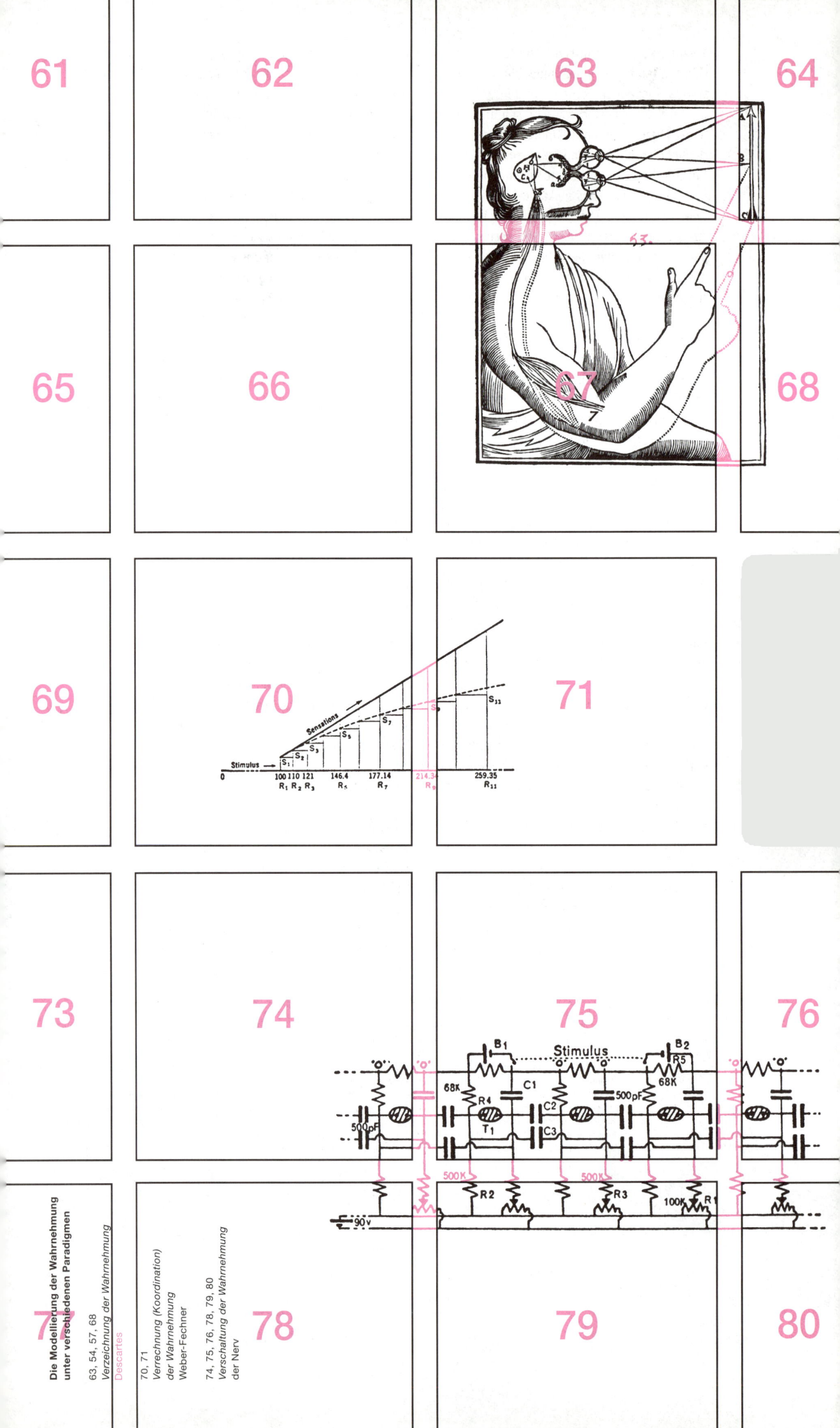

Die Modellierung der Wahrnehmung unter verschiedenen Paradigmen

63, 54, 57, 68
Verzeichnung der Wahrnehmung
Descartes

70, 71
Verrechnung (Koordination) der Wahrnehmung
Weber-Fechner

74, 75, 76, 78, 79, 80
Verschaltung der Wahrnehmung
der Nerv

signs im Begriff der Schnittstelle. Was aber soll ich vom Design einer Benutzeroberfläche halten, bei dem ich mir nie sicher bin, ob damit nicht das Design der Oberfläche des Benutzers gemeint ist. Das, worum es der Gestaltung geht, der Genuß in der Handhabung, im Gebrauch, ist um seine Räumlichkeit (seine Unwahrscheinlichkeit) gebracht. Informationstheoretische Modellierungen des Designprozesses in Zeichen und Signalen, Relais, Prozessoren und Effektoren, Codierungen und Decodierungen beschreiben den Raum – jene drei Dimensionen menschlicher Existenz – nur punktuell und rasterhaft. Das ist geometrischen Anforderungen, der Bewegungssprache mechanischer Werkzeuge gegenüber, ideal. Ich rede aber nicht vom geometrischen Raum, sondern vom unberechenbaren, vom Raum unseres leibhaftigen Zusammenhangs. Denn in der Domäne menschlicher Zufriedenheit hat Gestaltung ihr Zentrum und deren Wirklichkeit ist nicht repräsentativ, sondern unmittelbar.

Es gibt nicht nur die Mediengeschichte des Designs, die Geschichte vom Design als Zeichnung, als Ornament, als Benutzeroberfläche, die Geschichte der Abfindung mit Technologie und herrschendem Geschmack. Es gibt auch eine Geschichte von Gestaltung als Entwurf und Konstruktion, eine Geschichte, die die Abhängigkeiten der Gestaltung von den je herrschenden Bedingungen von Technologie und kultureller Kommunikation skandiert, aufsprengt, eine Geschichte, die in der Attacke auf Einbindungen der Gestaltung in bestehende Zusammenhänge überhaupt erst wächst. Diese Geschichte versteht den Entwurf als eine besondere Arbeit, ein spezifisches Vermögen, diese Geschichte sprengt die begrenzte Fläche der Zeichnung, den begrenzten Blickwinkel des Auges und der Hand auf, entdeckt die Dynamik der Körper und ihre räumlichen Spannungen, analysiert die Gestalten des sozialen Zusammenhangs, sucht nach Resonanzen zwischen den Sinnen und der kosmischen Welt. Dieser Geschichte (*history und story*) ist Gestaltung eine kulturelle Entwurfshandlung, sie erwägt die Unterordnung der Produktionsökonomie unter die Lebenserfordernisse der Menschen. Ihr ist Zeichnung nicht Ziel sondern Mittel, der Entwurf weder Ausdruck noch Signum, sondern Gebrauchswert. Erst wenn die technischen Grenzen der Entwurfsmedien begriffen worden sind, wenn die Differenz zwischen dem Entwurf und dem Gebrauch aufscheint, können Formen entstehen, die das Vorbild der Tradition und die technologischen Gewohnheiten relativieren. Jenseits der medientechnischen Einbindungen entsteht die Autonomie der ästhetischen Disziplin, findet sie ein souveränes Verhältnis zu anderen Wissensbeständen, zu den Ingenieurswissenschaften, zur Architektur.|8

Von dieser Geschichte geht eine Arbeit (*erbet* würde Dürer sagen) aus, die das Paradigma der Mechanik übersteigt und die im Paradigma der Information eben nur diskursiv zu fassen sind. Diese Arbeit, die Entgrenzung der Fläche zum Raum ist das wohl geläufigste Beispiel hierfür, bildet das ästhetische Kapital fürs Design. Die Kompetenz zur Neusetzung, zum Entwurf, entsteht im leibhaftigen Raum, nicht an den Hebeln der Maschine, nicht an den Vorlagen der Illustrierten, nicht in Weiterbildungskursen für neue Betriebssysteme. Die Ausbildung von Entwurfskompetenz hat deshalb jene Disziplinen zu schneiden, die die Wahrnehmungs- und Handlungsfähigkeit des Menschen thematisieren: Kulturwissenschaften, Ästhetik, Semiotik, Physiologie und Psychologie, Anthropologie und Ethnologie. Das ist die selbstverständliche, die einleuchtende Seite. Schwieriger zu theoretisieren ist, daß Design selbst räumlich agiert, im Raum analytisch, komplex, arbeitsteilig und synthetisch agiert. Es ist deshalb sehr weitsichtig von den Schulen, Professuren für Designtheorie eingerichtet zu haben, obwohl doch das, was da gelehrt werden soll, noch so unfaßbar ist. Die Ausbildungseinrichtungen sind die zukünftig womöglich einzigen Orte, an denen eine integrative Verknüpfung an Gestaltung beteiligter Disziplinen geleistet werden kann, nur an den Schulen ist eine so mannigfache Kompetenz zusammengefaßt. Die disziplinären Strukturen der Schulen enthalten die Möglichkeit, sie zu Agenturen fachübergreifender Kompetenzen auszubauen – so werden sie interessant für die, die in ihnen ausgebildet werden, die projektbezogen zwischen den Disziplinen surfen wollen, für die, die in ihnen ausbilden und für jene, die auf die Schulen als Ressource von Lösungsvorschlägen zugreifen wollen. Für die Schulen bedeutet dies, daß sie sich als Orte einer kompetenten Designöffentlichkeit präsentieren müssen, daß sie also dem Design eine Öffentlichkeit organisieren. In den Schulen wer-

---

|8 In dieser Designgeschichte sind nicht die Vermittlungen maßgeblich für den Menschen, sondern die Menschen maßgeblich für die gegenständlichen Vermittlungen.

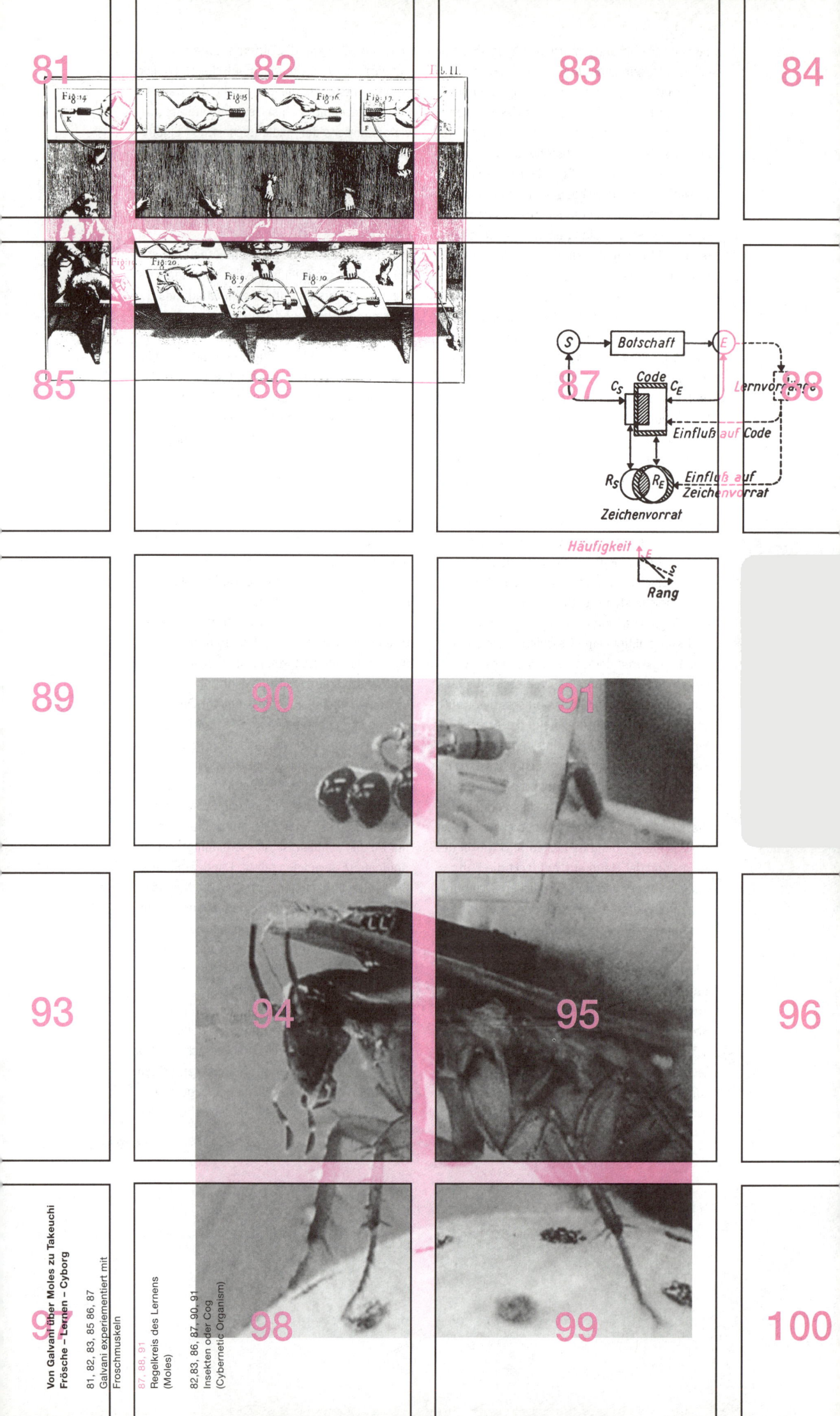

den der Arbeitsmarkt und seine Wertigkeiten präfiguriert, hier sind Orte und nicht bloß Web-Sites, Orte für *face-to-face*-Kontakte, hier ist ein Freiraum, für den es andernorts immer weniger Förderungen gibt.

Der Vorschlag, vom Raum und nicht von der Information als dem Zentrum und gründenden Zusammenhang fürs Design zu sprechen, vom Raum als der Domäne menschlicher Zufriedenheit, ist ein Plädoyer für den technologisch entlasteten Raum. Diese technologische Entlastung des Raumes ist von mir nicht gedacht als eine Jutesackversammlung. Die neuen Technologien sind Technologien der Automation und Ansteuerung, sie entlassen den Menschen aus den technologischen Systemen. Nach einem Jahrhundert der Bemenschung von Technik, des Einbauens menschlicher Leiber in die Takte der Maschinen, wird nun der Mensch aus diesen Apparaten ausgeschieden wie Verdorbenes. Selbst als Geschlechtsteil der Maschine, die seine Wünsche erfüllt, damit er sie am Laufen hält, hat mensch ausgespielt. Verzweifelt sucht er sich der Technik zu informieren, verkoppelt Muskel und Nerv mit mechanischen und elektronischen Apparaturen, um seine Hinfälligkeit (Krankheit und Tod), die an der Endlosigkeit der mechanischen und elektronischen Systeme skandiert, zu überwinden – während die Gentechnologie die Einzigartigkeit, das heißt die Verletzbarkeit unterminiert. Die kulturelle Dramatik und die ästhetischen Konsequenzen dieser Entwicklung sind zu bedenken. Wer soll das tun? Apparatefetischisten|⁹ bringen die Distanz und Abgeklärtheit, die für ein solches Denken unablässig ist, nicht auf. Schon diktieren hier Tatsachen. An einigen künstlerischen Hochschulen wird mittlerweile bedauert, hunderttausende Mark in eine Technik gesteckt zu haben, die kaum einer der Absolventen in seinem Beruf vorfinden wird. In Hannover machen Studierende sich für den Erhalt und den Ausbau der Werkstätten stark, die Art-Direktorin von Pixelpark, mit knapp dreißig Jahren eine der ältesten im Unternehmen, sagte mir vor einem Monat den Satz, sie kenne noch keine Anwendung, die dieses Medium – gemeint ist die Informationsarchitektur, die die Rechner ermöglichen – rechtfertigen würde, Hartmut Esslinger hat nach einem Jahr Herumprobieren an wirklich teuren Maschinen die Arbeit mit ihnen rüde eingestellt - was frogdesign nicht hindert Computer zu formen, die italienische Erfolgsfirma Atlantis baut ihre unglaublich leichten Stühle erst heimlich 1:1 mit der Hand, um sie dann für CNC-Fertigung zu scannen, Norman Foster weigert sich, Konstruktionsdetails seiner Reichstagsrekonstruktion in eine Animation für Besucher einzuspeisen – er fürchtet unbefugte Nachnutzung –, Joachim Sauter von ART+COM träumt von einer Klassifizierung der *netizens*, von der Verteilung von Gütesiegeln verschiedener Wahrheitsebenen, um das Geschwätz im Netz zu kanalisieren und arbeitet im übrigen daran, die Welt in Daten zu replizieren, Stelarc, ein australischer Videokünstler schließt seine Muskeln an einen Rechner an, versetzt sich in Trance und läßt sich nach digitalem Programm bewegen, jüngst auch im WorldWideWeb. Wenn das digitale Zeitalter ein Zeitalter der Kommunikation werden soll, dann müssen alle, die mitreden wollen im digitalen Weltverbund, etwas zu sagen, also von sich aus etwas mitzuteilen haben. Denn Information ist Differenz. Das ist die Herausforderung: daß nur das Information ist, was nicht schon Teil des informierten Systems ist. Es sind die digital basierten Technologien selbst, die das Unberechenbare zum Außenraum ihrer Verarbeitungsprozesse machen. Arbeit an Informationstechnologie heißt deshalb nicht, die Welt, Hand, Hirn und Leib *den Systemen zu informieren*, sondern heißt, *die Systeme zu informieren*.|¹⁰ Design kann nur im Bewußtsein der Differenz von Mensch und Maschine, von Hirn und Rechner, von Auge und Sensor Technologien informieren.|¹¹ Eine bloße Ästhetisierung des technisch Machbaren wäre – informationstheoretisch – redundant, also nichts anderes als Geschwätz.

|⁹ vgl. Marshall Mc Luhan: Verliebt in die Apparate, Understanding Media
|¹⁰ Das unterwürfige Verhältnis zu den Apparaten, die Angst, nur dann etwas zu gelten, wenn man informiert, also ein Datum im System ist, diese Unterwürfigkeit und Angst entstammt dem Zusammenhang von Überwachen und Strafen. vgl. Michel Foucault: Überwachen und Strafen. Zur Geburt des Gefängnisses
|¹¹ Das interface ist die Grenzbestimmung zwischen dem unberechenbaren und dem berechenbaren Raum.

Gespräch mit Joachim Sauter |
Digitale Verdopplung der Welt

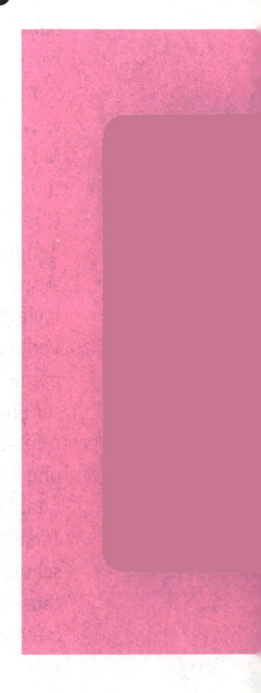

In jener grauen Zeit, als die Wirklichkeit noch etwas galt und Professoren damit drohten, Sand in die Computer zu streuen, wurde ART+COM gegründet. Ursprünglich war an ein Institut zur Erforschung der neuen Medien gedacht, angebunden an die Hochschule der Künste. Widerstände aus der Schule haben dies verhindert. So wurde ART+COM 1987 ein Verein, gemeinnützig, mit Sitz Nähe Ku'damm und Blick auf Gedächtniskirche und Europacenter. Betrieben wird Auftragsforschung. Auftraggeber sind unter anderem Mercedes Benz und DeTeBerkom, eine Tochter der Telekom. Das Auftragsvolumen ist so groß, daß das Finanzamt auf Ausgründung einer GmbH bestand. Joachim Sauter ist Professor an der Hochschule der Künste und Gründungsmitglied von ART+COM. Ausgebildet als Grafikdesigner fühlt er sich heute den Pionieren des Films verbunden, die Anfang des 20. Jahrhunderts gleich ihm sich mühten, eine spezifische Sprache für ein revolutionäres Medium zu kreieren.

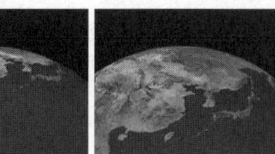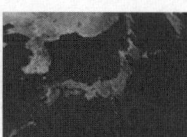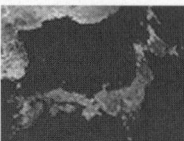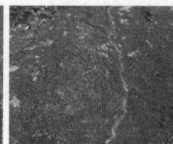

form + zweck > *Seit wann gibt es ART+COM?*

Sauter < ART+COM wurde Ende der achtziger mit dem Ziel Jahre gegründet, die neuen Medien zu erforschen. Hier in Berlin im Hochschulbereich kämpften wir gegen Einstellungen, die sehr technologiefeindlich waren. Die Tradition an der Hochschule der Künste, herkommend aus der '68er Bewegung, hat eine offene Diskussion über die neuen Medien verhindert. An anderen Hochschulen war sie selbstverständlich, international sowieso. Ein Satz, der mir in Erinnerung geblieben ist, war: »Wir streuen Sand in eure Computer«. Das war das Niveau, auf dem die Diskussion ablief. Natürlich von Angst geprägt.

> *Die Angst ist existentiell gewesen? Verdrängt zu werden vom Markt der Lehre, der Aufträge?*

< Die Angst war nicht existentiell. Es war die Angst, aus einer uninformierten Situation heraus argumentieren zu müssen. Die im Berufsleben stehenden damals 35- bis 60jährigen hatten keine Zeit, sich mit dem Computer auseinanderzusetzen. Die jüngeren sind mit ihm groß geworden. Wir, die wir damals aus der Hochschule heraus ART+COM gegründet haben, hatten erkannt, daß der Computer nicht nur ein Werkzeug ist, sondern ein Medium. Er kann nicht nur Abläufe, Prozesse rationalisieren, sondern er ist ein Medium, mit dem Massenkommunikation betrieben werden kann. Wir haben in unseren ersten Projekten ganz klar zeigen wollen, was den Rechner vom Werkzeug zum Medium erhebt: 1. Interaktivität, also nicht mehr nur lineares Befolgen, 2. Multimedialität, mehrere mediale Einheiten (Bild, Ton, Typografie, virtueller Raum …) können unabhängig voneinander angesprochen, angeboten werden, 3. Vernetzung, das, was ihn letztendlich zum Massenmedium macht.
Inzwischen, etwa in den letzten fünf Jahren, hat die Hochschule durch das Engagement einer neuen Studierenden- und Lehrendengeneration den Anschluß an andere vergleichbare Institutionen erreicht. Sie hat sogar eine eigenständige Qualität dadurch geschaffen, daß sie die neuen Werkzeuge mit den traditionellen integrativ verbindet.

> *Was ist das Faszinierende an diesem Medium?*

< Ich bin sehr glücklich, in der heutigen Gestaltergeneration zu leben. Das gibt es relativ selten, daß sich aufgrund einer neuen Technologie ein neues Medium entwickelt. Am Anfang jedes neuen Mediums steht natürlich die Erforschung einer medialen Sprache. 1895 wurde die Filmtechnologie erfunden, fünf Jahre später war die Basis der Filmsprache gelegt. Im Grunde genommen befinden wir uns genau in dieser Zeit. Es ist das Spannendste, was man überhaupt erleben kann, so ein Jahrhundertmedium als Gestalter zu untersuchen, zu erschließen.

> *Was ist das Eigensinnige, das Besondere an diesem Medium? Die Geschichte, daß dies Besondere in der Interaktivität liege, die mit dem Rechner möglich werde, überzeugt bisher nicht so ganz. Bisher dominieren monologische Strukturen: Ich bekomme ein Konzept vorgesetzt, in dem ich wunderbar hin- und herspielen kann, und man mag auch wie im Stabilbaukasten auf Kombinationen kommen, die der Konstrukteur sich vorher nicht hat überlegen können. Aber im Grunde ist das eine nur sehr passive Interaktivität. Konsum und also bloß Verkauf. Deshalb frage ich nach der Verbindung zwischen der digitalen und der Netzstruktur. Aus dem Netz können unwahrscheinliche Impulse kommen, und in dieser Unwahrscheinlichkeit, so scheint es, könnte das tatsächlich Neue der digitalen Medien liegen. Allerdings sind derartige Impulse tastatursprachlich gebunden und bringen ästhetisch keine neue Form heraus.*

< Doch, sehr wohl. Ich kann – sonst wären wir schon am Ende unserer Arbeit – keine endgültige Grammatik aufstellen in dieser neuen medialen Sprache. Aber ein sehr anschaulicher Vorteil der Interaktivität ist, daß ich den Nutzer bis zu einem bestimmten Standpunkt führen kann, er aber den Eindruck gewinnt, einen eigenen Standpunkt gefunden zu haben. Das öffnet den Nutzer viel eher, diese Informationen aufzunehmen.

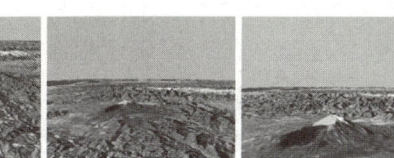

TerraVision, 1994
Autoren: ART+COM
Auftraggeber: DeTeBerkom

TerraVision ist der Versuch einer möglichst realistischen virtuellen Abbildung der Erde. Die Sequenz zeigt einen Anflug auf Japan.

> Das erinnert an klassische Techniken der Manipulation?

< Ja, wenn ich Information kommunizieren will, muß ich den Nutzer durch einen Informationsbereich hindurchschleusen.

> Ist die Verheißung, der Nutzer hätte im Interaktiven so etwas wie eine Wahl, nicht eine Konstruktion und zwar eine sehr wohldosierte, die das Ziel etwas vernebelt, daß man ihn für eine Information oder Botschaft aufschließen will?

< Richtig, es ist wie im Roman, wie im Film auch. Ich versuche natürlich, den Nutzer in die Rolle des Akteurs zu setzen, und das kann ich mit einer interaktiven Applikation viel eher. Diese Manipulation ist eine Dramaturgie, die Information viel eingänglicher an ihn heranträgt.

> Jetzt reden wir wieder in der Begrifflichkeit der alten Gutenberg-Galaxis. Wir haben einen Autor, wir haben einen Rezipienten, und dem wird ein Standpunkt zukonstruiert. Was ist das Besondere, das Revolutionäre des Mediums, das diese alten Konstellationen bricht?

< Die Konstellation Autor – Rezipient wird nicht gebrochen. Nicht in der lokalen interaktiven Anwendung. In der Netzanwendung ist es schon so, daß das Prozeßhafte ein sehr aktuelles Gestaltungsparadigma ist – wie überhaupt im Gestaltungsbereich, etwa Architektur oder Design. Als Autor setze ich einen Prozeß auf. Was ich als Beispiel ganz schön finde, ist das Logo der EXPO 2000. Es ist nicht wie früher, daß jemand ein Logo, eine Marke macht, die feststeht, sondern er beschreibt einen Prozeß, und aus dem Prozeß heraus entwickelt sich etwas. Das heißt, das Logo verändert sich je nach Anwendung.
Das ganze Netz ist so angelegt, daß die Autoren einen Prozeß beginnen und die Nutzer durch ihre Mitarbeit das Produkt schaffen. Ein ganz grundlegender Unterschied zu traditionellen Medien ist, daß nicht mehr eine Redaktion für die Leser reagiert, sondern daß jeder Informationen in dieses Netz integrieren kann.

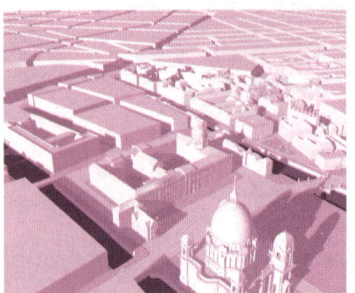
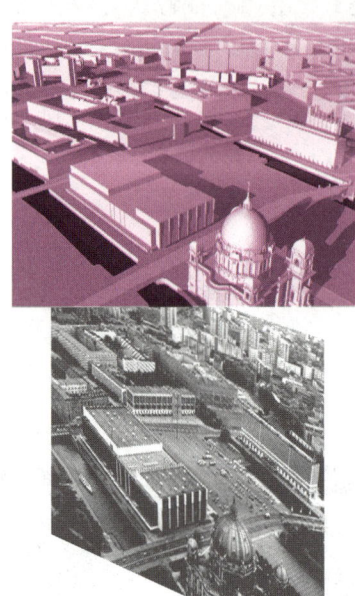
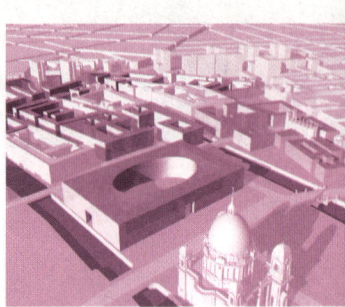

Cyber City, 1989
Autor: ART+COM
Auftraggeber: DeTeBerkom

Cyber City ist der Versuch, die Entwicklung der Stadt auf verschiedenen Ebenen zu visualisieren: durch Integration verschiedener Architekturentwürfe in den heute existierenden Stadtraum; durch Zeitreisen in die Stadt; durch Verknüpfung von abstrakten Informationen und realem Stadtraum.

> *Ich mache einen Bruch: Liebt ihr eure Apparate?*

< Nicht mehr als ich früher meinen Bleisatzwinkel geliebt habe.

> *Worin besteht der Unterschied zwischen dem Werkzeugcharakter des Rechners und seinem medialen Charakter? Mich interessiert, ob das Verhältnis zum Rechner überhaupt mit dem Begriff des Werkzeugs richtig erfaßt ist, oder ob der Rechner nicht eher eine Schnittstelle ist zu einer Welt, in der man agieren kann, wo das Spektrum des Virtuellen nicht gegenständlich geronnen ist, sondern ständig generiert wird.*

< Es ist eine Schnittstelle zu etwas sehr weitem, es ist schon das Nadelöhr oder das Fernrohr oder sogar das Sprachrohr. Als solches hat es natürlich eine größere Bedeutung.

> *Negroponte sagt, er sei ziemlich abhängig von seinem Rechner. Nicht online zu sein, ist für ihn furchtbar.*

< Ich persönlich habe noch nie Entzugserscheinungen gehabt. Da es ein Kommunikationsmedium ist, die Schnittstelle zu sozialen Kontakten, ist es etwas ganz anderes. Es gibt natürlich diese Leute, die sich ständig im Netz aufhalten und dadurch die sozialen Kontakte nach außen verlieren.

> *Aber Negroponte ist sicher nicht arm an sozialen Kontakten.*

< Ich denke, er will sagen, daß er sein tägliches Leben, seine Arbeit, seine Kommunikation auf dieses Medium hin ausgerichtet hat. Auch ich könnte ohne es nicht arbeiten. Meine Kontakte laufen über das Netz. 80 Prozent der Kontakte, die außerhalb von ART+COM oder der Hochschule der Künste liegen, laufen ebenfalls über das Netz. Auseinandersetzung mit meinen Projekten, Auseinandersetzung mit Projekten anderer.

> *Eine Grundvorstellung von den Medien ist, sie seien unsere veräußerten Sinne, unser nach außen gestülptes Zentralnervensystem. Diese Amputation bewirkt, daß wir ihnen narzistisch verfallen sind. Wir schauen sie an und sind verliebt in sie. Bei Negroponte ist ein solch inniglisches Verhältnis – wenngleich sicher nicht so dramatisch – verstehbar. Er sagt, Papier habe in seinem Leben nichts zu suchen. Mich interessiert, wie Distanz zu den Medien hergestellt wird von der Generation, die ihm nachfolgt. Auch gegen die Verführungskraft, die zweifellos darin steckt, gegen die Süchte, die es produzieren kann, die Betäubung, Hypnotisierung. Entsteht die Distanz dadurch, daß die Arbeit an den Rechnern ein Job ist?*

Zerseher, 1992
Autoren: Dirk Lüsebrink, Joachim Sauter
Auftraggeber: frei

Prinzipdarstellung: Eine Kamera erfaßt die Bewegung des Auges und gibt sie an einen Rechner weiter. Der Rechner leitet diese Daten an ein Programm weiter, das entsprechend der »Augenbewegung« das Bild verändert, »zersieht«.

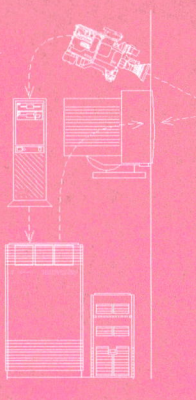 

Netzhaut, 1994
Autoren: Christian Möller, Joachim Sauter
Auftraggeber: Ars Electronica Center Linz

»Netzhaut« ist eine interaktive, vernetzte Fassade für das Ars Electronica Center in Linz. Im Ars Electronica Center befindet sich eine virtuelle Kugel – die Erde –, die von jedem beliebigen Netzteilnehmer mit Bildern oder Gebilden beschickt werden kann. Per E-mail erhält der Absender vom Ars Electronica Center ein Bild, das sein Avatar (seine virtuelle Repräsentanz) im Kontext der anderen Avatare zeigt. Das Ganze wird auf die Fassade des Centers projeziert. Besucher des Hauses können eine vor dem Eingang stehende Kugel – wieder die Welt – drehen und so auf der Fassade die verschiedenen auf der virtuellen Kugel angebrachten Avatare betrachten.

< Nein, es ist eher Normalität. Meine Gestaltungsauffassung, Lebensauffassung ist Negroponte sehr nahe. Ich komme aus der Tradition »Bauhaus – Ulm« und hätte, wie Negroponte, am liebsten nichts anderes als ein sehr reduziertes Stück Technologie, mit dem ich nach außen kommunizieren kann – meine Stimme reicht nicht aus in Lautstärke und über die Entfernung. Eine puristische Art, das, was im Kopf ist an Lebenserfahrung und Kreativität nach außen zu bringen und das, was an Nahrung gebraucht wird, daraus zu schöpfen.
Ganz anders die Nintendo-Generation, die seit ein bis zwei Jahren an die Hochschule kommt, die eine solche Betrachtungsweise gar nicht mehr anstellt. Die Medien sind Teil ihrer Sozialisation gewesen. Manche identifizieren sich über die Medien, weil es Mittel der Individualisierung ist, wenn ich den Rechner habe und die Kompetenz im Umgang mit ihm. Oft ist er auch Objekt des Frustes, des Versagens.

> *Der durch die interaktiven Medien Angesprochene ist doch eher der Käfer, der geschickt wird in eine bestimmte Richtung. Und das funktioniert, indem man Konfetti wirft, beeindruckt, Szenarien baut, also durchaus Kulissen, die funktional einen Sinn machen. Das ist aber eine Perspektive der Beeindruckung, in der Wirkungen kalkuliert erzeugt werden.*

< Das ist wie mit dem Plakat, dem Film ... .
Die fünf Prozent, die in den neuen Medien gute Sachen machen, haben eine gute Ausbildung. Wie man für jedes Medium eine gute Ausbildung braucht.

> *Ausbildung als was?*

< Als Gestalter. Als jemand, der konzipieren kann, der Konzeption vermitteln kann, der mit Leuten sprechen kann, die die Fähigkeiten haben, die er selbst nicht hat.
Im Internet aber hat jeder das Werkzeug in der Hand, und es entsteht eine visuelle Kultur, mit der ich mich nicht identifizieren kann, um es vorsichtig zu sagen.

> *Kennzeichen dieser visuellen Kultur sind?*

< Opulenz der visuellen Mittel, dilettierender Umgang des einzelnen mit den Möglichkeiten. Der Typograph glaubt, jetzt einen Film, einen zeitlichen Ablauf herstellen zu können. Das gleiche Problem wie mit der Videokamera in den siebziger Jahren. Jeder, der eine Kamera hatte, dachte, er kann Filme herstellen.
Es ist schwierig, interaktive Information zu strukturieren, weil man nicht auf Erfahrung zurückgreifen kann. Neben der rein formalen Geschichte, neben der redaktionellen Geschichte gibt es ja die Idee des *links*, die Frage, wie verknüpfe ich Informationen miteinander.

TerraVision, 1994

Die weiße Kugel ist das interface, ein Touchscreen zur Navigation. Mit ihrer Hilfe kann man sich an jeden Ort der Erde begeben.

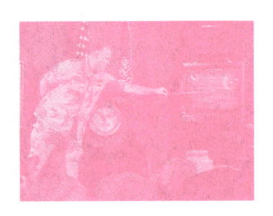

> *Mich interessieren Versuche, wie* links *in interaktiven Situationen eingesetzt werden. Im Netz – und dahin geht ja die Entwicklung – wird das Problem der* links *sofort problematisch, weil es mir eine so zerstörerische Wirkung an fremden Texten erlaubt. Eine so radikale Verzeichnung dessen, was intendiert ist, daß Begriffe wie Intention, Absicht und so weiter im Grunde überflüssig werden.*

< Das ist das Problem der Übertragung traditioneller Vorgänge in ein neues Medium. Ich lese im Netz nicht linear von a nach b wie in einem Buch. Ich schreibe auch nicht linear wie für ein Buch. Ich habe die Möglichkeit, aus dem Text heraus auf den Text eines anderen Autoren zu verweisen oder einen Film abzurufen … . Als Rezipient kann ich mir den Text vorlesen lassen, wenn ich zum Lesen zu müde bin. Produktion und Rezeption sind anders. Wenn ich woanders hingelinkt werde, ist die Linearität des Gedankens des einen Autoren unterbrochen, ich bin bei den Gedanken eines anderen Autoren. Der Autor des einen Textes hat den *link* zu dem anderen gelegt. Das heißt, es ist intendierte Möglichkeit.

> *Ist Schrift für Interaktivität das angemessene Medium? Sie ist linear und diskursiv, sie paßt schlecht auf die Schirme und verpixelt ist sie nur mühsam zu lesen. Andererseits scheint die geschmähte Schrift das einzige zu sein, woran man sich festhalten kann. Unsere visuellen Assoziationen sind so vielfältig, so mehrdeutig angelegt, daß man geradezu froh ist, daß es noch Wörter gibt, die man hintereinander lesen kann. Ein Punkt, an dem Standfestigkeit da ist.*

< Es gab auch früher Multimedialität, Vernetzung. Nur jetzt haben wir eine Maschine, die alles zusammenbringt.

> *Die Manifeste der Cyberianer sind sehr pathetisch. Sie erinnern an Zeiten, vor siebzig Jahren etwa, in denen ein ähnliches Pathos herrschte, in denen man dachte, man könne mit der Gestaltung von Dingen oder Flächen die Welt verändern. Welches Verhältnis habt ihr eigentlich zu solchen Märchen? Verhaltet ihr euch intentional zur Zukunft, wollt ihr bestimmte Veränderung oder ist es eher ein Reiz-Reaktions-Muster, das die Gegenwart übersteigt: ihr setzt etwas in Gang und keiner weiß, wohin das läuft?*

< Intention ist immer dabei, aber das Ende ist nicht abzusehen, das ist das Wesen eines Experiments. Als Experimentatoren verstehen wir uns auch. Wenn wir den Ausgang beschreiben könnten, würden wir nicht hier arbeiten.
Eines der Experimente ist die Entwicklung einer spezifischen virtuellen Architektur. Beispielsweise ist es möglich, Objekten ein Verhalten über die Zeit, beziehungsweise im Moment der Interaktion mit ihnen, zuzuweisen und somit Architekturen zu schaffen, die nur in der Virtualität denkbar sind. Dies unterscheidet sie von den heute hauptsächlich zu beobachtenden virtuellen Welten, die meist auch in der Wirklichkeit entstehen können oder sogar nur Abbildung von Realität sind.
Es ermöglicht den Architekten, anders über Architektur nachzudenken als bisher.

> *Das Eigensinnige an der Architektur ist, daß sie nicht lebt, daß sie etwas Statisches ist. Möchte der Architekt diesen fixen Aspekt überwinden? Glaubt er, damit eine Architektur des Wachsens, der Veränderung, des Lebendigen zu erreichen? Ist das für ihn ein Traum? Möchte er das nur im Virtuellen haben, um dann wieder zu einer geronnenen Welt zurückzukehren, ist es also nur ein Denk-, ein Spielraum oder sagt er sich, da liege die Zukunft?*

< Es ist wichtig für den Entwurfsprozeß. Ein Freund hat einmal von genetischer Architektur gesprochen. Das heißt, die Objekte selbst pflanzen sich fort, sie bilden Generationen, und aus diesen Generationen sucht er wieder, im Sinne eines Entwurfsprozesses, ein Objekt heraus … . Raum aber ist auch für das Informationsdesign eine wichtige Dimension. Die multimediale Verknüpfbarkeit von Objekten ermöglicht dem Informationsdesign eine räumliche Verknüpfung von Informationen. Ich kann zwar auf einer Fläche mehr Informationen organisieren als im Raum. Aber im Raum sind sie übersichtlicher anzuordnen, man kann Informationsarchitekturen entwerfen. In virtuellen Räumen kann man den Eindruck vermitteln, daß die Information, die man anfaßt, selbst ausgewählt ist. Hinzu kommt: wir sind räumlich sozialisiert, unsere ganze mentale Organisation ist räumlich besser nachvollziehbar als über die bisherigen interaktiven 2-D-Anwendungen. Raum ist seit der Antike Organisationsform von Information, die Mnemotechnik funktioniert ebenso.

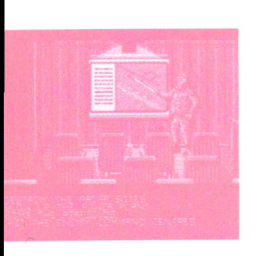

> Wir haben vor etwa drei Jahren mit Hiroshi Ishibashi, dem Präsidenten von Weathernews in Tokyo, gesprochen. Alles, was dokumentarisch, hochauflösend uns die Realität verdoppelt, das war sein Thema, hierin sah er die Zukunft des Informationsdesigns und der globalen Vernetzung.
> Ist das noch heute so, kann man sagen, daß die Deutschen eher auf die bearbeitete Information setzen, strukturell und abstrakt orientiert sind, wohingegen die Japaner eher den Echtzeitraum verdoppeln?

< Ich will es nicht generalisieren. Ich kenne die Vorstellung von Ishibashi. Sie hat damit zu tun, daß der Wetterlauf bisher nur abstrakt darstellbar war. Jetzt gibt es endlich die Möglichkeit, die Wetterläufe real darzustellen.
Informationsdesigner von digitalen Medien stellen die Beziehung zwischen Realität und Virtualität her. Eine Möglichkeit, Information im virtuellen Raum zu organisieren und zugänglich zu machen, ist die Kombination von realistischer Abbildung und abstrakter Visualisierung. Das Bekannte, Realistische gibt mir die Hilfe, das abstrakt Visualisierte in Beziehung zu setzen und verständlich zu machen. Bei ART+COM arbeiten wir seit mehreren Jahren an einer möglichst realistischen virtuellen Abbildung der Erde. Im Projekt TerraVision organisieren wir dann auf dieser virtuellen Erde abstrakte Informationsarchitekturen.
Die Erde hochaufgelöst darzustellen, können wir allein nicht leisten, da die Fülle der Informationen nicht an einem Ort abgespeichert werden könnte. So haben wir ein System entwickelt, in der Redaktionen auf der ganzen Welt ihre lokalen Informationen in das System integrieren können, das wiederum weltweit abgerufen werden kann. Wir zum Beispiel sind für Berlin zuständig. Wenn jemand sich aus Bonn Berlin anschauen will, kann er sich auf diesem System durch Berlin bewegen, es werden dann unsere Daten in sein System integriert.
Das Spannende am Projekt TerraVision ist nicht die realistische Abbildung, sondern die Entwicklung gestalterischer Ansätze zur Abstraktion von Information: Wir können eine zweite Topografie grafisch abstrakt und transparent über die Erde legen, zum Beispiel die Anzahl der Krankenschwestern pro hundert Einwohner. Wir können eine nächste darüber legen: die Kindersterblichkeit. Ich habe dann Informationslayer, die Schnittpunkte haben. Die Schnittpunkte sind wieder auf Realität beziehbar. Dann wird es spannend. Dann kommt der Statistiker, der sagt: »Da geben wir dem Nutzer die Möglichkeit, Dinge zu sehen, die er eigentlich nicht sehen darf: Er könnte daraus falsche Schlüsse ziehen.« Hier beginnt dann die Diskussion über Spezialwissen und über Kompetenzen. Auf welchen Ebenen integriere ich den Redakteur von Informationen, auf welchen Ebenen den Fachmann. Wie sind Informationen zusammenzufassen. Nach der Schaffung des *interface* und der Visualisierungsstrategien beginnt jetzt die große Diskussion über Wahrhaftigkeitslayer, über »Gütesiegel« für Information, die im Grunde nur gemeinschaftlich entstehen oder geschaffen werden können. Ein Ansatz dazu wäre, daß diejenigen, die ihre Kompetenz im Netz erwiesen haben, von anderen Nutzern ein »Gütesiegel« für ihren Bereich bekommen. Ein Gestalter, der mehrere brauchbare Konzepte zur Informationsvisualisierung im Netz veröffentlicht hat, könnte durch die Netzgemeinschaft ein Gütesiegel für Gestaltungskompetenz erhalten. Damit dürfte er dann auf TerraVision beispielsweise soziologische Information visualisieren. Natürlich nur Daten von Soziologen, die ebenfalls durch die Netzgemeinschaft mit einem Gütesiegel ausgezeichnet worden sind.
Neben diesen sehr hermetischen Informationsschichten auf der Abbildung der virtuellen Erde wird es auch ganz offene geben, an die jeder, entsprechend der jetzigen Kultur des Internets, Information *linken* kann.
Hierbei zeigt sich ein Vorteil des digitalen Mediums: Ein virtuelles Objekt kann unendlich viel Information erhalten. Aber je nachdem, welche Filter ich davor setze, zeigt es mir das, was mich interessiert und das, was ich bereit und fähig bin, aufzunehmen.
Mit dem Projekt TerraVision und den darin enthaltenen Vernetzungs-, Visualisierungs- und Kompetenzansätzen versuchen wir, einen Prozeß zu initiieren, dessen Ziel es ist, einen von Autoren und Nutzern verantwortlich getragenen, im Netz existierenden Wissensgenerator zu schaffen.

Hans G Helms | **Von der Lochkarte
in den Cyberspac**

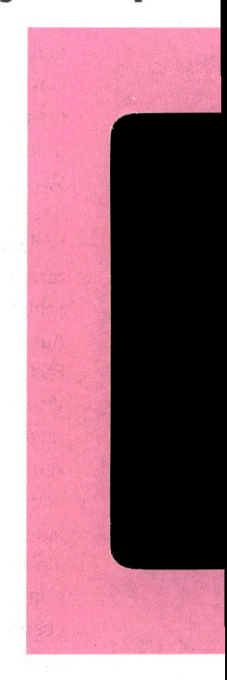

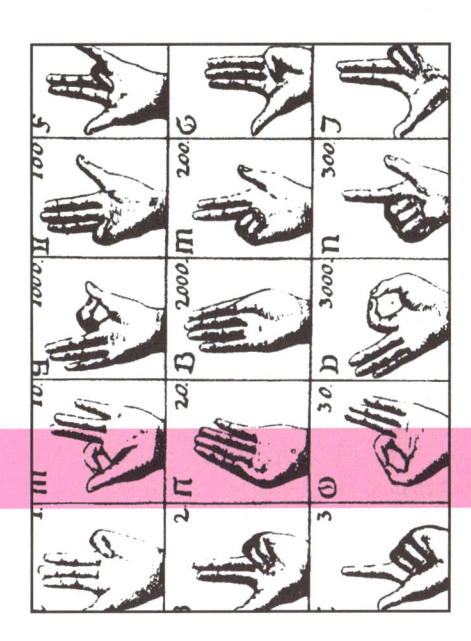

Wer heute mit digitalen Medien arbeitet, nimmt sie als bunte Gabe des Informationszeitalters.
Er hat die Verknüpfung von *hardware* und *software* zu akzeptieren und er ist damit auf bestimmte Programmkonfigurationen festgelegt. Der folgende Text zeigt, daß am Beginn der Rechnerentwicklung die Trennung von *hardware* und *software* stand, er zeigt, wer mit welchen Zielen diese beiden Entwicklungssäulen miteinander verknüpfte und ihre Entwicklung finanzierte. Hans G Helms, in den fünfziger Jahren Schüler und Freund Adornos, Autor von »Fa:m' Ahniesgwow«, des ersten großen Versuchs, Sprache zu komponieren, Chronist des *urban sprawls*, Autor des legendären Films »Birdcage« über seinen Freund John Cage, beschäftigt sich seit langem mit der Entwicklung der künstlichen Intelligenz. Heute lebt Hans G Helms als freier Künstler und Privatgelehrter in Köln.

Zu den gesellschaftlichen Auswirkungen der Computerentwicklung [1]

Begreift man Datenverarbeitung als die maschinelle Umsetzung von Daten in Steuerung von Arbeitsprozessen, die organisierte, als Produkte materialisierte Datengruppen hervorbringen, dann erkennt man: die Datenverarbeitung ist nicht bloß eben so alt wie die industrielle Revolution, sie ist vielmehr eines ihrer konstitutiven Elemente.

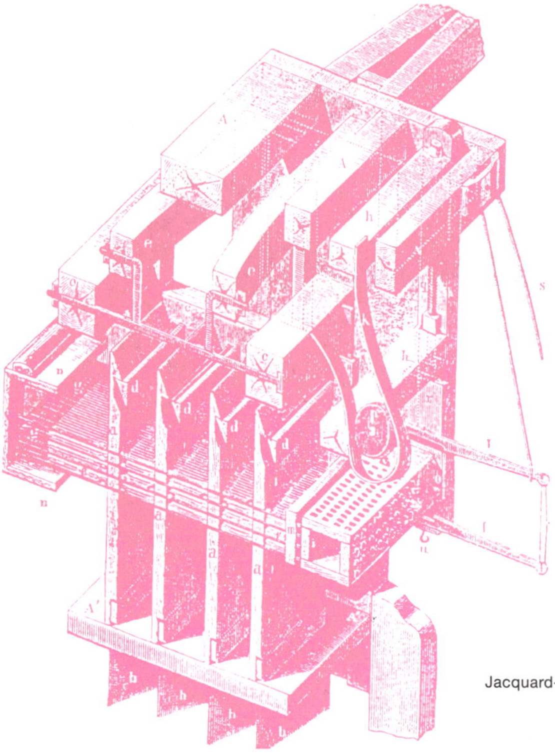

Die frühen Spinnmaschinen – angefangen mit James Hargreaves' 1767 erfundener *Jenny* über Samuel Cromptons *Mule* von 1779 bis zum *Self-actor* (oder Selfaktor) des Richard Roberts von 1825 – stellen, strukturell betrachtet, primitive analoge Regelkreise dar, die simple Produktionsprozesse steuern. Edmund Cartwrights mechanischer Webstuhl von 1785 symbolisiert hingegen schon einen vom Produkt, dem gewebten Tuch, bedingten verhältnismäßig komplexen Steuerungsprozeß. Für all diese frühen datenverarbeitenden Textilmaschinen gilt: das den Arbeitsprozeß steuernde Programm ist Bestandteil der Maschinenkonstruktion, es ist in die Maschine eingebaut.

Jacquard-Webstuhl

Als Joseph-Maria Jacquard um 1805 den Musterwebstuhl erfand, da trennte er als erster die *software* von der *hardware*, das Steuerungsprogramm in Gestalt von Lochkarten von der Maschine, die nach den durch die Löcher in der Karte gegebenen Instruktionen arbeitet und – je nach Lochkarte und Programm – ein Gewebe mit diesem oder jenem Muster, in diesen oder jenen Farben mechanisch herstellt. Mit der Lochkarte führte Jacquard das bis heute die Grundarchitektur aller datenverarbeitenden Maschinen und Computer bestimmende binäre System in den Maschinenbau ein: wo die Nadel, die die Lochkarte abtastet, auf ein Loch, eine Eins, trifft, da findet Veränderung statt; wo sie jedoch auf Pappe, gleich einer Null, stößt, bleibt der Zustand unverändert.

Weniger als zwei Jahrzehnte später trennte der Ingenieur und Mathematiker Charles Babbage die Datenverarbeitung vollends von der Fabrikation materieller Güter ab. 1822 konstruierte und baute er mit Geldern der britischen Regierung eine Differenzmaschine, den direkten mechanischen Urahn der gegenwärtigen Computer. Die *Difference Engine* war imstande, vielgliedrige, bis zu sechsstellige Additionen und Subtraktionen fehlerfrei auszuführen. Die 1832 von Babbage konzipierte *Analytical Engine*, die auf analytischem Wege nahezu jedes arithmetische Problem hätte lösen sollen, war freilich mit den damaligen Werkzeugen und Materialien der Feinmechanik nicht zu verwirklichen.

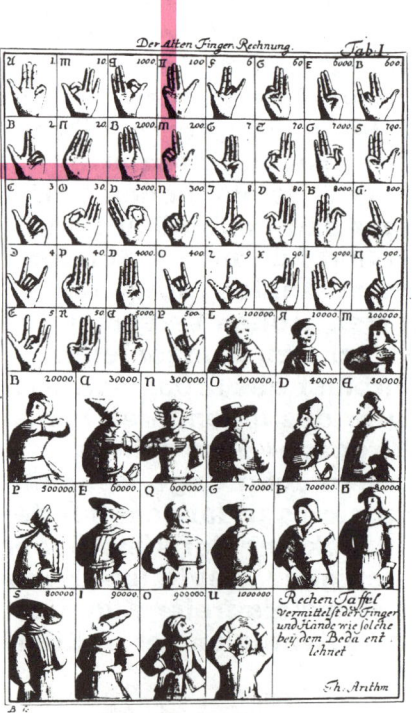

Der Mensch als Rechenmaschine mit begrenzter hardware, aber flexibler software.

[1] leicht gekürzte Fassung des Referates auf dem 7. Internationalen Bauhaus-Kolloquium, Weimar 1996; ungekürzt veröffentlicht in: Thesis. Wissenschaftliche Zeitschrift der Bauhaus-Universität Weimar. Weimar, 43 (1997) Heft 1/2

Karte eines Jacquard-Musters

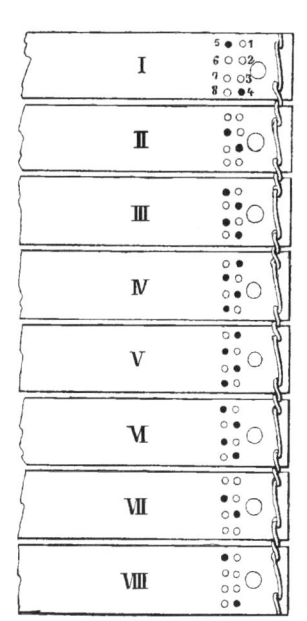

Jacquard-Webstuhl

Charles Babbage schied die reine Datenverarbeitung von der Maschinensteuerung mit dem Ziel, die Massenproduktion der sich entfaltenden Industrien auf eine wissenschaftliche Grundlage zu stellen, nämlich auf die einer mit exakt gemessenen Daten gefütterten Statistik, und sie *in toto* zu steuern. Der Mathematiker und Wirtschaftstheoretiker aus Cambridge hatte beobachtet, daß die kapitalistische Wirtschaft nicht ohne permanente Analyse und Reorganisation ihrer Ressourcen, Produktionsmittel und -prozesse wie ihrer Absatzmärkte zu funktionieren vermag.

Babbage stützte sein Plädoyer für eine geordnete, prosperierende und fortschrittliche Wirtschaft auf wissenschaftlicher Grundlage auf die statistisch-analytische Kompetenz der Rechenmaschine, die er als *engine*, als Motor, bezeichnete, weil sie sowohl die einzelne Fabrik als auch das gesamte System vorantreiben sollte. Mit Hilfe eines nie versiegenden Stroms von Meßdaten und fortlaufender auf Datenverarbeitung beruhender Kosten-Nutzen-Analysen wären Durchschnittswerte für sämtliche ökonomischen Aspekte zu ermitteln. Diese hätten wiederum den technischen Fortschritt anzukurbeln, und mit dem technischen Fortschritt müßte eine progressive Teilung der körperlichen wie der geistigen Arbeit einhergehen. Als Babbage 1832 sein theoretisches Hauptwerk *On the economy of machinery and manu-factures* in London veröffentlichte, waren die dreitausend Exemplare im Nu vergriffen. Die ein Jahr drauf unter dem Titel *Ueber Maschinen- und Fabrikenwesen* in Berlin publizierte deutsche Ausgabe fußte bereits auf der erweiterten zweiten Auflage. Mit seiner klaren Analyse hatte Babbage die Zeitgenossen stark animiert, wohl aber auch erschreckt; denn in vagen Umrissen zeichnete sich in ihr jenes Gesetz ab, das dem kapitalistischen System unveräußerlich innewohnt: Karl Marx hat es später als den »tendenziellen Fall der Profitrate« dargestellt.

Fällt dem Konkurrenzdruck und der Überproduktion die Profitrate zum Opfer – so Babbages Argumentation –, dann ist es, um die Profitrate zu halten oder gar zu steigern, unverzichtbar, daß der kapitalistische Akteur auf der Basis einer verläßlichen Kosten-Nutzen-Analyse ständig um maximale Verwertung der Investitionen, um Verbesserung des Maschinenparks, der Arbeitsteilung und Arbeitsorganisation bemüht ist wie um Senkung der Lohn-, Kapital-, Rohstoff-, Energie- und Transportkosten. Erst kraft innovativer, doch sachlich notwendiger Rationalisierungsmaßnahmen wird eine dem Aufwand angemessene und gegen die Konkurrenz auf dem Markt durchsetzbare Preisgestaltung möglich.

In jenen frühmanchesterlichen Zeiten, als die industrielle Entwicklung noch reichlich planlos ablief, sah Babbage die zentrale Funktion seiner mechanischen Rechenmaschine schon darin, das einzelne Unternehmen ebenso wie die gesamte Volkswirtschaft planvoll und rationell zu ordnen. Damit nahm Babbage das Konzept des modernen computergestützten Managementsystems, dessen Aufgabe es sein sollte, das gesamte ökonomische Geschehen in einer Fabrik oder in einem Konzern als integralen Teil einer planvoll betriebenen Gesamtökonomie zu steuern und zu überwachen, um anderthalb Jahrhunderte vorweg. Wie wir nur zu schmerzlich erfahren, werden auch die nun verfügbaren Managementsysteme keineswegs zum Zwecke einer gesellschaftlich und ökologisch verantwortlichen Volkswirtschaft im nationalen oder globalen Rahmen eingesetzt, sondern im betriebswirtschaftlichen Interesse blinder, raffgieriger Profitmaximierung.

Die oft mangelhafte Architektur und innere Organisation der Fabriken, die willkürliche Wahl von Fabrikstandorten, die Fabrikenmassierungen an einem Ort, die wenig durchdachten Betriebserweiterungen oder -verlagerungen kritisierte Babbage nicht minder vehement wie den zumeist unzulänglichen Zustand der Straßen und des Kanalnetzes. Er definierte sie als ökonomische Faktoren und verlangte, sie analog den anderen Faktoren exakt zu messen, die Meßdaten mit Hilfe der Rechenmaschinen zu evaluieren und sie in die Kosten-Nutzen-Analyse einzubeziehen.

Einsatz der Hollerithmaschinen beim Preußischen Landesamt für die Volkszählung 1935

Während sich die Maschinensteuerung vermittels Lochkarten oder Lochstreifen allmählich in vielen Industriebranchen ausbreitete und zumal bei Werkzeugmaschinen starke Anwendung fand, stagnierte die maschinelle Datenverarbeitung ein halbes Jahrhundert lang. Erst Mitte der 1880er Jahre entwickelte der Ingenieur Herman Hollerith, vormals Lehrer am *MIT*, dem *Massachusetts Institute of Technology*, im Auftrag der US-Regierung eine *Tabulating Machine* für die Volkszählung von 1890. Diese Maschine vermochte die abgefragten Individualdaten nach bestimmten Kategorien zu tabellarisieren.

Dank der elektro-mechanischen Hollerith-Maschine, wie sie bald genannt wurde, erfuhr der Staat, der sich – wie schon bei Babbages *Difference Engine* – als Finanzier und ideeller Gesamtkapitalist betätigte, wieviel Einwohner weiblichen oder männlichen Geschlechts von weißer, roter, schwarzer oder gelber Hautfarbe in San Francisco oder Bismarck, ND, lebten, welchen Altersstufen sie angehörten und welche Berufe sie ausübten. Aus den Daten berechnete die Maschine auch, wieviel Wehrpflichtige im Kriegsfall aufzubieten wären.

Um die 1892 anstehende US-Farmstatistik bewältigen zu können, ergänzte Herman Hollerith die noch halbautomatische Tabelliermaschine um einen gleichfalls elektro-mechanischen Addierteil. Im Gespann verrieten die beiden Rechner dem Herrn im Weißen Haus, in welcher Region die dicksten Sojabohnen geerntet werden, wo die saftigsten Rinder weiden, ob schwarze oder weiße Farmer fleißiger Baumwolle pflücken. Diese Daten mobilisierten die Fabrikanten landwirtschaftlicher Maschinen und gaben der gerade entstehenden Agrochemie starken Auftrieb, um die Erträge pro Hektar zu steigern.

Die Hollerith-Maschine verarbeitete auf Lochkarten in maximal 240 Positionen arrangierte Daten. Geschah die Abtastung anfangs – wie bei Jacquard – noch mit Nadeln, die, wo sie auf ein Loch trafen, einen elektrischen Kontakt herstellten, so ersetzte sie Hollerith, um das Arbeitstempo zu erhöhen, bald durch Metallbürsten. Als Engpaß erwies sich das Übertragen der Daten auf Lochkarten: die flinkste Locherin oder Datentypistin schaffte pro Arbeitstag etwa 700 Karten, Männer leisteten entschieden weniger. Seither ist Datentypistin ein schlecht entlohnter Frauenberuf. Um die Produktivität der Datentypistinnen zu steigern, bemühte sich Hollerith unablässig, den Lochapparat zu verbessern. Das Ergebnis war der elektro-mechanische Pantograph-Locher. Um die Kapazität des Systems insgesamt zu erhöhen, entwickelte er den halbautomatischen Rechner zur vollautomatischen Maschine und komplettierte sie mit automatischen Karteneingabe- und Kartensortiergeräten.

Nachdem Hollerith-Maschinen die russische Volkszählung von 1896 erfolgreich absolviert hatten – mit 130 Millionen Untertanen gebot der Zar über das bevölkerungsreichste Schwellenland –, wurden sie in allen Industriestaaten für die Bevölkerungs-, Landwirtschafts- und Industriestatistik adoptiert. Daraufhin begannen auch privatwirtschaftliche Kunden, die Rationalisierungseffekte der elektro-mechanischen Datenverarbeitung zu ermessen und wollten sie genießen.

Angefangen mit *Marshall Field* in Chicago verwendeten Kaufhäuser den Hollerith-Rechner für ihre Einkaufs- und Vermarktungsplanung, Lagerhaltung und Logistik. Nachdem die *Prudential Life Insurance Co* in Newark, NJ, festgestellt hatte, daß sich Holleriths Rechnersystem vorzüglich eignete, die unwägbaren Risiken der einzelnen Versicherungsfälle auf ein statistisch errechnetes Durchschnittsrisiko zu nivellieren, das Risiko also zu mindern und die Profite zu mehren, installierten die großen Versicherungsgesellschaften Hunderte von Hollerith-Anlagen.

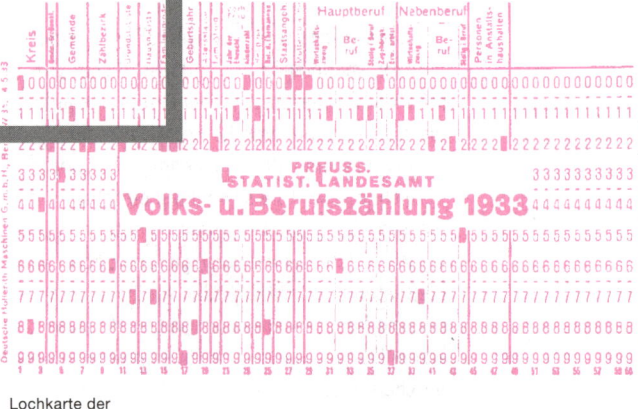

Lochkarte der Volkszählung von 1933

Der Durchbruch in die gütererzeugenden Industrien gelang Hollerith allerdings erst, nachdem der *Robber Baron* Commodore Vanderbilt Hollerith-Rechner bei seiner *New York Central & Hudson River Railroad* für vielfältige Aufgaben einsetzte. Deren wichtigste bestand darin, die bis dahin undurchschaubare und kostspielige Zirku-

Hollerith-Lochstreifen

lation beladener und leerer Güterwaggons zu erfassen und zu rationalisieren. Damit waren die realen Betriebs- und Amortisationskosten eines Güterzugs von Chicago nach New York oder eines Ganzzugs mit Weizen von den Kornfeldern und Silos im Mittelwesten zu den Exporthäfen an der Ostküste zu berechnen. Wenn Hollerith-Systeme derart komplexe Berechnungen auszuführen vermochten, dann mußte es für sie ein Leichtes sein, Produktionsprozesse in den verarbeitenden Industrien zu kalkulieren und zu rationalisieren.

Als allererster Kunde hatte sich schon 1888 – zwei Jahre vor dem Großeinsatz beim US-Zensus – das Militär für Holleriths Erfindung interessiert; bis zum heutigen Tag ist das Militär der Datenverarbeitung treu geblieben, es ist ihr bedeutendster Kunde und hat ihre Entwicklung entscheidend gelenkt, finanziert und seinen Bedürfnissen angepaßt.

1888 testete das US-Kriegsministerium den Hollerith-Rechner mit der Anlage einer Gesundheitsstatistik der Armeeangehörigen, die von Tag zu Tag auf dem Laufenden zu halten war. Nach dieser Bewährungsprobe lernten die Generäle und Admiräle den Nutzen der Apparatur für die Logistik schätzen, erst für den Transport von Soldaten und Kriegsmaterial, dann für die Versorgung von Armee und Marine mit Lebensmitteln, Waffen und Munition. Die volle Wirkung der Hollerith-Rechner trat bei einer rein mathematischen Aufgabe mit vielen Variablen zutage: bei der Berechnung von Geschoßbahnen unter den unterschiedlichsten Umweltbedingungen und Windverhältnissen. Die auf diese Weise erstellten Tabellen optimierten die Zielgenauigkeit und den Zerstörungseffekt der Artillerie zu Lande und zu Wasser. Im Ersten Weltkrieg bedienten sich sämtliche Stäbe beiderseits der Frontlinien der Hollerith-Rechner: das Gemetzel an der Somme und vor Verdun legte Zeugnis ab von ihrer Effizienz. Die deutsche Marineleitung tat

sich hervor, indem sie den totalen U-Boot-Krieg mit Hilfe von Hollerith-Maschinen plante, durchführte und fortlaufend auswertete.

Herman Hollerith war ein Monopolist. Um etwaigen Konkurrenten den Einstieg ins Computergeschäft zu verwehren oder zumindest zu erschweren, weigerte er sich, seine Maschinen zu verkaufen. Anfangs stellte er sie den Kunden gratis zur Verfügung, sein Geschäft machte er mit den Lochkarten, die er selbst produzierte, und die sie bei ihm kaufen mußten. Erst nach der Jahrhundertwende, als schon Tausende Aggregate in Betrieb waren, ging er dazu über, die Maschinen zu vermieten, so daß das in ihnen gebundene Kapital schneller zurückfloß. Der Miet- oder *Leasing*-Preis richtete sich nach der Maschinenkapazität und dem Ausnutzungsgrad. Hollerith etablierte das für diese Branche typische Vertriebssystem, die *hardware* zu vermieten, die *software* indessen zu verkaufen. Seine Nachfahren, die Computer-Monopolisten *IBM*, *Remington Rand*, *ICL*, *Univac* und *Burroughs*, wußten es aufrechtzuerhalten, bis der PC und das *Networking* nach 1980 das Ende der Großcomputerära einläuteten.

1911 ließ sich der 51-jährige Herman Hollerith von Charles Flint, dem »Vater der Trusts«, überzeugen, daß er von nun an die Früchte seiner Arbeit als *gentleman-farmer* genießen und seine Firma als Kernstück in einen neu zu bildenden Büromaschinentrust oder -konzern einbringen möge. Unter der Chiffre *IBM* – sie steht für *International Business Machines* – hat dieser Monopolkonzern rund 70 Jahre lang die Datenverarbeitung weltweit dominiert.

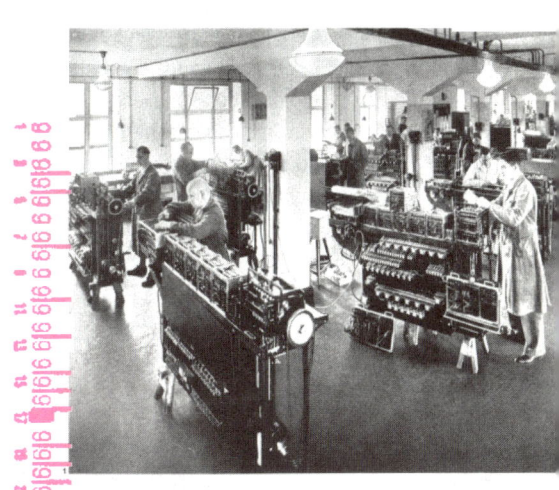

Montage der Hollerith-Tabellier-Maschine 1935 in Berlin

Werbeplakat der Deutschen
Hollerith-Gesellschaft, um 1920
*Mit Hilfe der Lochkartentechnik wurden große
Konzerne verwaltet. Ihr Haupteinsatzgebiet waren Umsatz,
Verkaufsstatistiken, Buchhaltung,
Kalkulation sowie allgemeine Planungsaufgaben.*

Während Hollerith die Datenverarbeitung auf den Weg brachte, bemühte sich Frederick Winslow Taylor, die industriellen Produktionsprozesse zu rationalisieren, indem er die einzelnen Arbeitstakte von Handarbeitern maß und auf der Basis seiner Meßdaten die Lehre vom *scientific management*, von der wissenschaftlichen Betriebsführung, formulierte. Was Babbage mit seiner Differenzmaschine und seiner alle Faktoren einbeziehenden Kosten-Nutzen-Analyse begonnen, was dann von Hollerith mit seinem elektro-mechanischen Rechner und von Taylor mit seiner Betriebswirtschaftslehre getrennt wiederaufgenommen und auf eine höhere Stufe gebracht wurde, das wurde in der Fließbandproduktion von Henry Ford zum Teil wieder zusammengebracht. Wenn auch nur hier und da ineinandergreifend, dienten beide Instrumente der Produktionsrationalisierung, für die das Fließband das sichtbare Zeichen war.

Hollerith-Sortiermaschine

Hollerith-Lochmaschine

Mit dem Fordismus begann die datengestützte, durchrationalisierte und permanent weiter rationalisierende Massenproduktion, nicht allein der Automobile, sondern auch all der anderen technischen Konsumgüter, die von Küchenmaschinen bis zu Gartengeräten die privaten Haushalte bis zum Bersten füllten.

Erste zaghafte Versuche, die Datenverarbeitung und die Prozeßsteuerung, die seit Jacquard separate Wege gegangen waren, wieder in ein Gesamtsystem zu integrieren, fanden in den sogenannten Flußindustrien statt, wo die Produktion fließend stattfinden muß und nur mit Verlust unterbrochen werden kann: in der Stromerzeugung, der Erdölverarbeitung, der Großchemie, den Gummi- und Glasindustrien. Es gelang freilich erst nach dem Zweiten Weltkrieg, die anfängliche rechnergestützte Produktionsplanung und -kontrolle und die Steuerung oder Fernsteuerung der Produktionsprozesse zur computergesteuerten Raffinerie oder Fabrik zu integrieren, in der Menschen lediglich noch zur Überwachung der Instrumente und Wartung der Aggregate oder für die Wartungs-, Hilfs- und Transportarbeiten benötigt werden.

III Große Kriege pflegen bedeutende technologische Umwälzungen auszulösen. Der Zweite Weltkrieg verhalf der Kernenergie, dem Computer, der Automation und der telekommunikativen Vernetzung zum Durchbruch.

Unter dem Titel *Manhattan Project* gab der vom späteren Präsidenten Eisenhower so benannte Militär-Industrie-Komplex Anfang der vierziger Jahre jener *alma mater*, an der Herman Hollerith studiert und gelehrt hatte, nämlich dem *Massachusetts Institute of Technology* – kurz: *MIT* – mehrere Forschungsvorhaben in Auftrag. Im *MIT-Labor für Strahlungsforschung* arbeiteten die Wissenschaftler an den Voraussetzungen für die Selbstvernichtung der Menschheit durch Kernwaffen. Die Atom- und Wasserstoffbomben wurden später in Los Alamos gebaut. Im benachbarten *MIT-Labor für Servomechanismen* entwickelten die Forscher Regelkreise und Fernsteuerungen für Waffensysteme, die mittlerweile in modifizierter Gestalt als Steuerungssysteme für Maschinen und komplette Produktionsanlagen in die Industrien Einzug gehalten haben.

Derweilen dachte *MIT*s Mathematikstar Norbert Wiener über die Ähnlichkeiten und Unterschiede zwischen Menschen und den sich als technische Möglichkeit am Horizont abzeichnenden Menschmaschinen nach. Die neue Wissenschaft vom Informationsfluß in offenen oder geschlossenen Regelkreisen nannte er Kybernetik. Sie wurde die theoretische Grundlage für Computer, Mikroelektronik und die auf Mikroelektronik basierende und von Computern gesteuerte Automation.

Norbert Wiener »bestand darauf, daß [Regelkreise und Computer-]Systeme [offen] sein und ihre Funktionen als statistische und probabilistische verstanden werden müßten,« schreibt der *MIT*-Technikhistoriker David Noble. »Stets hob er hervor, daß lebende Systeme offen und zufällig und nicht geschlossen und deterministisch seien, weil der ›Steuermann‹, der selbsttätig korrigierende Mechanismus, in sozialen Systemen ein Mensch sei und deshalb nicht durch formale Logik, sondern durch Können, Erfahrung und sinnvolle Zwecke geleitet werde. Alle technischen Teile solcher Systeme, betonte [Wiener], müßten so entworfen sein, daß sie mit dem Menschenleben vereinbar sind, es ergänzen und es erhöhen. [...] Weil ein übermäßig deterministisches System das ganze Potential der Menschen mit dem von ihnen zusammengetragenen Schatz an Erfahrung, Können und stillschweigendem Wissen verleugne, stelle es lediglich eine erheblich abgeschwächte Verwirklichung der vorhandenen Möglichkeiten dar. Insofern solch ein System den vollen Umfang menschlichen Denkens und Handelns einschränke, tendiere es zur Instabilität und zu Störungen, weil es den Spielraum des negativen *feedbacks*, der sich selbst regulierenden und korrigierenden Aktionen, einenge. Weil solche bloß technisch konsistenten Systeme schließlich auch die Zeitskalen ignorieren, die menschlichem Handeln angemessen sind, vermindern sie die Kontrolle der Menschen über die Maschinen. [...] Doch Wiener mißdeutete das Streben nach totaler Kontrolle nicht als einen wahnwitzigen technischen Anschlag auf jedwede menschliche Zielsetzung. Er war sich durchaus der Tatsache bewußt, daß auch dieses Streben menschliche Ziele reflektiert, nämlich die Ziele derjenigen, die die Macht innehaben.«

Die militärischen und wirtschaftlichen Machthaber verschlossen ihre Ohren gegen Wieners Warnungen, sie entschieden sich damals in den Kriegsjahren für den Computer als Instrument zur Konsolidierung der bestehenden Machtverhältnisse. Dazu bedienten sie sich des theoretischen Modells John von Neumanns. Von Neumann hatte den Computer als ein mathematisch-deterministisches System geschlossener Regelkreise konzipiert. Was immer an Daten in solche Regelkreise eingespeist wird, was immer jemand an irgendeiner Stelle in einem solchen Regelkreis tut, ist kontrollierbar. Die gesamte bisherige Computerentwicklung ist von Neumanns Konzept gefolgt, das seine Herkunft aus militärischen Ordnungs- und Kontrollvorstellungen nicht verleugnen kann.

ENIAC, erster Rechenautomat der USA mit Röhrentechnik *Programmiererinnen saßen auf Küchenstühlen und an Küchentischen und überwachten den Automaten, der ein ganzes Zimmer füllte.*

Die Atombombardierung Hiroshimas und Nagasakis erschreckte Norbert Wiener zutiefst. Er fragte sich, ob nicht auch die von ihm begründete Kybernetik das technische Macht- und Vernichtungspotential vermehren könnte, und kam zu der bitteren Einsicht, daß das bereits geschehen wäre. Um eine weitergehende Technologieaneignung durch den Militär-Industrie-Komplex zu verhindern oder wenigstens zu verlangsamen, wandte er sich in einem offenen Brief an seine Kollegen. Der Brief erschien unter der Überschrift *Ein Wissenschaftler rebelliert* im Januarheft 1947 im *Atlantic Monthly*. Darin forderte er seine Kollegen auf, ihre wissenschaftliche Arbeit dem gesellschaftlichen Nutzen unterzuordnen und sich nicht an die herrschenden Mächte zu verkaufen. Bei seinen eigenen Forschungsvorhaben werde er entscheiden, ob er sie überhaupt durchführen solle und welche Forschungsergebnisse er ohne Gefahr für die Gesellschaft veröffentlichen könne und welche nicht.

Im August 1949 ging Norbert Wiener noch einen Schritt weiter. In einem Brief an Walter Reuther, den Vorsitzenden der US-Automobilarbeitergewerkschaft, warnte er eindringlich vor der sich ausbreitenden Automation mit Hilfe von Servomechanismen, Steuerungsverfahren, programmierbaren Maschinen und Computern. »Diese Technologien«, schrieb Wiener, »sind außerordentlich flexibel und für die Massenproduktion geeignet. Zweifellos werden sie zur Fabrik ohne Arbeiter führen. [...] In den Händen der gegenwärtigen Industrieherren werden solche Betriebe unweigerlich eine verheerende Arbeitslosigkeit produzieren.« Walter Reuther verstand ihn nicht oder wollte ihn nicht verstehen, er antwortete nicht einmal auf Wieners Brief. Die Gewerkschaften versäumten es, sich beizeiten gegen die schleichende Automation der Arbeitsprozesse in Fabrik und Büro zur Wehr zu setzen. Jetzt haben sie keine Chance mehr.

Auf der Gegenseite nutzte der um eine systemkonforme Wissenschaft angereicherte Militär-Industrie-Wissenschaftskomplex den permanenten Kriegszustand, in dem sich die USA seit Eintritt in den Zweiten Weltkrieg befinden, aus, um seine Ordnungs-, Kontroll- und Profitmaximierungswünsche radikal durchzusetzen und die gesamte Gesellschaft zu militarisieren.

Der 1947 in den *Bell Laboratories* des Telekommunikationskonzerns *AT&T* entwickelte Transistor ermöglichte die immer weitergehende Miniaturisierung der Mikrochips und Computer bei gleichzeitiger Kapazitätsausweitung. Inzwischen leistet ein *laptop* mehr als jene mit Röhren bestückten, einfamilienhausgroßen Riesencomputer der letzten Kriegs- und ersten Nachkriegsjahre.

In den fünfziger Jahren veranlaßte das Pentagon im Namen der nationalen Verteidigungsbereitschaft Elektrizitätswerke, Raffinerien und Chemiebetriebe, zur vollautomatischen Computersteuerung ihrer Anlagen überzugehen. Dann forderte das Pentagon die von ihm abhängigen Rüstungskonzerne nachdrücklich dazu auf, die Produktionsprozesse von der numerischen Maschinensteuerung und dem Einsatz vereinzelter Industrieroboter auf totale Computersteuerung vom Produktentwurf bis zur Endmontage umzustellen. Um konkurrenzfähig zu bleiben, schloß sich die zivile Güter produzierende Industrie dieser Umstellung an.

In der Mikroelektronik ist die Miniaturisierung bis zu einem Punkt gelangt, da das Mikron zum Normalmaß geworden ist. Eine weitergehende Miniaturisierung scheint nur noch mit neuartigen Materialien möglich, insbesondere mit organischen. Die *software* brilliert mit Glanzprodukten aus den vom Militär finanzierten Künstlichen Intelligenz-Faktoreien: die fürs Pentagon konstruierten *electronic battlefields*, höchstkomplexe Expertensysteme, finden bei minimaler Adaptation im zivilen Sektor Anwendung als Managementsysteme jeglicher Art. In der Industrie haben sie das *outsourcing*, die Auslagerung der Komponentenfertigung und ganzer Produktionsstufen, und das *just-in-time*-Prinzip ermöglicht. Seitdem zirkulieren LKW-Kolonnen rund um die Uhr zwischen den ausgelagerten Zulieferern und dem zentralen Montagewerk.

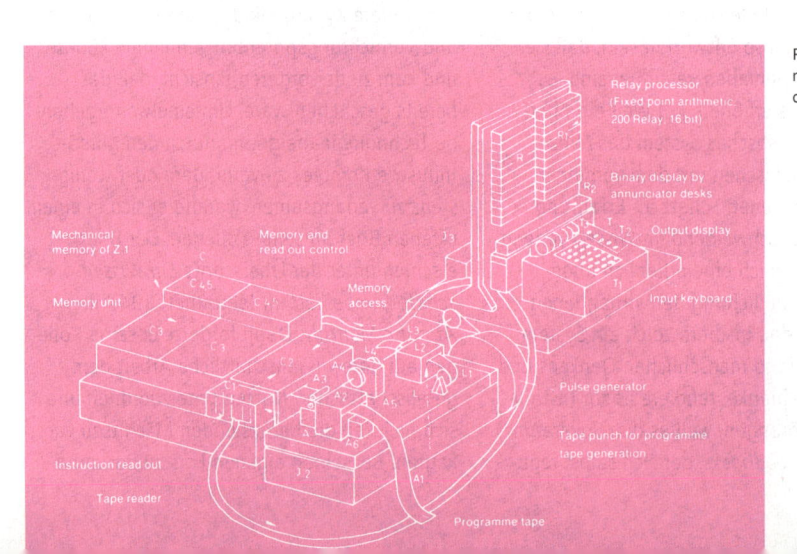

Prinzipbild eines Relaisrechners mit mechanischem Speicher am Beispiel des Zuse Z2.

Harvard Mark 1 1939 von Howard Aiken konstruiert und 1944 in der Harvard-Universität in Betrieb genommen.

Schema eines Computers mit Lochkartenabtaster und Magnetbandspeicher

Für die herrschenden Mächte steht die Kontrolle der Menschen wie der gesellschaftlichen Prozesse, einschließlich der technischen, im Zentrum ihres Interesses. In Kombination mit demoskopischen Verfahren und massenmedialer Desinformation dienen ihnen die Computersysteme zur Lenkung nominell demokratischer Entscheidungsprozesse. Als reiche diese statistische Kontrolle nicht schon aus, um Arbeitslose wie noch Arbeitende zu pazifizieren oder auch zum Völkermord zu mobilisieren, wenn wie im Golfkrieg das geschäftliche Kalkül und die Erprobung der neuesten Waffensysteme ihn erforderlich machen, läßt das Pentagon seit Mitte der siebziger Jahre erforschen, ob sich aus *wetware*, aus Feuchtware – das sind Metall-Protein-Moleküle –, nicht Biochips und Computer im Nanometerformat fabrizieren lassen, die man einstmals dem menschlichen Gehirn als Steuerungsorgane implantieren könne, falls die Gentechnologie durch technische Meisterung des Clonens derartige Implantate nicht überflüssig macht.

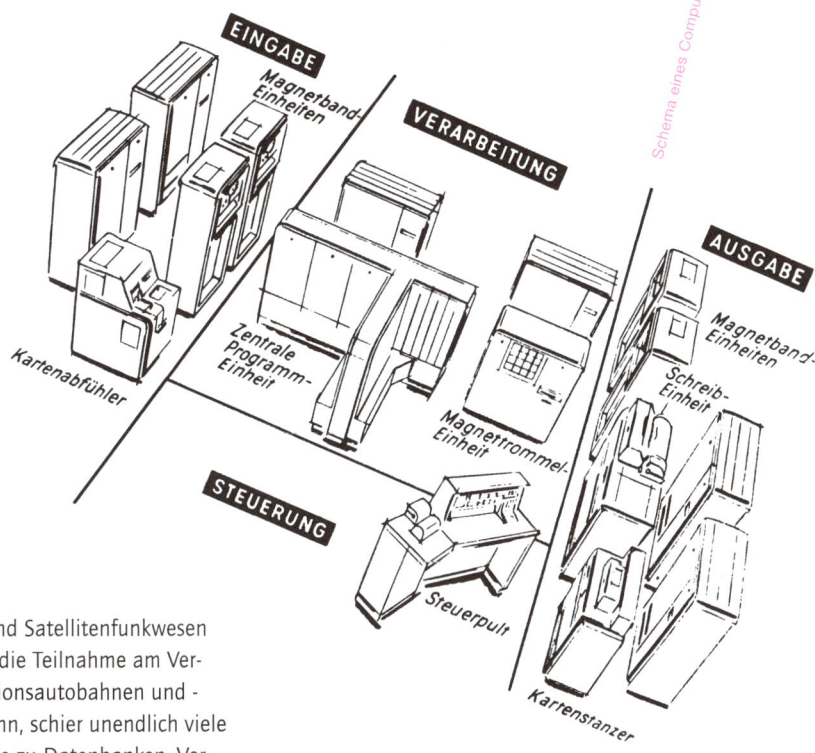

Das Glasfaserkabel- und Satellitenfunkwesen bietet jedem, der sich die Teilnahme am Verkehr auf den Informationsautobahnen und -dorfstraßen leisten kann, schier unendlich viele Kommunikationskanäle zu Datenbanken, Versandkatalogen oder anderen Kommunikationssüchtigen. Die die Menschen zusehends massiver desinformierenden Massenmedien und Lieferanten von Zerstreuungs- und Ablenkungswaren werden graduell von den global operierenden Telekommunikationsgiganten aufgesogen; denn diese haben Bedarf an Massenartikeln, die sie den Endverbrauchern gegen Gebühr auf den Bildschirm und in die Klangboxen respektive Kopfhörer *beamen* können.

Während der sich technisch versiert glaubende Einzelne sich ob der Dialogfähigkeit und -bereitschaft der Computer und sonstiger mikroelektronischer Systeme in Kommunikation mit der Welt wähnt, während sich Hacker einbilden, sie könnten die Herrschaft von Militär und Finanzkapital durch unbefugte Eingriffe in deren Datennetze und -banken anarchisch verwirren und eines Tages durch Chaos zum Einsturz bringen, regrediert das Individuum tatsächlich in immer größere Isolation, je dichter die virtuelle Realität des Cyberspaces es von der gesellschaftlichen Wirklichkeit fernhält. Die Datenverarbeitung entsozialisiert die gesamte Menschheit, sie reduziert sie auf eine parasitäre monadenhafte Existenz.

Würden diese Visionen der Militärs eines Tages Wirklichkeit, dann vegetierte jedes Individuum im je eigenen Cyberspace, dessen Sensationen nach Zufallsprinzipien von irgendeinem *Big Brother* erzeugt und verbreitet würden. Der ständige Anschluß ans weltumspannende Internet wäre im eigenen Kopf geschaltet. Über die Außenwelt – über Stadt und Land, über Gesellschaft und Natur – nachzudenken, würde dann eine höchst müßige Beschäftigung sein und wohl kaum jemandem einfallen.

Chup Friemert | **Mediatektur**

Wenn digitale Medien dazu dienen, aus Räumen Ereignisse zu machen, dann mutiert Architektur zur Mediatektur. Entwickelt wurde diese neue Disziplin von der *ag4*, und das Projekt, an dem dies geschah, ist die Gestaltung der Konzernzentrale von Hoechst. Die *ag4* , Gesellschaft für Mediatektur, ist eine Gruppe von Architekten und Designern, unter ihnen Ralph Sommer, Gründungsmitglied von Pentagon.
Weil Chup Friemert die Arbeit der *ag4* mit den Entwürfen der mittelalterlichen Kosmaten verglich, regte sich auf der Macherseite Widerspruch. Wir veröffentlichen beides: Den Text von Friemert und die Entgegnung der *ag4*.

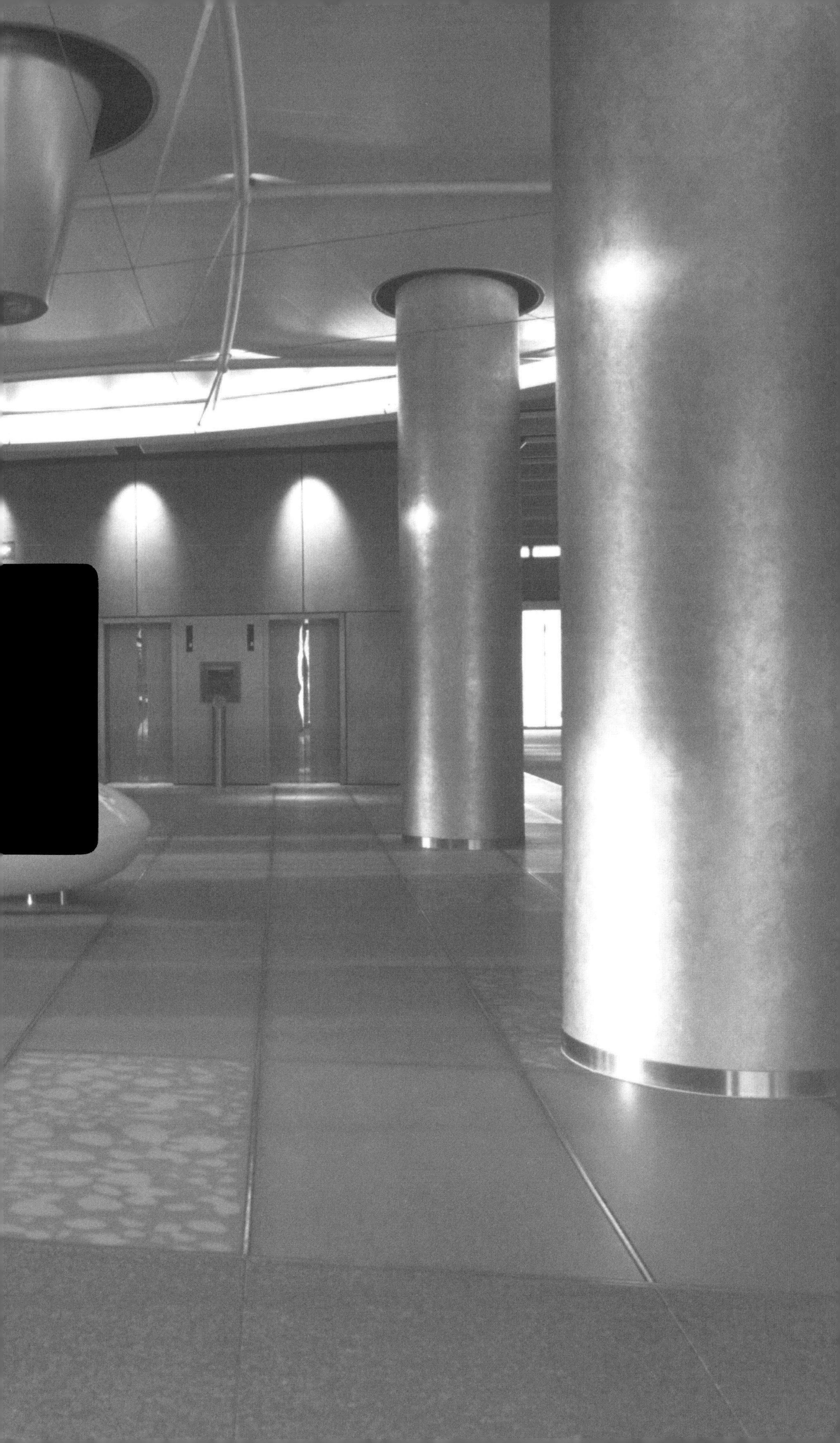

Das Corporate Center der Hoechst AG in Frankfurt, Eingangsbereich. Es ist in Frankfurts ältestem Hochhaus untergebracht, das zum Corporate Center umgebaut wurde. Die Vorstandsetage wurde um zwei Stockwerke aufgestockt und das Erdgeschoß vollständig neu konzipiert. Dies begleitet die geplante vollständige Umorganisation der Hoechst AG.

Den Eingangsbereich, 42 x 21 m, also 884 m² gestaltete die »ag4, Gesellschaft für Mediatektur, Köln«.

Quer zur Eingangsachse läuft eine aufsteigende gewellte Fassade aus grünem Glas und verläßt das Gebäude wieder auf der gegenüberliegenden Schmalseite. Sie ist durch eine rote Wand unterbrochen, welche die Fluchttreppe abschirmt. Gegenüber dem Eingang stehen zwei Empfangstheken vor einer gebogenen Kupferwand. Das Besondere des Entwurfs liegt aber weniger in diesen gewissermaßen klassischen architektonischen Elementen, sondern in den medialen. Zunächst bedeutet nämlich mediatektonisches Arbeiten technische Ausformung von Bauteilen, Erstellen von Programmen zur Anregung der Oberflächen, Bestimmung der Stimmungen und Auswahl der Sichtbarkeiten. Nötig ist der Zusammenklang von architektonischem Entwurf, designerischem Arbeiten, ingenieurhaftem Konstruieren, Programmieren und Inszenieren. Die Mediatektur, das Besondere der *ag4* also, setzt sich aus den architektonischen Gliedern Boden, Wand und Decke zusammen, die aber neu, eben mediatektonisch aufgefaßt werden.

Boden und Stein.

In einem gedachten, nicht im geometrischen Zentrum, unter einem kreisrunden, leicht aufgewölbten Himmel, markiert von vier Stützen, liegt ein Marmorstein. Auf ihn projiziert ein computergesteuerter Hochleistungsprojektor, Weiterentwicklung einer Technik, die bei Flugsimulationen verwendet wird, ein vierzehnstündiges Videoprogramm. Die projizierten Sichtbarkeiten kommen aus den Tätigkeitsbereichen der Hoechst AG, es sind unter anderem molekulare Strukturen, Darstellungen von organischen oder/und chemischen Verbindungen. Am Morgen ist die Stimmung beruhigt in Blau und nur leicht bewegt, im Laufe des Vormittags nehmen Farbe und Bewegung zu, der Mittag zeigt helle Sonnenfarben, der Nachmittag schnelle, bunte technische Bilder, dann schwingt die Stimmung über die Dämmerung mit blauen Wellen zu den phantastischen Sichtbarkeiten am Abend. Der speziell konstruierte Glasfußboden schützt Platinen, auf denen insgesamt elftausend Lichtdioden mit einem speziellen Computerprogramm ansteuerbar sind. Das Programm variiert die Lichtintensität und ergibt eine, vom Stein als Zentrum ausgehende, nach außen als auch von außen zum Zentrum hin laufende Assoziationsmöglichkeit mit Wasser.

Die Lichtsteuerung im Boden wird über Glasfaserkabel auf der Festplatte eines Hochleistungsrechners in abgespeicherten *time codes* synchronisiert. Die Steuerung liefert Wellenähnliches so als würde man einen Stein ins ruhende Wasser werfen oder Verwirbelungen, dann Strömendes und ruhig Fließendes, das sich mit den Projektionen auf dem Stein überlagert.

Interaktive Wand

Vier interaktive Stationen seitlich am Aufzugskern zeigen dem Besucher zeitgemäße Unternehmenskommunikation. Er kann von verschiedenen Datenträgern Informationen zur Hoechst AG abrufen, wird von Nachrichtendiensten bedient oder kann moderne Kunst im internet besichtigen.

Videowand

Eine Videowand vor der Schmalseite des Eingangsbereichs, dem Aufzugskern gegenüber, zeigt auf zwölf randlosen Rückprojektionsmonitoren ein Satellitenbild der Erde in der realen Geschwindigkeit der Erddrehung. Auf ihr sind die Hoechst-Standorte markiert, deren Uhrzeiten erscheinen abwechselnd. Betritt ein Besucher das Sensorfeld vor der Wand, zeigt ein Schirm ergänzt zum kartografischen Satellitenbild der Erde solche von Städten und Landschaften sowie Videobilder von Menschen aus allen Kontinenten. Alle vierzig Sekunden wechselt der Erdteil, aus dem die Bilder sind. Die Wand kann jederzeit zur Präsentation von Filmen oder Standbildern genutzt werden.

Wenn die Kosmaten vom 12. bis zum 15. Jahrhundert vor allem in den Kirchen Roms vielfach geschmückte Chorschranken, Kanzeln, Ambonen, Osterleuchter, Wandverkleidungen und Fußbodenbeläge gestalteten, so bedienten sie sich der zeitgenössischen Produktionsmittel: ausgesuchte Marmorstücke, Bruchstücke aus antiken Bauten, farbige Glasflüsse, vergoldete Glaspasten und Mörtel. Dies fügten sie zu kunstvollen Intarsienarbeiten, nahmen dabei Anregungen aus fernen Ländern, besonders aus dem arabischen Raum auf. Sie waren an Unbeweglichkeit gebunden, an statische Bildhaftigkeit, oft der Geometrie verbunden. Ihre Arbeit ist gleichermaßen gefroren, denn Bewegung konnten sie nicht nachahmen, wohl aber versinnbildlichen. Ihre Aufgabe bestand vornehmlich darin, einer vorhandenen Architektur durch zugehörige oder zugefügte Stücke Glanz zu verleihen und nebst den Bauherrn noch den Zweck des Baus zu loben. Es waren in der Regel Kirchen, und jeder Altar, selbst jeder Teil des Tempels ist ein kosmisches Machtzentrum, in dem die Kommunikation mit allen Seinsebenen möglich ist, denn zu allen Zeiten wurden die Sakralbauten zum Kosmos in Beziehung gesetzt.

Sicher wird es heute kaum gefallen – obwohl vieles dafür spricht, wenn auch nicht im direkt verstandenen, gar buchstäblichen Sinne –, Design als eine heutige Form des Schmückens aufzufassen; kaum wird akzeptiert werden, Design als das Ornament der Technik oder des Technischen zu begreifen. Viele Designer würden sich vehement gegen eine solche Bestimmung wehren, weil sie in abwertendem Verständnis dem Ornament als dem scheinbar Regelwidrigen, Überflüssigen und Sonderbaren gegenüberstehen. (Dies Mißverständnis aufzuklären wird gelegentlich eine Aufgabe sein, hier wird eine solche Auffassung von Design als eine Möglichkeit zunächst vorausgesetzt). Weshalb eine solche Behauptung? Um eine Bestimmung dessen zu versuchen, was die Mediatektur der »ag4, Gesellschaft für Mediatektur« sein kann.

Bestimmungen dienen in der Regel dazu, Besonderes herauszuarbeiten, also Differenzen darzustellen, aber auch dazu, evolutionäre Zusammenhänge aufzuzeigen. Die Arbeit der *ag4* wäre durchaus als eine gegenwärtige Form des Schmückens von Architektur zu fassen. Unterschieden zu den Kosmaten durch die Produktionsmittel: Leuchtdioden, Hochleistungsrechner, Bilder der Erde aus dem Weltraum oder solche, die mit Mikroskopen neuester Bauart erschaut werden konnten, computergesteuerte Hochleistungsprojektoren, Videowände, Rückprojektionsmonitore, Molekularstrukturen. Gleich den Kosmaten, verleihen sie der Architektur, dem Bauherrn und dem Bauzweck Glanz und loben. Es gibt kaum einen Grund, der gesonderten Inszenierung ihren Platz abzusprechen, das Dekorum vom Ort zu verweisen. Es ist stets unterscheidbar, welcher Klasse von Ornament die geordneten Teile zugehören, den strukturellen oder den zugefügten, ob das Ornament demzufolge also strukturell oder dekorativ ist. Der Unterschied zwischen dekorativ und strukturell enthält keine wertende Unterscheidung, keine Hierarchie. Zwar sind es zwei verschiedene Sachverhalte, aber grundsätzlich bleibt bestehen, daß das Ornament nicht mit dem Gegenstand identisch ist, obwohl es nicht von ihm trennbar ist, mit ihm nur aufscheinen, gar existieren kann.

Das *verbum ornare* – schmücken, ausstatten, ausrüsten, auszeichnen – weist unmißverständlich darauf hin, daß etwa anderes, vielleicht etwas schon Vorhandenes mit einer zusätzlichen Qualität ausgestattet wird. Bedeutend am Ornament ist aber stets eine – wie auch immer versteckte oder verschliffene, ausgebleichte – Bildfunktion. Darin unterscheidet es sich vom Muster. Dies bringt gleichwohl heutzutage das Problem hervor, das jedem Ornament mitgegeben war: sein Symbolgehalt. Welche Symbole können verwendet werden? Welche Gehalte sind zulässig? Was ist gegeben? Was kann erfunden werden?

Der Stein

Verschiedene Mythen erzählen von der Geburt aus einem Stein oder einem Fels. So beim Gott Mithras. Nach griechischer Sage kam aus den von Deukalion und Pyrrha hinter sich geworfenen Steinen ein neues Menschengeschlecht hervor. Der gebärende Stein (*petra genetrix*) hängt eng zusammen mit der Vorstellung der Mutter Erde. Wegen ihrer Unverrückbarkeit können Stein und Fels zum Symbol der heiligen Mitte werden: Marmorkegel als Mittelpunkt der Welt in Delphi, schwarzer Stein der Ka'aba in Mekka, Stein im Thron des englischen Königreiches.

Das Wasser

Wasser ist im Neolithikum, in Altägypten und in Altmexiko durch Wellen-, Kamm- oder Zick-Zack-Muster oft versinnbildlicht. Bereits um 40 000 vor Christi oder noch früher verwendeten Neandertaler dieses Zeichen. Wegen seiner Formlosigkeit wird das Wasser dem Chaos und der Urmaterie gleichgestellt; bei Thales von Milet ist es der Ursprung aller Dinge. Das Wasser wird meistens als weibliches Element aufgefaßt, in China dem Yin zugeordnet. Brunnen und Quellen spenden das Lebenswasser. Die Ägypter hofften, daß das Wasser, das als Ausfluß, der aus Osiris hervorging, aus der Todesstarre befreie. In der Antike spielte das Wasser heiliger Quellen eine wichtige Rolle im Orakelwesen. In der Nähe oder unterhalb der Mithras-Tempel befand sich stets eine immerfließende Quelle, der Opfer dargebracht wurden. Mit der Ka'aba zu Mekka ist ein heiliger Brunnen verbunden, aus dem die Pilger trinken und Wasser in ihre Heimat mitnehmen. Die Symbolbedeutung des Lebensbrunnens: Im Alten Testament erscheint Gott selbst als »Quell des Lebens«.

Das Wasser und der Stein

Antike Sagen berichten, wie eine Gottheit, zum Beispiel Rhea, mit einem Stab eine Quelle aus dem Felsen oder Boden schlägt; ähnlich ließ Moses auf göttliches Geheiß das lebensnotwendige Naß aus einem Felsen hervorkommen.

Lichtboden

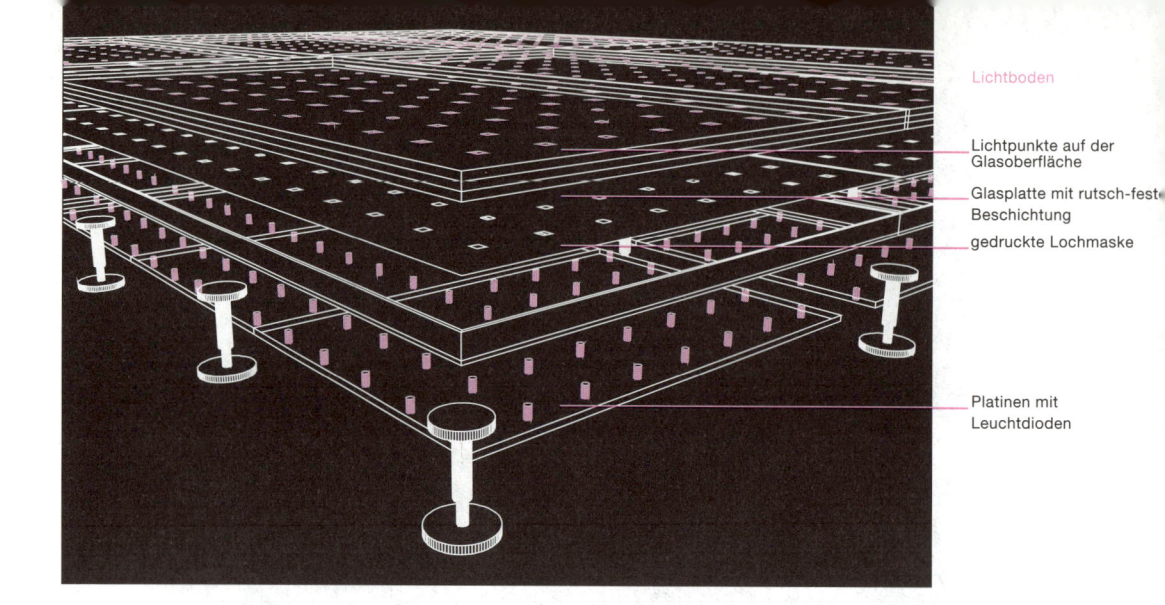

Lichtpunkte auf der Glasoberfläche
Glasplatte mit rutsch-fester Beschichtung
gedruckte Lochmaske

Platinen mit Leuchtdioden

Es ist spürbar: Heutzutage ist der Symbolgehalt vielfach fraglich oder problematisch, der Prozeß der Symbolisierung ist ein komplexer gesellschaftlicher Vorgang. Symbolgehalte müssen gewissermaßen erfunden werden, Selbst-Verständlichkeit kann nicht mehr vorausgesetzt werden. Dies Erfinden-Müssen macht das Problem der Designer aus und gleichzeitig bringt es ihr Mißtrauen hervor, denn es gibt keine gleichermaßen für alle Mitglieder einer Gesellschaft verbindliche Form der Erklärung von Welt, auf die sich die Symbole beziehen könnten. Aber alle Versuche, Corporate Identities oder Corporate Cultures herzustellen, sind nicht viel anderes als der Versuch, eine, für eine bestimmte und wenn möglich große Gruppe gemeinschaftliche Weltsicht zu organisieren, die sich an den Symbolen realisiert und an ihnen erkennbar sein soll. In Zeiten des Weltmarktes, auch Globalisierung genannt, ist das Ziel erreicht, wenn nicht mehr auf einem Gegenstand steht: Made in Germany, sondern: Made by Hoechst AG. Der Unterschied der vorliegenden Arbeit der »ag4, Gesellschaft für Mediatektur« etwa zur Arbeitsweise vieler Designer, beispielhaft zum Rationalismus von Otl Aicher ist klar: Er hätte auch das zu versinnbildlichen versucht, was die Hoechst AG tut, aber er hätte unter allen Umständen zu vermeiden versucht, aus der Geschichte gegebene oder mit Geschichte beladene Symbole und Symbolbedeutungen mit heranzuziehen. Er hätte strukturell gearbeitet und Hoechst ein neues Darstellungskonstrukt erarbeiten lassen. Die »ag4, Gesellschaft für Mediatektur« arbeitete bei der Hoechst AG anders, im philosophischen Sinn dekorativ.

1. Videoquellstein auf Lichtboden
2. Empfang
3. Weltzeituhr
4. Interaktive Stationen – Internet und CD-Rom
5. Cafébereich
6. Vordach mit Wasserbecken

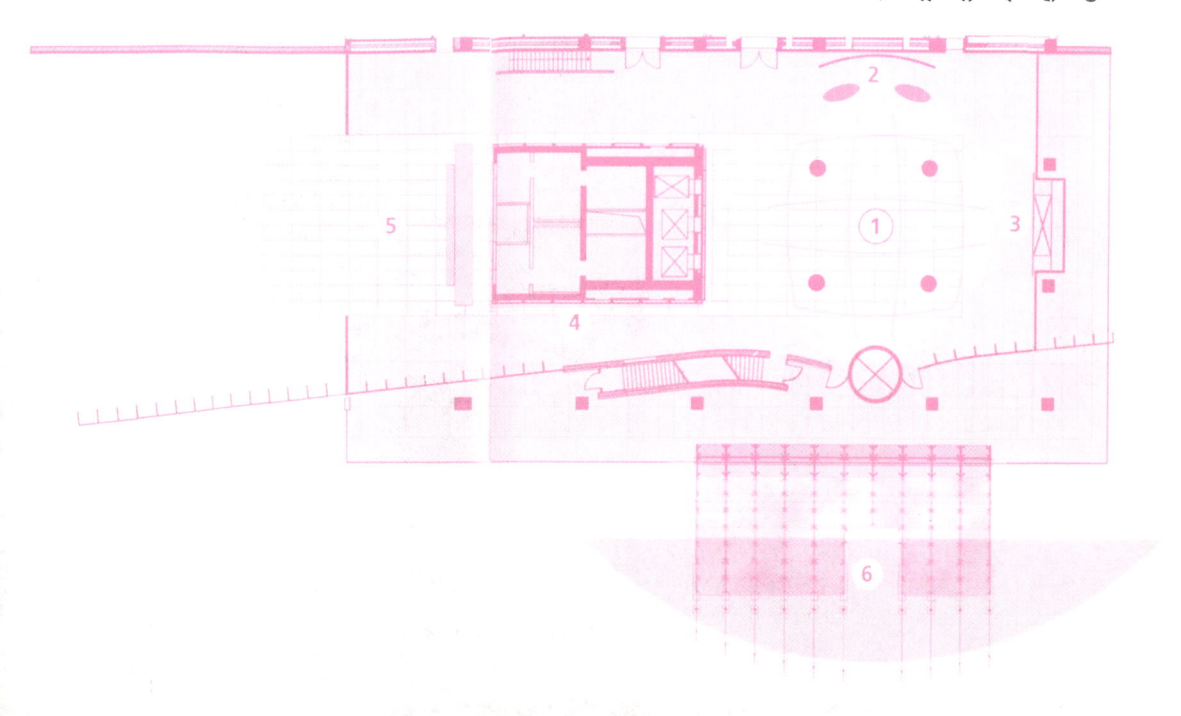

ag4 antwortet

21.1.1997

Sehr geehrter Herr Prof. Friemert,

wir haben mit großem Interesse Ihre Reflektion auf unser Projekt Corporate Forum Hoechst gelesen und können Ihnen versichern, daß sie eine heiße Diskussion bei uns ausgelöst haben.
Wir hoffen auf Ihr Verständnis, wenn wir uns jetzt auf einen Disput mit ein paar Ihrer formulierten Positionen begeben.

Wir möchten Ihre Definition von Ornament im Zusammenhang mit unserem Projekt differenziert reflektieren. Auf alle Fälle stimmen wir Ihnen zu, daß der Unterschied zwischen ornamental und strukturell in keine Hierarchie einzuordnen ist. Allerdings sind wir nicht einverstanden mit Ihrer Einordnung vom Ornament in das Ganze. Sie schreiben, daß das Ornament der Architektur Glanz verleiht und damit seinen Wert hebt. Wir glauben nicht, daß die ornamentalen Gestaltungsformen getrennt vom architektonischen Körper, ja von seiner Wirkung und Absicht zu trennen sind. Alle baulichen Anstrengungen, die die Wirkung des Bauwerkes unterstützen, sind immer auch Kommunikationsmedien, genauso wie die Architektur selber. Schon die Materialwahl hatte in seiner jeweiligen Zeit allegorische Bedeutung. Gerade der gestalterische Part des Ornaments diente zur Kommunikation eines übergeordneten Sinnes, diese Gestaltung ist an sich medial. Die Architektur wurde zum Beispiel in der Gotik auf die mediale Gestaltung hin ausgerichtet. Das Bestreben, die Konstruktion aufzulösen in schlanke Streben, diente dazu, Platz zu schaffen für möglichst große Glasfenster und damit Medienflächen. An dieser Stelle war also zuerst das Bedürfnis nach Kommunikation, und das »Ornament« schmückt nicht das Bauwerk, sondern das Bauwerk dient dem »Ornament«. Dies ist besonders vor dem Hintergrund zu betrachten, daß früher das Volk größtenteils nicht lesen konnte und die Gesellschaft bildhafte Kommunikationsmedien brauchte.
Es geht nicht darum, den schmückenden Charakter vom Ornament anzuzweifeln. Es ist nur fraglich, ob dies die einzige und zentrale Funktion ist. Das ornamentale Gestaltungselement hat nicht die eine oder andere Funktion, sondern die eine und die andere Funktion. Es erscheint uns dabei als kritisch, die kommunikative Charakteristik des Ornaments der schmückenden unterzuordnen.

Heute ist es so, daß die Gesellschaft so komplex geworden ist, daß wieder sinnliche und bildhafte Kommunikationsmedien notwendig sind. In diesem Sinne sehen wir unsere mediatektonische Arbeit. Wir versuchen damit, Transparenz und sinnliche Orientierung zu schaffen.
Deswegen irritiert es uns, wenn das Ergebnis unserer Arbeit in erster Linie als »Schmuck« des Auftraggebers oder des Gebäudes gewertet wird.
Wenn allerdings eine kommunikative Ausrichtung zu einer ornamentalen Gestalt führt und dieses das Gesamtwerk schmückt, ist natürlich die Aufgabe optimal gelöst. In diesem Sinne ist das Ergebnis unserer Arbeit ornamental, unsere Arbeitsweise ist aber kommunikativ und zwar in der Materialgestaltung, in der Formgebung und in der Produktion der visuellen Medien. Unsere Arbeit beginnt mit der Entwicklung eines Key Visual, das die Mentalität des Auftraggebers artikuliert. Natürlich kann man auch diesen Key Visual im übergeordneten Sinne als »Schmuck« werten, da er den Auftraggeber in ein positives Licht stellt. Die Motivation zu dieser Arbeit aber ist eben nicht eine Dekoration, sondern einen Sinnzusammenhang zu schaffen.

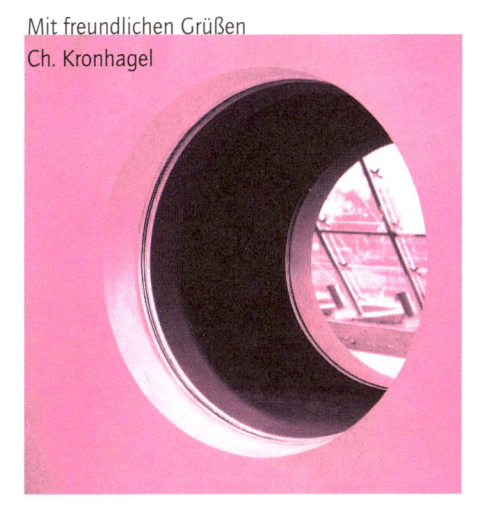

Mit freundlichen Grüßen
Ch. Kronhagel

Tanja Diezmann | **Informelle Charaktere**

adidas am 03.08.'95

kapitel

THEMA EBENE

PALETTE 230 FARBEN

SICHERN LÖSCHEN

BEI ROLLOVER WIRD INHALTSOBJEKT-NAME ANGEGEBEN

VERWEISANZEIGE

INHALTSOBJEKT

INFOVERTIEFUNG ÜBER HOTWORDS (KANN AUCH BILD, VIDEO, ANIM SEIN)

AKTUELLE KONDI

EBENENKENNUNG
+ KAPITELÜBERSICHT
SYSTEMSTEUERUNG → TON - DRUCKEN - HILFE
INHALTSVERZEICHNIS → INHALT
INDEX A-Z → WIRD KAPITEL ANGEZEIGT → SPRUG INS KAPITEL
GLOSSAR → alle HOTWORDS → MEDIENLINK WIRD GEZEIGT
EDITOR/CREATOR
PROTOKOLL 12

Welche Visionen haben Multimediafirmen? Wie kommt es, daß sie in kürzesten Fristen von idealistischen Kleinunternehmen zu kostenintensiven Firmen expandieren? Fünf Leute gründeten 1991 Pixelpark, heute beschäftigt das Unternehmen 70 feste und 60 freie Mitarbeiter. Durchschnittsalter: unter 30. Seit Mitte 1996 ist die Gruppe Bertelsmann mit 75 Prozent an Pixelpark beteiligt. Tanja Diezmann, seit 1994 künstlerische Leiterin bei Pixelpark, wurde von uns befragt nach den Profilen, die sich bei der Berufsarbeit mit den Hypermedien herausgebildet haben, sowie nach der Fadheit dessen, was Multimedia genannt wird.

form + zweck > *Was unterschiedet die Gestaltung an digitalen Medien von der Herstellung traditioneller Erscheinungsbilder?*

Diezmann < Wir gestalten ein Dialogmedium. Wir gestalten eigentlich einen Gesprächspartner. Der zeichnet sich nicht nur durch sein Aussehen aus, sondern durch sein Verhalten. Das ist der Unterschied. Es kommt darauf an, wie das Medium auf den *user* reagiert, wie es antwortet, was es bietet, wenn es etwas gefragt wird.

Mein Grundansatz ist: Wir gestalten einen Charakter. Wir entfernen uns von der rein visuellen Form und versuchen, gestalterische Methoden anzuwenden, die weitgehend formunabhängig sind. Dadurch kann ich die Formen, also auch bestimmte Informationssegmente, Bilder und so weiter, austauschen und variieren. Ich kann einer zeitlichen Entwicklung folgen. Wiedererkennungseffekt und Gewohnheit werden nicht durch das Bild erreicht, sondern durch die immer gleiche Methode, dadurch, daß das Verhalten des Systems dieser Methode folgt.

Im digitalen Bereich kann ich mit Zeit, Bewegung und Interaktion arbeiten. Das kann ich in anderen Medien nicht. Ich möchte dem *user* die Fülle, die Tiefe und die Breite der Informationen, die gespeichert sind, deutlich machen. Er soll sich die Ganzheit eines Systems von Daten vorstellen können und nicht dastehen und blättern und durch alles linear vor- und zurückgehen. Der *user* muß sich aus dem Datenraum die Information holen können, die er braucht. Dabei soll nicht er sich im System bewegen, sondern er soll die Information zu sich kommen lassen. Wir versuchen, ihm vorausschauendes Handeln zu ermöglichen.

Speziell für einen Auftrag haben wir eine Art assoziativer Navigation probiert, bei der man immer schon die über-, über-, übernächsten Themen sehen und auch zu ihnen springen kann. Kreuz und quer im System, also von überall nach überall.

Der Focus ist zunächst visuell: Zuerst kommen die Bilder, und wenn ich möchte, kann ich mir Text dazu abrufen. Wir nutzen also das focussierende Prinzip der alltäglichen Erfahrung: Ich sehe sehr viel, wenn ich in der Welt umherlaufe. Aber das, was mich interessiert, das picke ich mir heraus. So können auch Systeme funktionieren: Dem *user* möglichst viel offenhalten. Er kann selbst entscheiden, was ihn interessiert. Er wird nicht zugeschüttet mit allem möglichen, obwohl er doch ein spezielles Interesse hat.

> *Wie macht man einen Charakter?*

< Man überlegt sich, was das Verhalten leisten muß. Wir haben für *adidas* ein MIS (Marketing Informations-System) entwickelt. Es gab bestimmte Anforderungen: Es sollte den Außendienstmitarbeiter beim Verkaufsgespräch unterstützen und Hilfe sein, wenn er mehr Informationen braucht. Danach muß sich der Charakter richten. Alle Inhalte müssen schnell auffindbar sein, ohne unbedingt sichtbar zu sein.

> *Man muß sich keinen Schauspieler vorstellen bei dem Wort Charakter, sondern eine bestimmte Art des Bedienens?*

< Eine bestimmte Art des Verhaltens des Systems gegenüber einem *user* – also zielgruppenspezifische Charaktere.

> *Eine bestimmte Art des Reagierens auf meine Wünsche?*

< Mit dem Verhalten des Systems und dem, wie es letztlich aussieht, bildet sich ein Charakter ab, beim *user*. Da gibt es Gestaltung nicht bloß als visuellen Aspekt. Gestaltung greift in die Informationsstruktur ein. Bei *adidas* hat die Gestaltung wiederum die Struktur der Datenbank begründet.

> *Was hat die Firma* adidas *davon, außer, daß sie ein System bekommen?*

< Die »pixelpark multimedia concepts«, also das von uns entwickelte System, ermöglicht es, mehrere Applikationen aus einem Datenpool zu generieren. Mit der zugrundeliegenden Datenbank, der Vernetzung der Systeme mit der zentralen Datenbank sowie der Art und dem Aufbau der Systeme haben wir die Rahmenbedingungen dafür geschaffen, daß *adidas* kurzfristig ausgewählte Produkte innerhalb von nur wenigen Wochen am POS, im Netz, im Vertriebsgespräch oder in einer Schulung unterschiedlichen Zielgruppen präsentieren kann. Beim Verkaufsstart neuer Textilien und Schuhe verfügen sämtliche Systeme (CD-ROM, Kiosk, Online) über alle wichtigen Produktinformationen und stellen diese stets in einem passenden multimedialen Umfeld mit zielgruppenspezifischer Benutzerführung vor.

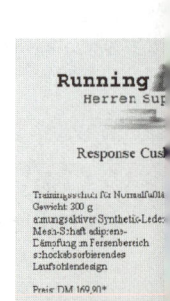

> *Gibt es betriebswirtschaftliche Aussagen über den Nutzen derartiger Anwendungen? Oder meinen die Auftraggeber nur, sie müssen das jetzt so machen, weil es im Trend liegt?*

< Die meisten Auftraggeber machen das nicht nur, um dabeizusein. Gerade bei *adidas* ist diese me-too-Situation nicht der Fall. *adidas* hat viel Vertrauen zu Pixelpark gehabt, weit vorausgedacht und viel Geld ausgegeben für eine Entwicklung, bei der anderthalb Jahre nichts zu sehen war. Erst dann waren wir in der Lage, etwas vorzuführen. Heute kann *adidas* in zwei Wochen eine CD-ROM produzieren. Aber das fällt eben nicht vom Himmel. Das erfordert eine sehr lange Entwicklungsphase. *adidas* hat daran geglaubt, daß durch die Möglichkeiten, die *multimedia* bietet, langfristig die Kommunikationswege und alles, was mit der Distribution verbunden ist, verkürzt werden.

> *War das eine Idee des Unternehmens oder ist der Kontakt zufällig entstanden?*

< Die Idee kam von uns, aber *adidas* hatte die Absicht, Multimedia übergreifend einzusetzen, war gerade auf der Suche nach einem Partner. So gesehen kam die Anfrage von *adidas* zur rechten Zeit.

> *Was gilt als neu bei Pixelpark?*

< Das bezieht sich meistens leider ausschließlich auf Software und Technologie. Ich habe noch keine sinnvolle Anwendung gesehen, die diesem Medium eine Existenzberechtigung verleihen würde. Das ist auch der Grund, weshalb mich der Multimedia-Bereich noch nicht losläßt. Ich denke, man muß es so weit treiben, daß man sagen kann: So, dieses Projekt ist nur mit dieser digitalen Kommunikationsform realisierbar gewesen.

Es ist deprimierend, auf Messen zu gehen und zu erwarten, daß die anderen vielleicht schon ganz weit sind, was Tolles gemacht haben – und dann werden nur *fullscreen*-Fotos weitergeblättert, vor- und zurück. Dann denke ich: Laßt uns eine Zeitung machen, die Welt ist nicht bereit für interaktive Medien. Mich treibt die Frage, wie strukturiert man die Information so, daß sie mit den Möglichkeiten des Mediums sinnvoller weiterverarbeitet werden kann.

> *So ein Satz: »Ich kenne keine Anwendung, die das Medium rechtfertigen würde«, spricht sich ja nicht aus, wenn man nicht eine Anwendung im Kopf hätte oder wenn nicht eine negative Erfahrung da wäre?*

< Negative Erfahrungen gibt es sehr viele, weil oft nicht mal die minimalsten Möglichkeiten ausgeschöpft werden.

> *Woran liegt das? Ist es Dämlichkeit oder ist einfach keine Aufgabe da?*

< Aufgaben sind schon da. Aber leider fehlt auf Kundenseite oft das Budget und das Vertrauen, neue Wege einzuschlagen. Und diejenigen, die die Aufgaben bearbeiten, stehen meist unter Zeitdruck oder machen es sich leicht. Sie setzen die Aufgabe so um, wie sie es kennen. Es wird sich nichts dazu überlegt. In interaktiven Medien kann ich Information auf unterschiedlichste Weise zugänglich machen. Ich kann viel mehr Leute ansprechen als mit einer Drucksache. Im interaktiven System kann ich zu Beginn schon feststellen, *wer* an dieses System herangeht und auf ihn reagieren. Das System kann ja registrieren, was zuerst geklickt wird oder in welcher Reihenfolge. Dementsprechend können Informationen angeboten oder eine Vielfalt an Zugangswegen aufgezeigt werden. In den meisten interaktiven Systemen gibt es nur zwei oder drei streng geführte Zugänge. Alle anderen Möglichkeiten werden nicht bedient. Dann steht jemand davor und ist genötigt, so zu handeln, wie es vorgesehen ist.

> *Welche Aufgaben sehen sie?*

< Lernsysteme auf jeden Fall, Zugriffe auf große Datenbanken. Allein, ein strukturierterer Zugriff auf Datenbanken ist nicht einfach. Denn dabei geht es um sinnvolle Verknüpfungen und nicht bloß darum, beim Suchen nach Nivea-Seife alle Nivea-Produkte zu finden. Ähnlich wie im Leben auch, müssen die Systeme auf das Ungefähre reagieren können, mit Neigungen, mit Eventualitäten rechnen. Themengebiete müssen langsam erschließbar sein. Es müssen Schnittmengen gebildet werden, aus denen dann ein Angebot hervorgeht.

> Oder man nutzt Agentenprogramme, die selbständig für mich etwas in Auftrag nehmen und suchen?

< Agentenprogramme sind ganz intelligente Lösungen, aber bei einer Datenbank von mehr als 2000 Einträgen wird deren Anwendung schon wieder kompliziert. Man muß sämtliche Eigenschaften der Inhalte, die in der Datenbank liegen, indiziert haben, damit sie nach einem bestimmten Regelwerk untereinander verknüpft werden können. Dann kann der Agent auch etwas finden, wenn er sucht. Das Agentenprogramm muß ja die Punkte ansprechen können. Und da liegt der Hase im Pfeffer. Man bräuchte ein System, das – es ist absurd – die vielen Einflüsse, denen ein Mensch im normalen Leben auch ausgesetzt ist, strukturiert und einteilt in Bezug auf mögliche Agenten.

Das System müßte intelligent sein und das ist zur Zeit nicht möglich. Es wird vielleicht nie möglich sein. Ein System, das interpretieren kann, das das Verhalten des Nutzers interpretiert. Sonst müßten wir, die wir programmieren, alle Möglichkeiten, die jemals auftreten können an Fragestellungen oder Interaktionen, vorher wissen – und das geht ja nicht.

> Da ist es einfacher, man mietet sich jemanden.
> Was wäre ein ideales interface?

< Die heutigen Ein- und Ausgabemedien halte ich für vorsintflutlich. Multimedia arbeitet noch in erster Linie akustisch und visuell. Die ganze Haptik, das Taktile fehlt. Ein ganzheitliches Sinnerlebnis entsteht so nicht.

> *Ist das das interface-Ideal, ein ganzheitliches Sinnerlebnis?*

< Das muß es mindestens sein, damit es mehr ist als die anderen Medien und Möglichkeiten, die es heute gibt.

Ich denke, es wird auf ein einziges *interface* hinauslaufen, ein sehr minimalistisches. Es wird mit Sicherheit ein dynamisches System sein, eines, das zeitbasiert ist. Ein *interface*, bei dem hierarchische Strukturen aufgelöst sind und das mehr in eine modellhafte, sich bewegende netzwerkartige Struktur übergeht. Man kann es nicht so direkt sagen. Es gibt immer die Informationsstruktur an sich und die Brille, durch die ich es anschaue. Im Idealfall habe ich ein Werkzeug, mit dem ich die Informationsstruktur anfassen kann, mit möglichst einfachen Mitteln. Alles wird über ein Werkzeug bedienbar werden. Wahrscheinlich in Form des interaktiven Fernsehens oder über eine ähnlich konstruierte Oberfläche. Dann ist es egal, ob ich Entertainment oder Infotainment will.

Aber das Problem ist, daß wir als Menschen nicht in der Lage sind, Dinge gleichzeitig zu denken. Letztendlich denken wir linear. Es finden zwar Sachen gleichzeitig statt, aber diese Gleichzeitigkeit ist linear. Für den Konzepter entsteht so das Problem, sich etwas wirklich Interaktives auszudenken. Etwas, das nur noch mit Teillinearitäten arbeitet. Das ist grundverschieden zum Buch, bei dessen Lesen ein komplexes Konstrukt mit Querverweisen im Kopf des Lesers entsteht. Vielleicht ein Bild dessen, was der Autor sich dachte. Bei einer interaktiven Handlung hingegen müssen alle Möglichkeiten, die an einem Entscheidungspunkt entstehen, programmiert sein. Bis zu einem gewissen Punkt geht das ganz gut, aber dann wird es schier unmöglich, alle Verknüpfungen gleichzeitig zu denken und zu planen. Das übersteigt das Menschenmögliche.

Um dieser Überforderung, alle Entscheidungen im voraus programmieren zu müssen, zu entgehen, müßten Regeln aufgestellt werden, deren Befolgung dann einen Weg ergäbe.

> *Diese Regeln haben mit dem zu tun, was sie vorhin Charakter genannt haben?*

< Genau. Das hat damit zu tun, daß man nicht mehr Ort, Zeit und Art des Zusammentreffens definiert, sondern es dem *user* überlassen bleibt, mit seinen Aktionen Ereignisse zu initiieren.

> *Das Problem derartiger Freisetzungen aber ist, daß an jedem der Prozesse, an jedem der Ereignisse womöglich ein technologischer Apparat oder ein Stückchen Realität, eine Effektor, hängt. Wenn man die entläßt, die Kinderchen, daß die sich treffen und was vereinbaren, dann kommen Echtzeitkonsequenzen heraus, die vorher nicht bedacht werden können.*

< Ja und da gilt es, sich die Regeln für die Einzelteile so zu überlegen, daß es keinen *fallout* gibt.

> *Müßten die Regeln hier drinnen stattfinden, oder könnte man sagen, das ist die Kiste und die hat Grenzflächen, und man muß jetzt an der Grenzfläche ein paar Wärter haben.*

< Also ich stelle mir das so vor, daß die Kiste für sich ein Regelwerk haben muß und ein Verhalten, das in sich dynamisch ist.

> *Dennoch bleiben die Ärmchen, die herausragen aus den Kisten und mich anfassen und mir womöglich den Hals umdrehen ...*

< Das ist alles ziemlich philosophisch. Deshalb kann man ja nicht mehr schlafen ...

> *Haben sie einen Hausphilosophen, den sie hier bezahlen oder jemanden, der der große Oberphilosoph für sie ist und jeden Montag andächtig gelesen werden muß?*

< Nein gar nicht, ich lese alles Mögliche: Virillo, Flusser ... . Aber in erster Linie dient einem das ganz normale Leben, die alltägliche Wahrnehmung und die Zeit an sich als Versuchslabor. Ich hab weniger davon zu lesen, was sich ein anderer in anderen Zusammenhängen gedacht hat. Ich liege abends fix und fertig in der Badewanne und mache mir meine eigenen Gedanken zur Welt. Hauptaspekt ist die Zeit, das Gestalten mit Zeit im Digitalen. Daß man nicht mehr ein Plakat oder einen Moment gestaltet, sondern man gestaltet Momente, die zusammenhängen oder Momente, die nicht zusammenhängen und man gestaltet nicht absehbare Konstellationen an Abläufen.

> *Was ist da für eine Formenwelt dahinter, eine abstrakte, strukturelle oder eine figürliche?*

< Abstrakt-strukturell würde ich sagen.

> *Jetzt sieht es so aus: Hier ist der Nutzer oder* user, *dort ist das Unternehmen und dazwischen operieren sie. Und es ist aber ganz klar, die Impulse kommen vom Unternehmen, verstärkt durch Relaisstationen wie sie.*
> *Der Nutzer findet einen Schuh im Grunde über* adidas. *Also über das Unternehmen. Andere Vermittlungen zwischen den Nutzern und den Dingen wären denkbar... ?*

< Ja, weg vom produktbezogenen Kommunizieren – hin zum Service. *adidas* selbst muß zum Partner werden. Es geht nicht mehr um den Schuh, sondern um eine Institution, die Sport anbietet und nicht nur Produkte, sondern Informationen zum Beispiel über Olympiade und alles, was so drumherum besteht.

> *Ist das etwas anderes als ein Jahrmarkt? Man geht hin, vergnügt sich und findet das eine oder andere?*

< Letztlich ist es so, daß sie versuchen, eine möglichst breite Angriffsfläche zu bieten, in die der Nutzer hineinlaufen kann.

> *Ich meine die Institution, die sie im Kopf haben. Die müßte im Grunde schon so eine Struktur haben, daß sie ein eigener Ort ist, und dann kommt der Produzent und bringt seine Schuhe?*

< Nein. Ich stelle mir einen riesigen Datenpool vor. Alle Daten liegen in der Datenbank. Sie sind strukturiert nach Eigenschaften oder liegen in bestimmten Bereichen. Die Bereiche springe ich aber über das *interface* gar nicht an, sondern der *user* setzt sich seine Prioritäten selbst, und dementsprechend läßt er sich die Produkte oder Informationen anzeigen. Das heißt, er stellt selbst die Kriterien zusammen, nach denen er seinen Jahrmarkt haben will und ob er ihn überhaupt haben will. Das ist die Grundintention des Ganzen: Hier gibt es ganz viel Materie, und mit welcher Brille du sie ansehen willst, kannst du dir überlegen. Es ist eine Gleichzeitigkeit.

> *Zeichnen Sie noch?*

< Ja.

> *Wozu?*

< Zum Entspannen und natürlich auch scribbletechnisch, aber nicht mehr wie früher, da habe ich versucht, gut zu zeichnen.

> *Um sich Szenarien klar zu machen?*

< Um sich Strukturen klar zu machen, mehrdimensionale Konstellationen. Oft reicht das zweidimensionale Blatt nicht aus, vor allem, wenn die vierte Dimension, die Zeit hinzukommt.

> *Wie werden Leute ausgewählt, die zu Pixelpark kommen?*

< Ich habe für unseren Bereich festgelegt, daß niemand eingestellt wird, der nicht eine gestalterische Ausbildung in irgendeiner Art hat. Ich sehe mir nur noch Bewerbungen an, aus denen hervorgeht, daß sich jemand drei oder vier Jahre lang mit einem gestalterischen Problem auseinandergesetzt hat. Die Programme kann jeder Idiot lernen. Sie müssen etwas von Gestaltung verstehen und die Welt zwischen den Zeilen lesen können.

ADIDAS NAVIGATIONSMODELL!
IIS/WEB/POS

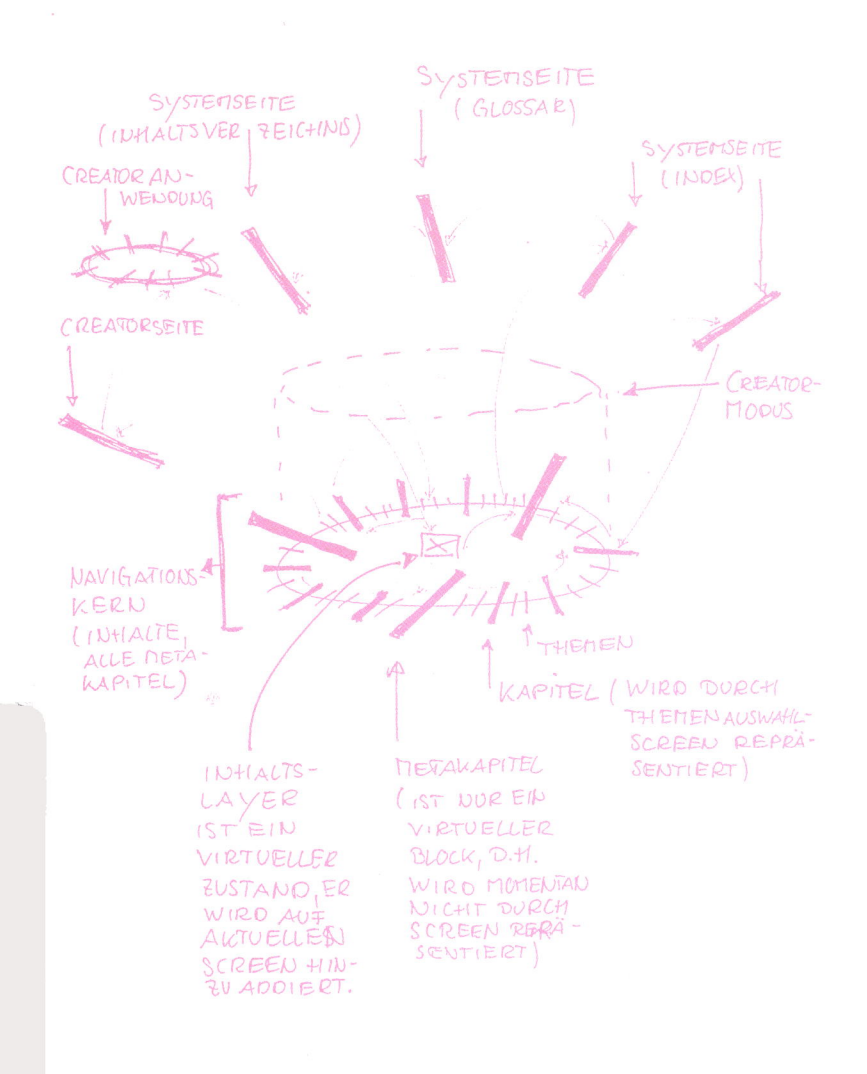

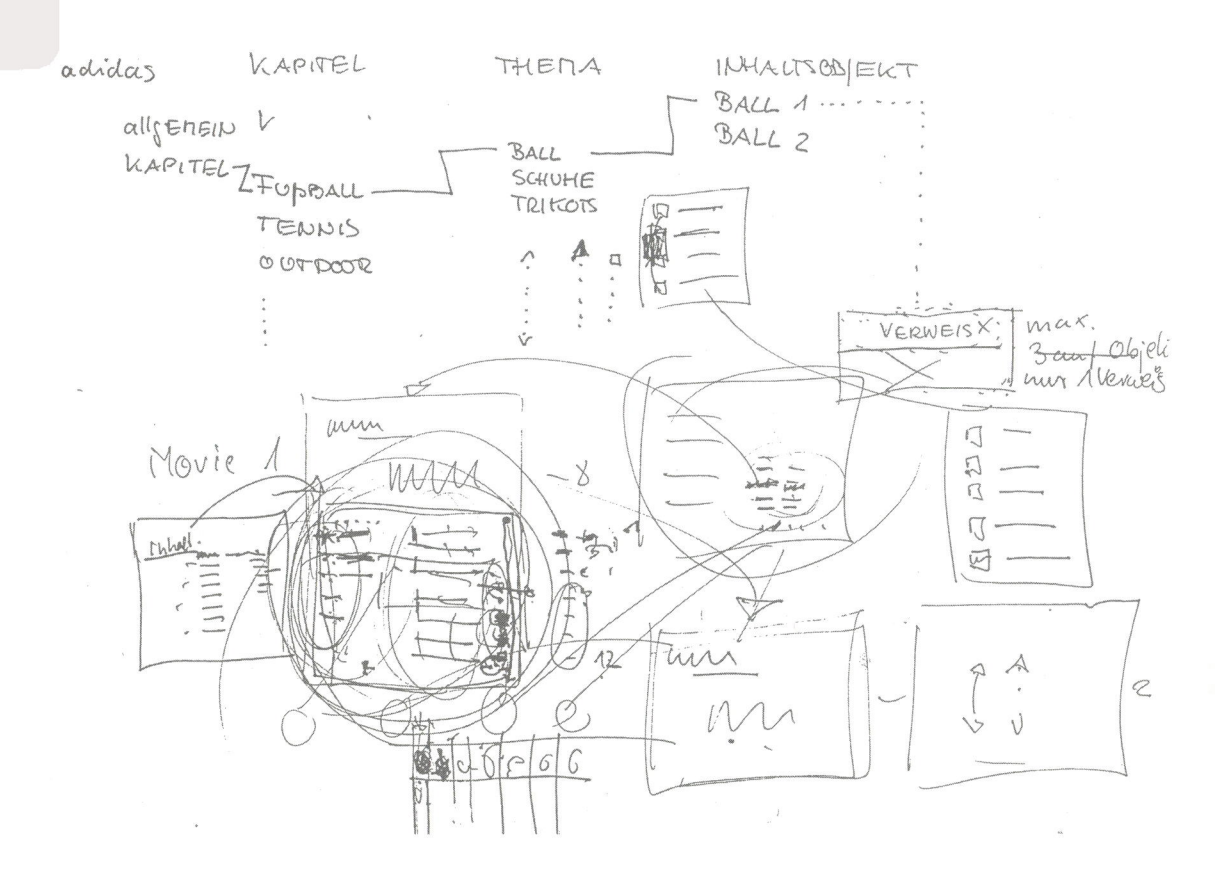

SYSTEMSEITE (INHALTSVERZEICHNIS)

SYSTEMSEITE (GLOSSAR)

SYSTEMSEITE (INDEX)

CREATOR-ANWENDUNG

CREATORSEITE

CREATOR-MODUS

NAVIGATIONS-KERN (INHALTE, ALLE META-KAPITEL)

THEMEN

KAPITEL (WIRD DURCH THEMENAUSWAHL-SCREEN REPRÄSENTIERT)

INHALTS-LAYER IST EIN VIRTUELLER ZUSTAND, ER WIRD AUF AKTUELLEN SCREEN HINZU ADDIERT.

METAKAPITEL (IST NUR EIN VIRTUELLER BLOCK, D.H. WIRD MOMENTAN NICHT DURCH SCREEN REPRÄSENTIERT)

---

adidas   KAPITEL   THEMA   INHALTSOBJEKT
            allgemein   BALL 1
            KAPITEL — FUßBALL — BALL   BALL 2
                     TENNIS   SCHUHE
                     OUTDOOR   TRIKOTS

VERWEIS X   max. 3 auf Objekt nur 1 Verweis

Movie 1

Chup Friemert | **Daoismus**

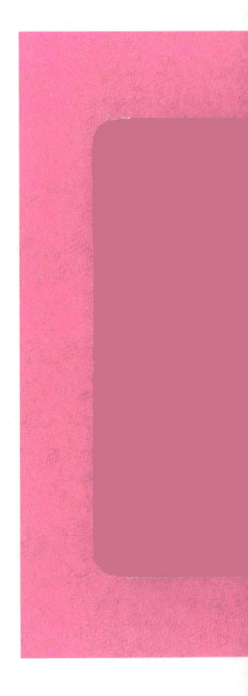

Die Digitalisierung unterläuft den klassischen Bildbegriff. Weil noch niemand so recht weiß, was das ist, das an die Stelle der Bilder tritt, bedient man sich der alten Worte und spricht zum Beispiel vom »Computerbild«.
Was aber ist das, das auf den flimmrigen Schirmen, auf umwölbenden Projektionen noch so aussieht wie ein Bild, aber gar keines ist.

Zwanzig berädertre Dreifüße, »selbsttätig sollen sie fahren bis hin zur Versammlung der Götter und in das Schloß des Hephaistos zurück, ein Anblick zum Staunen«
Homer, 18. Gesang der Ilias

Die Versprechen steigern sich neuerdings in zuvor nicht geahnte Dimensionen: Noch nie gab es so viele Bilder wie heute. Es wimmelt. Der Nachbar erscheint im Fernsehen. Egal, ob wir etwas sehen wollen von der erdabgewandten Seite des Mondes, von einem Kontinent oder einem Baum, vom Familienfest im vergangenen Jahr oder vom Ausflug am letzten Sonntag, immer sind Bilder zur Hand, mindestens verfügbar, massenhaft fixiert und verstreut. Das kann auch einen Prozeß voraussetzen, der beinahe mit Lichtgeschwindigkeit operiert. Mit den Bildern hat sich etwas verändert.

Früher war klar, daß etwas Erscheinendes von einem anderen herrührt, meist von einem Festen, von etwas, das sich dem Menschen gegenüberstellt. Es erschien zwar nicht alles, von dem die Menschen meinten, daß es existiere, aber alles was erschien, hatte in dieser Erscheinung ein Zeugnis seiner Existenz. Erscheinendes und Existierendes schien komplementär verbunden. Heute ist die Verbundenheit fragwürdig. Was uns heute als Bild bezeichnet wird, ist nicht Zeugnis für etwas, auch nicht Erzeugnis. Vielfach wird Erscheinendes hervorgebracht nicht wegen eines Existierenden, nicht um einer berichtenden Mitteilung willen, sondern nur wegen einer gewollten Mitteilung. Notwendigkeit liegt nicht mehr im Existierenden und in der Folge in der Mitteilung von ihm, Notwendigkeit liegt allein in der Absicht, etwas mitteilen zu wollen. Unter anderem, weil man etwas mitteilen kann kraft der Verfügung über die Mitteilungsmittel. Mitteilungen sind Selbstzeugnisse von Mitteilungsinstitutionen, von dem, was man Medien nennt. Darüber läßt sich nicht reden, ohne über Macht und Herrschaft zu reden.

Die elektronischen Medien, ihre materielle und soziale Struktur haben das geschichtlich gewordene, komplizierte Wechselverhältnis von Modell, Sichtbarkeit und Sichtbarmachung verschoben. Das heutzutage technisch Mögliche hebt das alte Verhältnis auf und läßt Raum für die Modellierung, für einen Vorgang also, der Erzeugung ist. Keine dialektische Beziehung zwischen Bilderzeuger und Bildlieferanten, kein Verhältnis von Maler und Modell, wobei das Modell wesentlich mitarbeitet an der Sichtbarkeit dessen, was der Maler tätigt, sondern eine Belieferungsweise von Sichtbarkeit-Gemacht-Haben, die eine Schausucht befriedigt, liegt vor. Der Prozeß kalkuliert mit der langen Geschichte des Bildes, das immer verkündet hat, was gesehen wurde. Das heutige System der Sichtbarkeiten ist anders beschaffen. Heutige Sichtbarmachung verhält sich zum Existierenden gleichgültig, es ist generierte Sichtbarkeit, bloß faktisch.

Man sagt zwar leichthin, am Computer sei ein Bild zu sehen. Aber diese Aussage ist hauptsächlich durch die Konfiguration der *hardware* suggeriert: Es liegt am Rahmen, an jenem schmalen Rand, der die Oberfläche des Schirms umgibt. Fehlte die Eingrenzung der Fläche, gäbe es eine Oberfläche um uns, würde also nicht nur ein Gesichtsfeld ausgefüllt, sondern ein Umfassendes gestellt, dann würden wir nicht mehr von Bild sprechen. Für die so konstituierte Umgebung ist ein neuer Begriff nötig.|[1] Weil der Bildschirm einen Rahmen hat, wird der auf ihm erscheinende Sachverhalt leichthin als Bild bezeichnet, der Wahrnehmende belegt die unmittelbare Alltagserfahrung unreflektiert mit einer Ähnlichkeit und sagt zur Oberflächenerscheinung »Bild«.|[2]

Alles Bild leitet sich im Sinne der Poesis, des Gemachten, vom besungenen, bedichteten und in der Folge vom gemalten Bild her. Es ist dabei gleichgültig, ob es als Höhlenbild, als Zeichnung, als Radierung oder als Lithografie, als Fresko oder als Tafelbild auftritt. Eine erste Bei-Gesellung und Veränderung erhält das Bild durch technische Reproduzierbarkeit, durch die Selbstmalerei des Lichtes, die auf einer Emulsionsfläche die Vorlage für das Entwickeln liefert. Schon die Erfinder dieses Verfahrens spürten die Unangemessenheit, ihre Erzeugnisse Bilder zu nennen und nannten es Typie. Mit dem seriellen Abzug zog der neue Begriff ein: Photografie. Foto nennen wir seitdem die Abzüge. Das Foto hebt das Objektive am Sichtbaren heraus und steht für die Wiederholbarkeit des Sichtbaren, damit gleichzeitig für die Unwiederholbarkeit des Gesehenen. Film ist die sequentielle Wiederholung des Sichtbaren.

Die daO

Was vor uns auf dem Computerschirm erscheint, das ist kein Bild, auch kein Foto, es ist eine digital angeregte Oberfläche. Der Rahmen, der diese Erscheinung einfaßt, ist keine Zutat und kein Zierat, sondern die Grenze der *hardware*-Konfiguration. Wir nennen diese hart begrenzte Gestalt ab jetzt digital angeregte Oberfläche – daO. Die daO ist sichtbar gemachte digitale Datenprozessierung. Da ist nicht Abwesendes anwesend, es gibt nur Anwesendes, die angeregte, konfigurierte Oberfläche. Die Spezifik der daO besteht nicht in der Sichtbarkeit, auch nicht in der Sichtbarmachung, sondern in der Ersichtlichkeit, ihr Kriterium ist die Anschaulichkeit. Diese Ersichtlichkeit sei das Resultat unsichtbarer Operationen. H. van den Boom hat kürzlich Jakunow-Gleichungen vorgestellt, nach deren Prozessierung auf der daO Figurationen erscheinen, Gruppierungen angeregter Oberflächenpunkte (Pixel). Der Eindruck, hier erscheine logische Operationalität von selbst oder unmittelbar, aber trügt. Es ist nicht die Sichtbarkeit der Jakunow-Gleichungen, weil es sich bei der Repräsentanz auf der daO bloß um einen anderen Ausdruck mathematischer Relationen, um eine Repräsentanz in einem anderen, (McLuhan würde sagen: wärmeren), schwächer gewordenen Symbolsystem handelt. Vermittels dieser Festlegung und der Prozessierung der Gleichungen im Takt der Schwingung wird ein Zugang zu den Gleichungen jenen suggeriert, denen die mathematische Symbolik nichts sagt. Ein Bild allerdings ist dies nicht.[3] Nicht nur, weil es keine andere, vorgängige und auch anderweitig sichtbare Realität gibt, die ins Bild gebracht würde, sondern vor allem deshalb, weil das für den Schirm errechnete Sichtbare nichts anderes als die willkürlich festgelegte Aus-Bildung einer mathematischen Operation ins Sichtbare darstellt. Diese Sichtbarkeit ist nichts als Konstruktion, es handelt sich – wie Techniker sagen würden – um digitale Symbolmanipulationen in reiner Form, bei denen es keine qualitative Grenze gibt. Die einzige Grenze ist quantitativ und in der Rechnerkapazität fixiert. Bei der digitalen Symbolmanipulation in reiner Form ist das Generative interessant, das Verfahren, mit dem die Sichtbarkeit hervorgebracht wurde: Die mathematische Anregung also, die Gleichung, die beauftragte Rechenoperation.

Die daO ist keine Hülle, keine Membran, keine Oberfläche von etwas, keine Folie, nichts Davorgeschobenes, denn dahinter ist nichts, was dem ähnlich wäre, was sie zeigt. Die daO ist eigenständig. Diese Eigenständigkeit wird im Begriff des *interface* verschliffen, denn *interface* betont bloß die Vermittlung.[4] Die ästhetische Bedeutung der daO aber besteht nicht in ihrer Vermittlungsleistung, sondern in ihrer Zwischenstellung. Es wäre töricht, hinter diese Oberfläche sehen zu wollen, denn dahinter ist nichts. Nur Anschaulichkeit ist sichtbar, sonst nichts. Die daO zeigt nur ihre eigene Textur, ihr fehlt das Komplement des Dahinter, also ist sie auch vor nichts. Aber: Vor der daO ist etwas, eine Rechenoperation, ein Rechenprozeß, eine elektrisch angeregte Steuerung. Die Ursache, der Grund, auf den sie zurückgeht, vor dem sie entsteht, die Kausalität, der die daO folgt, ist prozessierend, zeitlicher Natur. Daher rührt die Ungeduld derer, die vor den flimmernden Schirmen sitzen: Es dauert immer zu lange, bis die daO erstellt ist, bis sie etwas zu sehen bekommen.

Die Prozessierung der daO tilgt den Satz, »digitale Bilder gehen der Realität voraus« (Bolz). Sicher gibt es Konfigurationen auf der daO, die Ähnlichkeiten mit späteren realen Sachverhalten aufweisen. Doch dieses Vorausgehen hat nichts mit Bildcharakteristik zu tun, nichts mit Vor-Bildlichkeit, nichts mit Plan, wie jene vielleicht selbst meinen, die von »digitalen Bildern« sprechen. Daß die daO der Realität vorausgeht (oder ihr hinterherläuft), gehört zum Zwangslauf ihrer Existenz. Das Anschaubare existiert einzig prozessierend, in zeitlicher

---

[1] Zur Verdeutlichung und zur Macht des Rahmens: Wenn wir in der Landschaft stehen, dann kommen wir nicht auf den Gedanken, dem Nachbarn zu sagen: Welch schönes Bild einer Landschaft. Wir würden sagen: Welch schöne Landschaft. Unabhängig von der Tatsache, daß heute für die Besucher von Welten gesonderte Aussichtspunkte der Landschaft gegenübergestellt werden und oft die vorgestellte Landschaft bei den Besuchern nur dann zu einem eigenen wahrnehmbaren Bild führt, wenn die Realität einer zuvor gesehenen fotografischen Landschaft entspricht. Stellten wir einen Rahmen auf, so könnten wir das Verhältnis von Landschaft und einem Bild erleben: Durch den Rahmen würde ein Ausschnitt sichtbar, etwas Begrenztes, etwas, das ein Format hat und so die Bildung eines inneren und als solches erinnerbaren Bildes ermöglicht.

[2] Ein Bild ruft etwas hervor, macht Abwesendes anwesend oder setzt Anwesendes sich selbst fremd. Ein Bild ist demnach die Herstellung einer Beziehung in der Zeit und im Raum.

[3] Selbst Mathematikern dürfte es kaum gelingen, aus den Figurationen auf der daO die Jakunow-Gleichungen zu rekonstruieren.

[4] So ist es völlig verfehlt, das Interface nach Kriterien der Bildlichkeit oder gar der Fotografie oder nach Kriterien der Abbildqualität zu beurteilen.

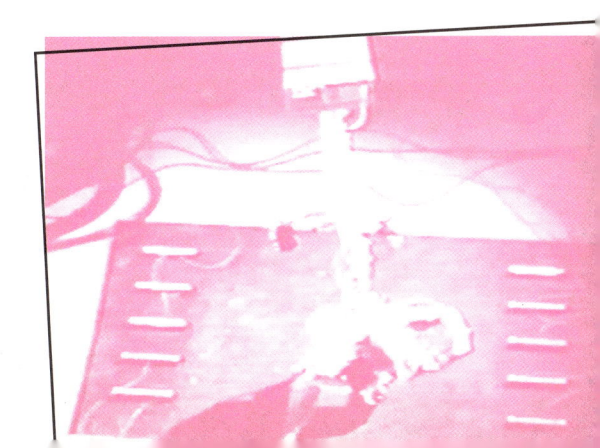

Streckung, durch willkürliche Festlegung zwischen Pixel und Taktfrequenz, als zeitliche Versetzung.

DaOisten werden einwenden, daß mit Hilfe der Datenprozessierung alles Mögliche erzeugt werden könne. Dies ist eben nicht der Fall. Die daO ist kein Erzeugnis, sie ist nicht poetisch, sondern stochastisch. Das Schneegestöber auf dem Schirm enthält instantan alles auf dieser daO Ersichtliche. Schließt man an die anregbare Oberfläche ein entsprechendes Rechenprogramm an, das die Anregung der Pixel strukturieren würde, würde alles Mögliche ersichtlich werden, darunter auch Bekanntes, zum Beispiel eine Ähnlichkeit antäuschende daO-Sichtbarkeit der Mona Lisa, danach jene Idi Amins und dann auch die eines röhrenden Hirsches und dann käme noch Einiges vor, das wir noch nie gesehen haben. Diese Prozessierung ist aber immer nur ein Sonderfall dessen, was ohnehin auf den Schirmen geschieht.|5

Wird das Publikum die daO im Laufe der Zeit aus der Konkurrenz mit dem klassischen Bild, seiner spezifischen Sichtbarkeit und seinem Wahrheitsanspruch herausnehmen, oder wird das digital Ersichtliche solange mit den Begriffen des Bildes bedacht werden, bis wir daran glauben, daß hier keine Anregung, sondern eine Erzeugung stattgefunden habe? Oder wird ein Skeptizismus fortan jede Sichtbarkeit begleiten?|6

Eine Möglichkeit der daO ist Abbilden. Abbilden könnte man dann sagen, wenn die angeregte Konfiguration von Pixelpunkten eine Realität zeigt. Selbst dann, nein: gerade dann, wenn die daO derzeit die einzige Möglichkeit ist, eine äußere Realität zu fassen und durch Rechenoperationen ins Sichtbare zu verwandeln, wird es eine Abbildung sein. Die Tatsache, daß es in der praktischen Beobachtung vieler Naturvorgänge sowohl auf der Erde als auch im Weltraum, bei der Militärtechnologie oder in der Produktion, die sich oft im Nanometerbereich zuträgt, daß also all diese Vorgänge nur mit Hilfe des Schirms und der Rechenmaschine zu bewerkstelligen sind, macht den Abbildungscharakter dessen aus, was auf der angeregten Oberfläche erscheint. Es ist zu den bisherigen bildähnlichen oder bildhaften Abbildungsweisen eine neue Form des Abbildens hinzugekommen. Allerdings ist die bisherige Form der Mitarbeit des Existierenden bei der Erstellung seiner Sichtbarkeit beendet, denn es steht nicht mehr gegenüber, es ist gestellt. Hinter dieser daO ist etwas, weil dies Etwas vor ihr ist. Dies ›vor‹ ist sowohl zeitlich als auch räumlich zu verstehen. Hier gibt es also durchaus die Möglichkeit, das der daO Vorausgehende zu befragen, oder sie selbst im neuen Terminus zu hinterfragen. Aber auch im Falle des Abbildens wird nichts sichtbar, sondern wird die Anschaubarkeit errechnet. Die Augen können im Nano-Bereich nicht sehen und es ist fraglich, ob das, was wir sehen, in den Begriffen der Vergrößerung adäquat beschrieben ist

Die daO ist ein Abschluß, vielleicht ein magisches Fenster. Das darauf erscheindende Sichtbare hat einen hohen Grad von Perfektion, ist fertig, gesetzt, autoritativ, gültig. Die scheibenähnliche Fläche macht das dahinter Verschlossene unberührbar, niemand wird sie so leicht einschlagen, auch, weil dieses Einschlagen kein höheres Maß an Unmittelbarkeit erzeugt, sondern Löschung. Das an der Oberfläche Sichtbare, wie realitätsähnlich es auch sein mag, bleibt geschützt hinter der Scheibe, sie ist eine Trennung, obwohl sie den Rechner öffnet, obwohl sie ein Ort des Austretens der Effekte seiner inneren Prozesse in die Welt ist.

Die idaO

Eine Verwandlung erfährt die daO, wenn sie als aktiv reagierende Oberfläche aufgefaßt und gebaut wird. Das auf ihr Erscheinende ist jetzt nicht mehr nur einlinig, geht nicht mehr nur vom Rechner über die Sichtbarkeit der daO zum gegenüber befindlichen Menschen, sondern die Austrittsfläche wird umgekehrt auch die Stelle, an welcher der Mensch Operationen auslöst, Programme startet, modifiziert und so weiter. Die Berührung einer interaktiven daO – idaO –, bedeutet, daß die Abbildfunktion jedes Oberflächenpunktes um die Steuerfunktion angereichert und erweitert ist. Nicht ein eigens bereitgestellter, beigeordneter, dinglich eigener, also getrennter Befehlsstand wird als Eingriffsmöglichkeit gebraucht, sondern eine zweifach funktionierende angeregte Oberfläche, die nun anregend wirkt. Die Berührbarkeit der Oberfläche setzt ein neues Verhältnis. Berührtes Organisches antwortet in der bisherigen Welt, tote Materie antwortet nicht. Sie reagiert.|7

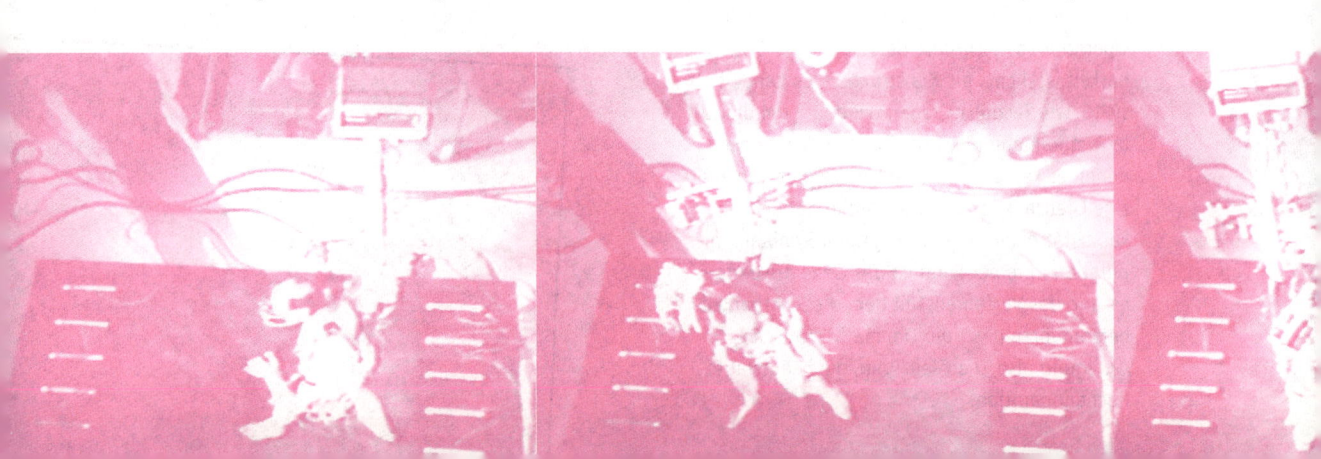

Indem Technik menschliche Kraft überflüssig macht, die Hand vom Kraftaufwand befreit, verwandelt sie ein Handlungsorgan in ein Berührungsorgan, das – im Unterschied zur Magie –, nicht Wünsche, sondern Erwartetes, Vorhergesehenes evoziert. Berührung ist Auslösen geworden. Alle metaphysische Wahrheit, alles Wissen um ein Jenseits der materiellen Welt, alle Überzeugungs- und Beweiskraft ist dieser Berührung genommen. Die Berührung, die einstmals stärker war als das Auge oder das Ohr, die wunderbar war, ist durch Technik taktisch geworden. Welches Schlafende kann man an einer idaO anrühren oder aufwecken?

Jede kontrollierte, an vorgesehenen Stellen stattfindende Berührung auf der idaO, auf der synthetischen Hülle oder Einhüllung löst in der Nachfolge eine Reihe vorgegebener Operationen aus. Die idaO ist so zwar Begrenzung eines inneren Systems, aber nicht wie eine Verpackung oder ein Gehäuse, hauptsächlich als Schutz und Behältnis, sondern als Aktions- und Reaktionstafel zwischen einem Inneren und der Umgebung. Sie stellt nicht mehr nur die Anzeige eines inneren Zustandes dar, sondern ist die kontrollierende Stelle für erwünschten und an dieser Stelle gewährten Zugriff auf die Operationen im Inneren. Was auf der idaO ersichtlich ist, ist eine Rückkoppelung der Prozesse im inneren System, ein Regler. Es bietet sich dar als Anfass- und vorgebliche Eingriffskonfiguration, ist gleichwohl im selben Maße ein sensitives Kontrollorgan. Die idaO zeigt zwar immer auch noch innere Zustände an, ist aber wesentlich Aufforderung zum Berühren, und das Berühren des vorgesehenen Ortes wird jeden bestärken, denn es erfolgt Reaktion. Eine hermetische Einheit wird in Gang gesetzt, der Berührende wird hineingezogen in einen vorgegebenen Funktionskreis. Dabei sind die Varianten des Eingreifens vorbestimmt durch die Optionen des Systems, der Apparat ist und bleibt selbstbezüglich. Das ist nicht weiter verwunderlich, schließlich kann man einen Frosch auch nicht melken.

Vorstellbar ist, daß das Ganze Volumen eines Rechnersystems nicht einmal mehr teilweise fest im Sinne von Abschließen eines Innen begrenzt ist, sondern daß die Einhüllung in allen Dimensionen vollständig durch eine idaO erfolgt. Die idaO ist dann ein aussendendes Abbild-Organ und ein aufnehmendes Abtast-Organ. Dann vereinigt die idaO Kontrolle in doppeltem Sinn: Die äußeren Daten werden als Anregungsdaten für die inneren Prozesse aufgenommen, die inneren Prozesse können Aktionen hervorrufen, deren Resultate wiederum über die idaO nach außen gegeben und in der Folge kontrolliert werden. Das ergibt ein autonomes oder autarkes Volumen.

Die organische Haut ist einerseits Grenze und andrerseits Austauschort zwischen Selbst und Welt. Inneres stößt auf Äußeres, der Mensch wird sich so auch seiner Selbst deutlich. Laut Stelarc allerdings ist diese organische Haut ein fragiler Schutz, sie ist leicht verletzlich. Nicht nur so, wie Appollo bei der Häutung von Marsyas bei lebendigem Leibe zeigte, sondern in der gegenwärtigen Realität von Strahlung ist diese Grenze unwirksam, denn sie bietet nicht genügend Abschirmung. Deshalb gelte es, sie als obsolet anzuerkennen und umzubauen. Ihre Eigenschaft als Trennung zwischen Innen und Außen, selbst im reduzierten Verständnis als *interface*, ist ebenfalls ungenügend, denn ihre Weichheit, Feuchtigkeit und Komplexität kann den technischen Anforderungen nicht standhalten, sie soll gehärtet, dehydriert und gezielt geöffnet werden. Eine bekannte Strategie: Insuffizienz soll nicht nur akzeptiert und passiv hingenommen, nicht etwa erlitten oder genossen, jedenfalls als unabänderlich aufgenommen, sondern als Ausgangspunkt, Bedingung und Definition für den Neubau angenommen werden.

|5 Es ist dem Blindtext vergleichbar, der beim Lay-out verwendet wird und aus der Kombination der 24 Buchstaben zusammengesetzt ist. Die Wahrscheinlichkeit, daß ein sprachlicher Text, den wir verstehen können, also eine sinnvolle Abfolge von Buchstaben bei den Kombinationen zustandekommt, ist geringer als jene, daß etwas Unverständliches aufscheint. Die Konstruktionsregel beim Blindtext ist wiederum nichts anderes als Zufallskombination der Elemente. Er verweist nur auf die Kombinierbarkeit und ist insofern reine Konstruktion. Natürlich ist auch jeder geschriebene Text eine Konstruktion, wie einfach oder kompliziert, wie tautologisch oder gehaltvoll er sein mag.

|6 Es ist nicht einzusehen, weshalb man sich vom »Realitätsprinzip verabschieden« (Bolz) soll, sofern man mit gerechneten Sichtbarkeiten operiert. Im Gegenteil scheint ein Realitätsprinzip nötig zu sein, das der Realität der gerechneten Sichtbarkeiten adäquat ist. Sie sind nicht einfach bloßer digitaler Schein, der spurlos hervorgebracht und wieder spurlos aus der Welt geschafft werden könnte. Neulich brachten es jene Spezialisten im Fall von Sharon Lopatka und Robert Glass in die Zeitung, als sie mit einem speziellen polizeilichen Programm die Festplatte des Computers von S. Lopatka abführen und dort all jene Nachrichten auf der Festplatte fanden, die sie zuvor penibel gelöscht hatte. (Vgl. Die Weltwoche vom 26.12.96) Und weshalb soll der nächste Schritt nicht bald ein gewissermaßen genetisch gezeichnetes Symbol sein, wobei das Symbol dann nicht nur etwas bezeichnet, sondern auch noch jemanden, denjenigen nämlich, der es hervorgebracht hat?

|7 Darum könnte es auch deO – digital erregte Oberfläche heißen.

Die Kenntnis von Objekten zeigt sich als bloßes Wissen von denselben. Tätigkeit, die Erfahrung vermitteln könnte, ist ausgeschlossen, weil der Zugang zu den Objekten auf die Sammlung mathematisch verarbeitbarer und verarbeiteter Daten reduziert ist. Ströme beispielsweise, welche meßbar fließen bei Kontraktion der Muskulatur ergeben keine Erfahrung über die Muskulatur, sondern bloß ein Wissen über die Ströme innerhalb gegebener Funktionskreise. Aber manche Täter wollen gar nichts anderes, weil es für ihre Taten genügt. Es ist grundsätzlich möglich, die elektrischen Ströme in Negation, in Umkehrung zu verwenden, sofern die gesammelten Daten durch eine eindeutige umkehrbare Abbildung zustandegekommen sind. Das sind keine Erfahrungen, diese Daten sind noch nicht einmal erfahrungsähnlich, denn: Erfahrungen sind weder einfache Repräsentationen der Wirklichkeit im Subjekt noch eindeutig umkehrbare Abbildungen, sondern modifizierte Repräsentationen durch das Subjekt, wie auch Werke der Kunst. Erfahrungsbildende Wahrnehmung nimmt nie nur einzelne Daten oder Tatsachen oder auch nur eine einzelne Reihung von Daten oder Tatsachen auf. Wahrnehmen heißt, seine Aufmerksamkeit nie auf einen einzelnen Punkt, auf ein einzelnes Datum oder auf eine einzelne Tatsache zu legen, Wahrnehmung fährt immer eine ganze Bandbreite ab, bewegt sich in einem Feld. Dieser Vorgang der Zuwendung zu Welt ist die Grundlage und gleichzeitig das Betätigungsfeld von Erfahrung. Etwas anderes als eine einfache Konstruktion, auch wenn es im Ergebnis ein Gebilde wird.

Die Umkehrung der einfachen und direkten Abbildung bei Stelarc benutzt dieselben Wege wie die Erstellung der Abbildung. Elektroden werden zum Beispiel am menschlichen Arm angebracht, die Ströme bei der Kontraktion von Muskeln, bei Bewegungen also zuerst gemessen und gespeichert und dann wird der Muskel umgekehrt auf demselben Wege per Strom angeregt. Bedingung und Voraussetzung solcher Umkehrung ist das Ausschalten des bedingten wie des unbedingten Reflexes, des Willens. Gelingt dies, so ist in der Tat der Muskelkörper als segmentierter elektrisch anregbarer Korpus abzubilden und zu handhaben, zu manipulieren. Auf diese Weise ist es etwa möglich, einen Menschen zum Tanzen zu bringen. Nötig ist nur, ein hinreichend großes Wissen über die Wirkungsströme zu haben. Dann können sie als Anregungsströme für verschieden beteiligte Muskulaturen verwendet werden. Eine, in einem Programm zusammengefaßte, durch Abbildung extrahierte Datenmenge von einem Tanz etwa, kann durch bloße Umkehr zur Wiederholung des Tanzens führen. Ein System aus Elektroden, generierten Strömen, organisiertem Programm wird zu einem multiplen Muskel-Stimulator. Nochmals: Die vorausgesetzte Bedingung ist das Ausschalten des Willens, um unfreiwillige, angeregte Bewegungen zu ermöglichen. Der Bewegungsvollzug ist leiblos, er ist nur an ein Konstrukt gebunden, das körperähnlich ist. Würde es gelingen, das im Allgemeinen vorgestellte und vermutete neuronale Steuerzentrum für Bewegung im menschlichen Körper zu erfassen und in eindeutiger umkehrbarer Weise abzubilden, dann könnte man in diesem Steuerzentrum unmittelbar per Programm schalten. Das könnte einen Menschen, besser vielleicht: einen menschenähnlichen Organismus in der Tat in Bewegung setzen, grad so, als wolle er sich bewegen. Das Ergebnis wäre eine bloß körperliche und eigenartig leiblose Bewegung.

Stelarc führt von der Umkehrung der eindeutigen Abbildungen in Zweck-Mittel-Relationen Einiges in seinen Performances vor, wenn er, über eine ausreichende Zahl von Elektroden angeschlossen an einen Rechner, sich in Bewegung bringen läßt. Zur Ausschaltung des Willens hat Stelarc genügend Meditationstechniken erlernt. So können wir ihn also tanzen sehen. Der Datensatz von seinem Tanz ist per Rechner verfügbar und kann auch bearbeitet werden. Online könnte er beispielsweise körperlich anwesend sein in Berlin, gesteuert könnte er werden aus Moskau, und: Der Tanz wäre gar modifizierbar, wenn einzelne Daten im Moskauer Rechner überarbeitet oder jeweils aktuell neu komponiert oder auch nur in variierender Stärke signalisiert würden. Per Satellit technisch kei Problem.

Stelarc nun zeigt ein Weiteres, das er für das Wichtigere hält: Einen dritten Arm, der an seinem eigenen rechten Arm angeschraubt ist und der von irgendwelchen Muskelkontraktionen seines Leibes gesteuert wird. Der dritte Arm ahmt Bewegungen der kreatürlichen Hand nach, überschreitet sogar noch deren Möglichkeiten: Die Hand des dritten Arms kann sich etwa um 290 Grad schadlos drehen. Die Steuerung des dritten Arms durch aufgenommene Ströme seiner eigenen, aktuellen Muskelkontraktion ist nur ein Spiel, denn die dritte Hand könnte genauso wie etwa die beiden kreatürlichen Arme per Computer je eigens gesteuert werden. Ein Szenario: Die eigene Hand wird angeregt, den Akteur zu erwürgen. Es wäre wahrscheinlich nicht möglich. Falls physiologisch doch, rettet die dritte Hand, durchs Programm angeregt, die Kreatur, indem sie die angeregte körperliche Hand von der Ausführung abbringt. Mehr Kraft dürfte dem technischen Arm wohl allemal innewohnen. Das Umgekehrte ist wohl ohne Problem möglich: Der angeschnallte Arm erwürgt. In einem solchen Arrangement hätte Sharon Lopotka aus einem Vorort Baltimores/USA nicht mehr sechshundert Kilometer zu ihrem, von ihr durchs *internet* ausfindig gemachten Mörder Robert Glass zu fahren brauchen, um sich erwürgen zu lassen. Ihre übers *internet* formulierte Todessehnsucht müßte ohne Ortswechsel nicht virtuell bleiben. (Vergleiche: Die Weltwoche von 26.12.96) Ein angeschnallter künstlicher Arm hätte es schon besorgt. Und wenn sie denn unbedingt vernetzt gewollt hätte: Den Steuerbefehl zum Erwürgen hätte sie sich übers *internet* holen können.

Daß der Mensch ein Mangelwesen sei, bildet den Ausgangspunkt aller Überlegungen Stelarcs. Angeblich sei die menschliche phylogenetische Evolution zu Ende. Sie könne nur weitergetrieben werden, wenn der Leib – einst Inhalt und Gegenstand der Evolution, der neuerdings nun aber zur Grenze für Weiteres geworden sei –, überwunden werden kann. Die Frage, wohin und wofür Evolution des Körpers ist unerheblich. Wichtig ist der Vollzug, die Überwindung seiner Grenzen. Seine Leiblichkeit müsse unabdingbar weitergetrieben werden, um die möglichen Aufgaben, die der Mensch sich stellen kann, zum Beispiel die Besiedelung des Weltraums, dann auch zu verwirklichen. Der gegenwärtige kreatürliche Mensch kann das nicht schaffen, dazu sind er insgesamt und seine Organe im Einzelnen zu kurzlebig, er ist zu wenig reparaturfreundlich, zu sehr Organismus, zusammenhängend, nicht modular genug. Es müßte schon möglich sein, in einem Baukasten einen neuen Körper zu designen, in welchem Platz ist für all die besonderen Ersatzteile, um die angestrebten Aufgaben zu erfüllen. Besser noch wäre – und Stelarc sieht darin Freiheit erstmals wirkich aufscheinen –, wenn jedes Individuum seine eigene DNA, seinen genetischen Code, also seine gesteuerte Existenz umbauen könnte, indem er der ihm gegebenen Art und Weise neue Elemente, Eigenschaften, Qualitäten nach Wunsch einbauen und andere ausbauen könnte. Das genetische Design wäre das Resultat.

Zeigt sich zunächst die Möglichkeit der Erweiterung des menschlichen Körpers durch angeschnallte, nachgeahmte und gesteuerte Gliedmaßen, so ist diese Art der Prothetik nur die Vorahnung dessen, was laut Stelarc dringend kommen soll und muß: nämlich die Ersetzung der ihm zu wenig fähigen eigenleiblichen Möglichkeiten durch technisch nicht mehr bloß anplantierte, sondern implantierte Prothesen. Durch tatsächlichen Austausch, durch Ersatz. Nahezu der komplette leibliche Mensch ist ihm unzureichend ausgestattet, an ihn gebunden sind Begierden und Reflexe, Wünsche und körperliche, gar ethische Grenzen.

Die Performances von Stelarc sind schwacher technischer Naturalismus, der aus der prometheischen Scham geboren ist, daß die Möglichkeiten der technischen Welt größer sind als die Möglichkeiten der kreatürlichen Subjekte. Er versteckt hinter dem Industrielärm, hinter den lauten Tönen und den blendenden Lichtspielen das, was er erreichen will. Er ist kein aufklärender Künstler, wie man auf den ersten Blick meinen könnte, sondern einer, dem vor seiner eigenen Endlichkeit bang ist, ein Ideologe dessen, was er nicht zeigt, kein Meister dessen, was er zeigt. Ein Verdeckungskünstler.

Das Arrangement von Stelarc ist erst der von ihm dringend erwünschte Anfang einer umfangreicheren Operation. Die Liste der Sponsoren für die technischen Vorführungen ist eindrucksvoll: Silicon Graphics, Hewlett Packard, Siemens, Nikon Koden, Softimage, Asea Brown Boveri.

Der angegebene Grund für diese Konstrukte ist: Angst vor der Sterblichkeit, Angst vor dem Tod. Technische Macht-Phantasien treiben die Ideen hervor.

Wir haben damit zu rechnen, daß all dies kommen wird und zwar an derjenigen Stelle, an der am wenigsten wird widersprochen werden: In der oder aus der Medizin. Vorbedingung ist nur: Alle sollen unsterblich werden wollen.

TOP CAMERA

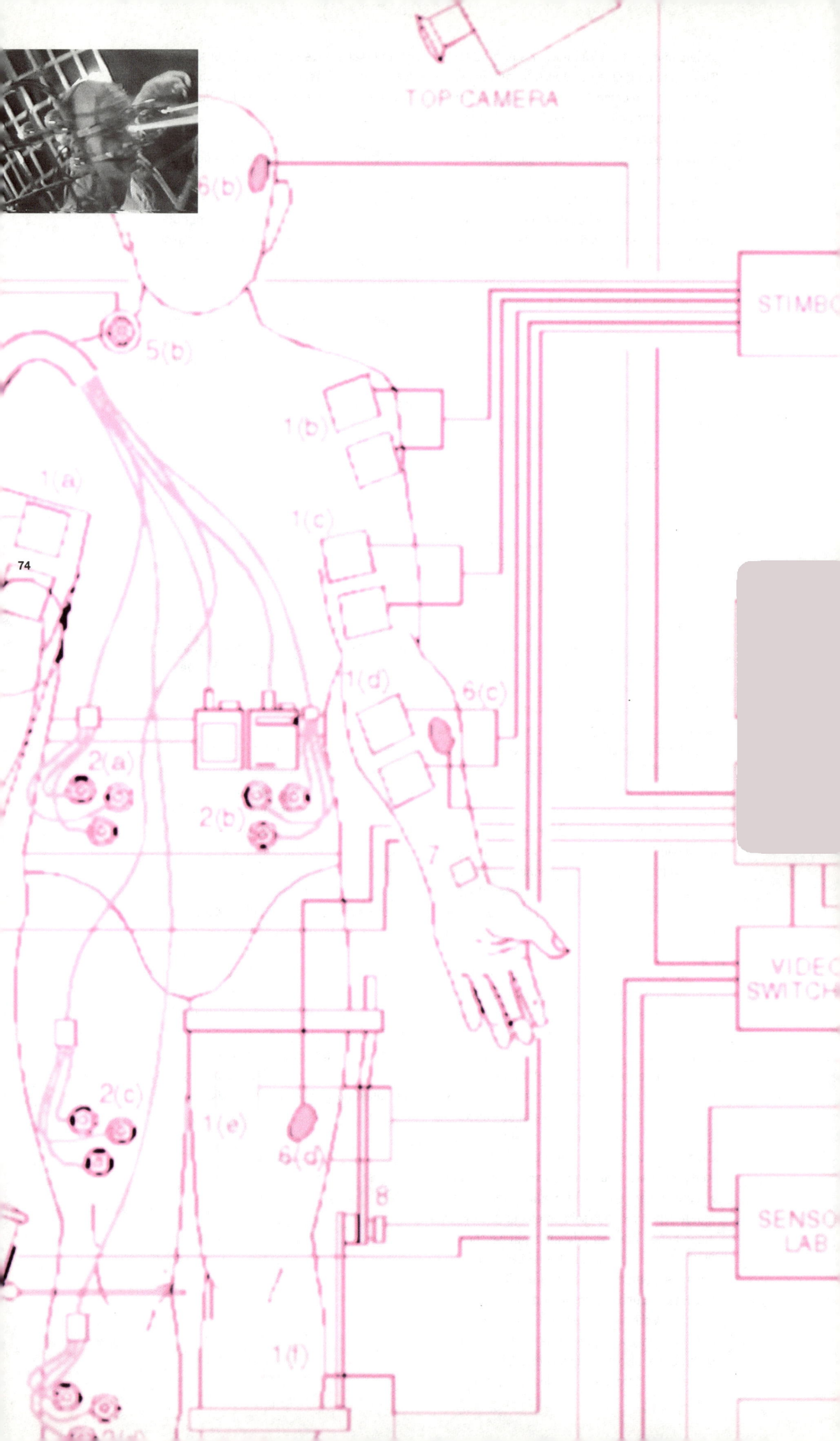

STIMBO

5(b)

1(b)

1(a)

1(c)

1(d)
6(c)

2(a)

2(b)

VIDEO
SWITCH

2(c)

1(e)
6(d)

SENSOR
LAB

1(f)

Ping Body (stelarc)

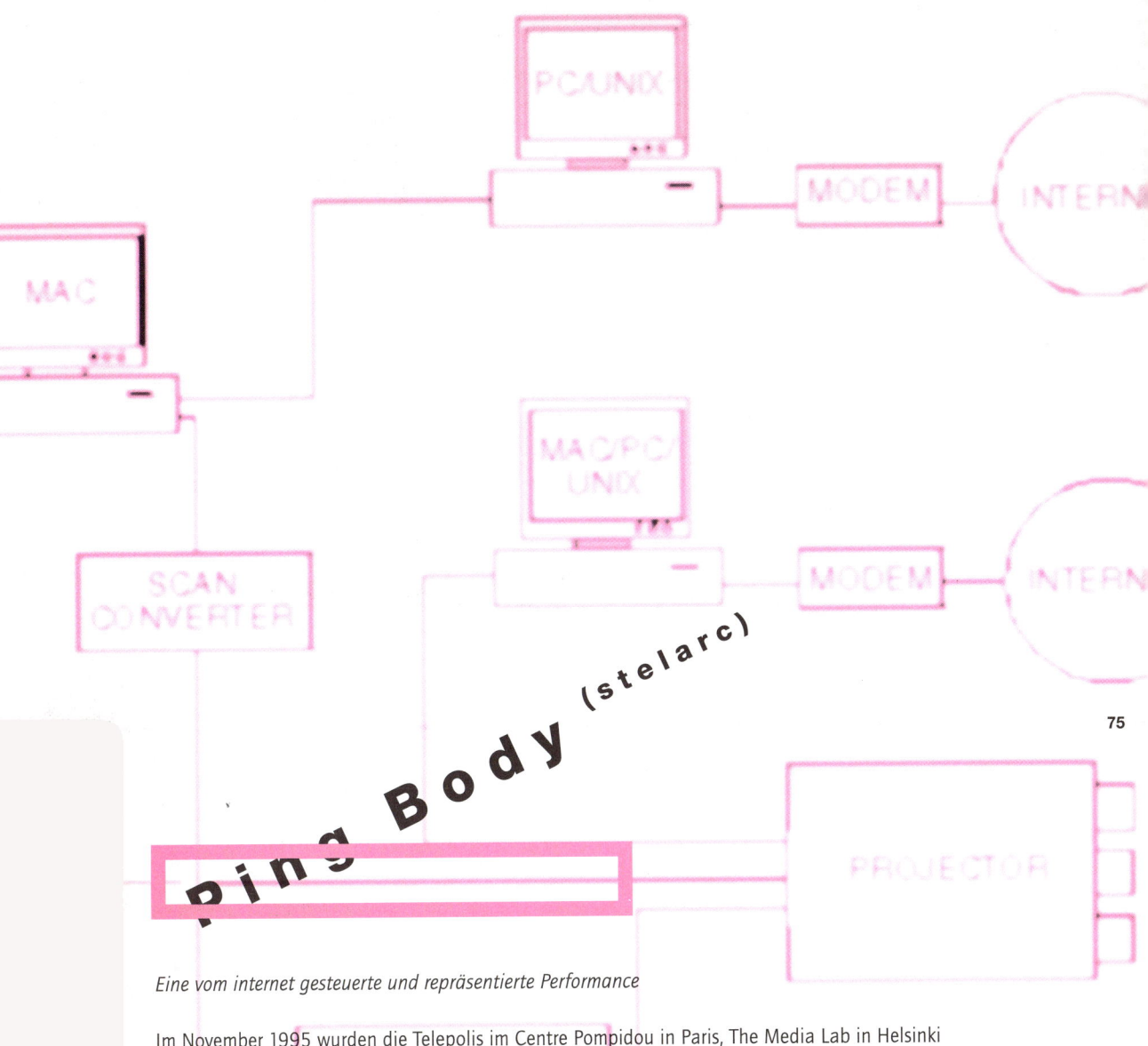

Eine vom internet gesteuerte und repräsentierte Performance

Im November 1995 wurden die Telepolis im Centre Pompidou in Paris, The Media Lab in Helsinki und The Doors of Perception in Amsterdam elektronisch miteinander verbunden. Über ein mit einer Schnittstelle versehenes Computersystem in Luxemburg, das sich durch Muskelimpulse stimulieren läßt, hatte man aus der Ferne beobachtenden und steuernden Zugriff auf Stelarcs Körper. Obwohl die Bewegungen des Körpers unfreiwilliger Natur waren, konnte er mittels seiner kybernetischen Dritten Hand reagieren. Zwei SGI Indys übertrugen Bilder auf eine Webseite, so daß die Performance live im internet verfolgt werden konnte. Die Statistik der Webserver bezeugt, daß das Ereignis in Südostasien, Nord-Amerika und in Europa frequentiert wurde.

Der Körper, mit dem wir es hier zu tun haben, befolgt nicht die Anweisung eines anderen, von einem anderen Ort aus agierenden Körpers, er reagiert vielmehr auf das Netz selbst – die Eigenwahrnehmung des Körpers erstellt sich nicht über sein inneres Nervensystem, sondern über das externe Datennetzwerk.

Indem weltweit mehr als dreißig, durch Zufall ausgewählte Internetplätze besucht – ›angepingt‹ – werden, wird es möglich, räumlichen Abstand und Übertragungszeit in Bewegungen des Körpers zu übertragen. PING-Werte von 0 bis 2000 Millisekunden (die sowohl die Entfernungen als auch die Dichte des internet–Verkehrs anzeigen) werden benutzt, um einen multiplen Muskelsimulator zu aktivieren, der dem Körper elektrische Impulse von 0 bis 60 Volt zuführt. Die physischen Bewegungen des Körpers werden durch eine graphische Gelenkbewegungsschnittstelle stimuliert und initiiert. Dadurch wird ein Klang erzeugt, je nach Entfernung, Position und Ausmaß der jeweiligen Beugebewegung von Armen und Beinen. So werden Choreographie und Komposition der Performance durch die PING-Werte geregelt, die den zeitlichen und räumlichen Parametern des internet entsprechen. Die Performance wird nicht nur duch das internet gesteuert, sondern auch auf eine Webseite eingegeben, so daß die live-Teilnahme im Netz durch die Übertragung von Videobildern (alle 60 Sekunden aktualisiert), Diagramm und PING-Daten jederzeit ermöglicht wird.

Die gewohnte Körper/Netz-Schnittstelle erfährt dadurch eine Inversion. Die Operationsweise des internet bestimmt sich nicht mehr über die Gesamtheit der Eingriffe von Körpern, sondern der Körper wird bewegt durch die Strukturen und Prozesse des Netzes selbst. Er wird telematisch auf die widerhallenden Signale eines ausgebreiteten Nervensystems dimensioniert. Das internet wird nicht nur als ein Modus der Informationsübertragung betrachtet, sondern als ein Umwandler, der selbst physikalische Aktionen in Gang setzt.

Adib Fricke | **Von der Poesie des Zufalls**

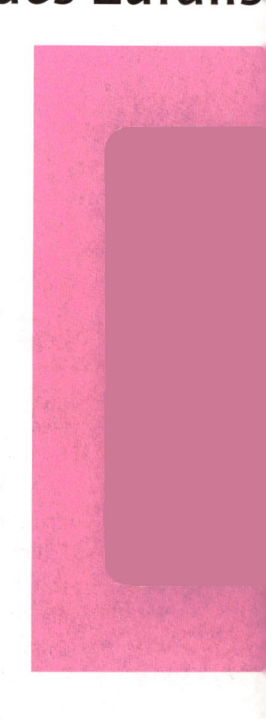

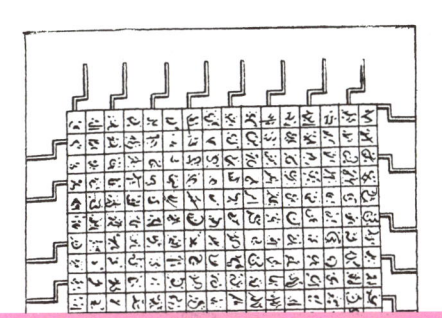

Adib Fricke begann als Grafikdesigner. Seit Mitte der achtziger Jahre erarbeitet er Installationen und Ausstellungen zum Zusammenhang von Bild, Text und Computer. International bekannt wurde er durch sein Projekt »Das Lächeln des Leonardo da Vinci«. Er lebt heute als freier Künstler in Berlin und betreibt nebenbei TWC, ein Unternehmen für die Entwicklung und den Vertrieb von Wörtern. Wir sprachen mit Adib Fricke über die Eigenart von Texten und Bildern, die auf das Rechnen gestützt sind.

form + zweck > *Wie ist deine Arbeit mit Texten beziehungsweise mit Wörtern entstanden?*

Fricke < Ausgangspunkt für meine Arbeit war die Fotografie. Ich habe ziemlich viele Formen im Umgang mit dem Medium Fotografie ausprobiert und mich sehr lange damit beschäftigt. Ausgehend von Bild-Text-Kombinationen und dem Bedürfnis, über Fotografie zu schreiben, habe ich eines Tages die Bilder einfach weggelassen. Das war ein Schnittpunkt. Ich habe nur noch mit Text gearbeitet, weil ich gemerkt habe, das reicht für mich eigentlich aus. Ich möchte die Bilder gar nicht mehr haben und ›brauchte‹ sie auch nicht mehr. Man hat genug Bilder im Kopf, sie sind durch Worte wachrufbar. Das hat mich interessiert, und so habe ich auf die Fotografie verzichtet und sogenannte Textbilder gemacht, die im Gegensatz zur Fotografie gerade keine konkreten Situationen, sondern exemplarische Situationen zum Gegenstand hatten.

> *Du hast statt der Bilder Texte gesetzt?*

< Ich hatte – noch als Student an der HdK – in der selbstinitiierten Galerie »Für den Fotofreund« mehrere kleine Fotoausstellungen organisiert. Für eine dieser Ausstellungen, dem eigenen Projekt »Double-Take«, wollte ich eine begleitende Publikation, die zusätzliche Information zu einem bestimmten Phänomen der Knipserfotografie geben sollte. Weil ich keinen passenden Autoren gefunden hatte und die Fragestellung interessant genug war, habe ich dann selbst einen Text dazu geschrieben. Das war 1986. Zusätzlich war mein Bedürfnis groß genug, unabhängig von der Hochschule eine kleine Broschüre zu produzieren. Ich habe mir damals meinen ersten Macintosh Computer gekauft, mit dem eine unabhängige Low-Budget-Herstellung möglich war. Schon damals war es mir sehr wichtig, autark arbeiten zu können. Weitere Publikationen in dieser Richtung, dann »Hefte zur Fotografie« genannt, folgten. In diesem Prozeß habe ich mich unweigerlich auch mit Fragen der Grafik auseinandergesetzt und ein größeres Interesse daran, besonders an der von geringen Mitteln geprägten Aufbereitung von Text, entwickelt. Je mehr ich mich in der künstlerischen Arbeit dann mit Text oder später Wörtern beschäftigte, umso relevanter wurden natürlich die Fragen der Grafik. Und – zusätzlich habe ich ein starkes Interesse gehabt, zu erfahren, was hinter dem Bildschirm abläuft, wie so eine Kiste eigentlich hinter der Benutzeroberfläche funktioniert. So habe ich etwas später begonnen, auf einfachem Niveau mich auch mit dem Programmieren zu beschäftigen.

> *War es die Begrenztheit der Programmstandards, die dich initialisierte?*

< Nein, es waren keine selbstgeschriebenen Applikationen, die Arbeitsprozesse hätten verbessern können. Der Mac war komfortabel genug und fast täglich kam neue Anwender-Software hinzu. Es war zunächst das Staunen über simple Programmiervorgänge, wie sie etwa HyperCard erlaubte, um das Werkzeug und seine Möglichkeiten besser zu verstehen. Daraus hat sich dann eine Arbeit entwickelt: »Das Lächeln des Leonardo da Vinci« – Ein Zufallsgenerator, mit dem in der zweiten Version ca. 30 Millionen Sätze zur bildenden Kunst produziert werden können. Einige Jahre habe ich mich damit beschäftigt, Textstücke zufällig zu mischen bzw. vom Rechner mischen zu lassen – Fragmente einzugeben, die auf der Basis eines Syntaxmodells kombinierbar sind.

> *Was ist das für ein Syntaxmodell?*

< Bei »Das Lächeln des Leonardo da Vinci« ist es ein einfaches Ein-Satz-Modell: Ich habe gehört, | daß | Name/Werk | gut sei/gewesen sei oder Ich glaube, | daß | Name/Werk | nicht gut ist/war – also immer Einleitung, Mittelteil und Endung, wobei letztere immer in Abhängigkeit (Kasus, Tempus, Numerus) zu den beiden vorhergehenden ausgewählt werden. Entscheidend für die ›Funktionsfähigkeit‹ ist jedoch: Alle variablen Fragmente werden um die Konjunktion ›daß‹ herumgefügt, welche die Konstante des Programms ist. Spätere Programme waren dann komplexer.

> *Wie ist es zu dem Namen »Das Lächeln des Leonardo da Vinci« gekommen?*

< Irgendwann in der Anfangsphase, als ich das Programm entwickelte und bereits genug Fragmente für erste Probeläufe eingegeben waren, hat der Rechner den Satz generiert, »daß Leonardo da Vinci vor dem Malen immer lächelte«.
Obwohl mich die Zufallsgeneratoren lange beschäftigt haben, hat es mich nie interessiert, ›Computerkünstler‹ zu sein, weil mich das als Selbstzweck nicht interessiert, obwohl ich natürlich sofort das Etikett weghatte. Die Zufallsgeneratoren sind Arbeiten, die gesteuert sind durch eine Maschine, und das geht nun mal nur mit einer Maschine.

> *Meine Vorstellung vom Computerkünstler ist sicher antiquiert, ausgerichtet an visuellen Eindrücken, die der Computer erzeugt. Wie weit ist das Feld derer, die sprachlich mit dem Stück arbeiten?*

aus: »Das Lächeln des Leonardo da Vinci – Ein Zufallsgenerator von Adib Fricke«, 1990–91, Version 2.0, Apple Macintosh/MS-DOS

Ernstzunehmende Quellen behaupten, daß Marcel Duchampes gar nötig gehabt habe zu verkaufen.	Ich glaube, daß die Skulpturen von Carl André sich auch gut für ein Memory-Spiel eigenen.
Mein Chef sagt immer, daß Piet Mondrian andere für sich habe malen lassen.	Ich erzählte meinem Therapeuten gestern, daß Museen nicht immer der richtige Ort für Kunst seien.
Ich habe bei der Zwischenprüfung in Kunstgeschichte nicht gewußt, daß Cézanne beinahe mal an einem Stück Fisch erstickt wäre.	In der Volkshochschule habe ich gehört, daß abstrakte Bilder noch immer aktuell seien.
Meine Recherchen haben ergeben, daß gemalte Landschaften erst im Original schön werden.	Ich hätte nie gedacht, daß Albrecht Dürer deprimiert war, wenn er nichts zu tun hatte.
Auf der Toilette der Nationalgalerie war zu lesen, daß Picabia auch nur einen runden Kopf hatte.	Mir war bisher nicht bekannt, daß Martin Kippenberg nicht zu sagen hat.

Dietrich sein Auto

Versperrt unsere Einfahrt: ein VW-Bus!

Polizeieinsatz in Stockholm

Tonia in Disneyland

Tina und ihr englischer Mann

Rudi und Daggi im Vierwaldstätter See!

Die Wohnung von Onkel Georg, Münchner Straße 3

Die ganze Familie grüßt aus Bogota. Prima Wetter!

< Es gibt ein paar, aber nur wenige, besonders seit die Rechenleistung ständig zugenommen hat und damit die Bildbearbeitung preisgünstig wurde. So haben sich die meisten auf Bildmanipulation gestürzt und finden die vielen möglichen Effekte toll. Einige haben versucht, am Computer zu malen wie mit dem Pinsel. »Mit dem Computer gemalt« ist so ungefähr das gleiche Prädikat wie »mit dem Mund gemalt«. Da sehe ich keinen Qualitätssprung.
Interessant ist es, wenn du Fragestellungen hast, die du aus verschiedenen Bereichen miteinander kombinierst. Was ich als Programm geschrieben habe, das war doch schon seit 20 Jahren möglich mit dem Computer. Computertechnisch gesehen waren das Kindereien, möglicherweise Übungsaufgaben für Informatikstudenten und überhaupt keine Sensationen.

> *Was hat das Ding zur Kunst gemacht?*

< Theoretisch ist die Idee, Textfragmente zufällig zu kombinieren, über zweihundertfünfzig Jahre alt. Bei Jonathan Swift finden wir bereits 1726 eine Maschine beschrieben. Gulliver kommt in seiner dritten Reise an eine Universität und trifft dort unter anderem auf einen Professor für spekulatives Wissen. Dieses Wissen basiert auf einem Zufallsgenerator. Der ist komplett beschrieben, nur ist er nicht realisiert worden. Es gibt – soweit ich weiß, von Swift selbst – eine, allerdings fehlerhafte Zeichnung dazu.
Die Geschichte ist ganz kurz, ich lese sie gerne vor:
»Wir überqueren einen Weg zum anderen Teil der Akademie, wo, wie ich bereits gesagt habe, die Forscher für spekulatives Wissen wohnten.
Der erste Professor, den ich sah, befand sich in einem sehr großen Raum und hatte vierzig Schüler um sich. Als er mich nach der Begrüßung mit ernster Miene auf einen Rahmen blicken sah, der den größten Teil der Länge und Breite nach den Raum ausfüllte, sagte er, daß ich mich vielleicht darüber wunderte, ihn mit einem Projekt zur Verbesserung spekulativen Wissens durch praktische und mechanische Operationen befaßt zu sehen. Aber die Welt werde bald seinen Nutzen spüren, und er schmeichelte sich, daß ein edlerer und erhabenerer Gedanke noch nie im Kopfe eines anderen Menschen entstanden sei. Jedermann wisse, wie mühselig die übliche Methode sei, Kunst und Wissen zu erlangen, während durch seine Erfindung selbst die ungebildetste Person zu einem vernünftigen Preis und mit geringem körperlichen Einsatz Bücher in Philosophie, Poesie, Politik, Recht, Mathematik und Theologie schreiben könne, ohne die geringste Hilfe durch Begabung oder Lernen. Darauf führte er mich zu dem Rahmen, an dessen Seiten all seine Schüler in Reihen standen. Er war zwanzig Fuß im Quadrat und mitten im Raum aufgestellt. Dem Erscheinungsbild nach setzte er sich aus mehreren Holzteilchen, ungefähr von Würfelgröße, zusammen, aber einige waren größer als andere. Sie waren alle durch dünne Drähte untereinander verbunden. Diese Holzteilchen waren auf jedem Feld mit aufgeklebtem Papier überzogen, und auf dieses Papier waren alle Vokabeln ihrer Sprache geschrieben in den verschiedenen Modi, Zeiten und Deklinationen, aber ohne jegliche Ordnung. Der Professor ersuchte mich sodann achtzugeben, denn er werde seine Maschine in Bewegung setzen. Auf seine Anordnung nahm jeder Schüler einen eisernen Griff in die Hand, wovon vierzig an den Kanten des Rahmens ringsum befestigt waren, und durch eine ruckartige Drehung wurde die gesamte Anordnung der Wörter völlig verändert. Darauf hieß er sechsunddreißig Burschen die verschiedenen Zeilen leise lesen, so wie sie auf dem Rahmen erschienen. Fanden sie drei oder vier Wörter beieinander, die einen Teil eines Satzes bilden konnten, diktierten sie diese den vier übrigen Jungen, welche die Schreiber waren. Diese Arbeit wiederholte sich drei- oder viermal und bei jeder Drehung war die Maschine so ausgerichtet, daß die Wörter an neue Stellen fielen, je nachdem, wie die hölzernen Vierecke sich von oben nach unten bewegten.«

> *Zu dieser Art von künstlerischer Produktion fällt einem sofort das psychische Gegenstück, die automatische Schreibweise der Surrealisten ein. Hat sie für dich eine Rolle gespielt?*

< Beim surrealistischen Schreiben spielt das Unbewußte eine Rolle. Das versuche ich, bei meiner Arbeit auszuschließen. Das ist natürlich mit drin, weil ich die Entscheidung treffe, welche Textgruppen ich hinzugebe und welche ich nicht hinzugebe. Das ist schon eine biografisch bestimmte Leistung eines Autors, erstmal die Textstücke zu selektieren: Das eine zu wählen, das andere nicht zu wählen. Aber was mich interessiert, ist die Produktion zu automatisieren und an die Maschine zu delegieren. Das hat mich zumindest bei »Das Lächeln des Leonardo da Vinci« interessiert. Und später bei einer anderen Arbeit, bei »Die Nachtwache von Rembrandt«, auch ein Zufallsgenerator, der ca. hundert Millionen Bildunterschriften zu Knipserfotos produzieren kann. Ich konnte das mit der Fotografiegeschichte und den Knipserfotos machen, weil das mein Metier war, nicht aber mit der Philosophiegeschichte, nicht mit der Musikgeschichte oder sonst etwas, wovon ich nur wenig Ahnung habe. Ich wollte gern wieder mit der Fotografie arbeiten, meine gegenwärtige Arbeitsweise mit dem Wissen um Fotografie, das ich besaß, verbinden.

> *Es ist ja keine Arbeit mit der Fotografie, sondern eine Arbeit, die die Materialität der Fotografie überschreibt ...*

< Ja, ich bin der Meinung, daß diese Bilder heute alle – außer zur persönlichen Repräsentation von Erlebtem – nicht notwendig sind, daß wir genug dieser Bilder im Kopf haben. Die Bildunterschriften reichen aus, um sie sich vorzustellen. Sobald ich sage: »Mutti vor dem Eiffelturm«, hast du sofort eine Bildvorstellung oder »Oskars neues Auto« oder »Wir fliegen mit 350 km/h, unter uns die Wolken«. Das füllst du aus. Mich hat das interessiert und zwar nicht nur auf der Ebene der sprachlichen Setzung durch einen Autor. Mich hat interessiert, daß das eigentlich automatisiert werden kann, daß eine Maschine diese Setzung übernehmen kann. Im Rahmen eines Regelwerkes natürlich, sie ist ja nicht selbstständig kreativ, sie schafft zwar Verknüpfungen, die ich im Vorfeld nicht weiß und die dann überraschend werden können, aber das ist dann halt der Zufallstreffer: Allerdings ist das natürlich kein kreativer Prozeß der Maschine. Ich nicht glaube nicht, daß eine Maschine kreativ sein kann.

> *Also der Bilderwerb findet nicht über die Maschine statt, sondern die Maschine ruft Bilder hervor, die du dir im realen Alltag erwirbst und speicherst und die Aufgabe der Medien wäre dann – man muß das ja verallgemeinern – das wieder wachzurufen?*

< Nein. Ich würde nicht pauschalisieren, daß die Medien das grundsätzlich wachrufen, die Medien spielen damit, aber die Medien machen noch was ganz anderes.
Wenn ich einen Roman lese, fülle ich ihn selber aus mit den Vorstellungen, die ich habe. Bei den neueren Medien, den Nachrichtenmedien funktioniert das anders. Das sind nur noch Reißer, die verführen dich ja nicht in eine Stimmung, sondern stopfen dich mit Informationen.

> *Man kann aber klarlegen, daß die Nachricht grundsätzlich ein anderes Bildverhältnis bedeutet als der Roman, die Erzählung ...*

< Auf jeden Fall. Der Roman ist eine geschlossene Einheit mit imaginären Bildwelten. Was bei den Nachrichten immer mehr eine Rolle spielt, ist die Spiegelung der eigenen Betroffenheit auf der Basis konkreter Bilder. Das ist, glaube ich, das Phänomen, was mich interessiert an den Diskussionen. Das ist es, was immer mehr überhand nimmt, was immer plakativer, also immer austauschbarer wird. Ob die kleine Ann in San Francisco in den Brunnen oder Anton in Berlin in den Wassergraben fällt, das spielt keine Rolle, sondern nur, daß es an deinem Ort passiert ist, daß es auch dir passieren könnte. Es ist dir nicht passiert, aber es könnte. Das ist etwas ganz anderes als ein verfilmter Roman, der dich in den meisten Fällen verführt, irgendwo hinführt und dir dabei auch eine Bildwelt vorspielt für eine bestimmte Zeit.

> *Das Lächeln des Leonardo da Vinci« ist doch auch eine Nachrichtenstruktur, oder?*

< Es ist eine Gossip-Struktur, insofern eine Nachrichtenstruktur. Es könnte ein Satz sein, den du selber sagst oder den du auf jeder Vernissage hören könntest. Eben eine Mitteilung und als solche eine Nachricht.
Es gab ein drittes Programm als Entwurf, das ich aber nicht realisiert habe. Das waren Schlagzeilen. Ich habe aufgehört, als der Rechner Schlagzeilen auswarf, die ich am nächsten Tag auf der Straße am Kiosk gesehen habe. Das war der eine Grund, das Projekt zu stoppen. Aus ungefähr dreißigtausend möglichen Schlagzeilen-Kombinationen habe ich 254 Stück ausgewählt, Highlights, und daraus eine Ausstellung gemacht. Eine Headline im Gegensatz zu Gossip und Tratsch oder zu diesen schnellen Reden oder zu hundert Millionen Knipserfotos, im Gegensatz dazu muß jede einzelne gut sein. Sie hat die Funktion zu verkaufen, und wenn sie nicht gut ist, verkauft sie nicht. Zu einer Situation können hundert Überschriften passen, aber du mußt die eine gute haben. Ich habe deshalb also eine Auswahl getroffen und in der Ausstellung kleine Laserausdrucke an die Wand gehängt. Als »Super« die letzten Tage existierte – zur selben Zeit derAusstellung –, haben die angerufen und wollten eine dieser Schlagzeilen auf die Titelseite der letzten Ausgabe nehmen. Das wäre wunderbar gewesen. Die Zeitung verschwindet, die Headline ist vom Computer generiert, sie wäre aber noch mal echte Headline gewesen und hätte Kaufinteresse geweckt. Es gab darunter solche wie »Designerin wurde falsches Bein amputiert« oder »Chefarzt onanierte im Leichenhaus«. Das wäre reißerisch genug gewesen für die Titelseite und hätte dann die Auflösung gehabt, daß diese Headline mit dem Computerprogramm eines Künstlers produziert worden ist. Leider war ich verreist.

> *Selbst wenn es zu diesen Headlines keine Realität gäbe, wäre es die verdammte Aufgabe der Redaktionen, das Ereignis zu dieser Headline zu konstruieren, also die Erzählung darunterzuschreiben.*

< Leute in der Ausstellung waren überzeugt, ich hätte die Headlines irgendwo abgeschrieben, sie würden die schon alle kennen. Ich mußte der Arbeit die Unterzeile »Zufallsgenerierte Schlagzeilen«

3jähriges Mädchen stürzte in U-Bahnschacht! + 10jähriger erschoß seine Schwester! + 11jährige tötete ihre Tante! + 12jährige Schülerin von Taxifahrer vergiftet! + 13jähriger Schüler fand Piratenschatz! + 13 Tote bei Gartenparty! + 14 Tote durch Schlankheitspillen! + 15jährige sprang aus fahrendem Zug – um Vergewaltiger zu entkommen! + 17 Jahre Mathematik studiert – dann im Lotto gewonnen! + 20 Jahre Jura studiert – dann Rente beantragt! + 21jährige heiratete ihren Lebensretter! + 23jährige vergiftete ihre Freundin! + 23jähriger verprügelte seinen Lebensretter! + 24 Tote durch deutsches Bier! + Abiturientin lebendig im Garten vergraben! + AIDS: Schon wieder ein Schauspieler tot! + Amerikanischer Journalist zündete Freudenhaus an! + Amsterdam: Deutsche Urlauber in Nervenklinik eingeliefert! + Angestellter filmte den Selbstmord seines Chefs! + Arbeitskollegen mit Bierkrug erschlagen! + Arbeitsloser Lehrer fiel vom Baum: tot! + Arbeitsloser machte + Nacktfotos von kleinen Kindern! + Arzt erschoß sich bei der Geburt seines Sohnes! + Astrologin von Klapperschlange gebissen! + Attentat auf Bankdirektor! + Auf dem Weg in den Urlaub: Auto überschlug sich dreimal! + Auf dem Weg zur Kirche: Hausfrau beschimpft und bespuckt! + Aus Liebe zum Verbrecher geworden! + Autobahnen zur Ferienzeit gesperrt! + B 747 über dem Pazifik abgestürzt – Passagier hatte Flugzeugtür geöffnet! + Baby kam im Stau zur Welt! + Baby kann schon sprechen! + Babysitter von Einbrechern erschossen! + Bananen sind der große Renner! + Bankdirektor aus Wien von Haifischen gefressen! + Bankräuber kam mit Schminkkoffer! + Bauer mißhandelte seine Schwiegermutter im Wald! + Bei Geburtstagsfeier im Büro: Praktikantin mußte sich nackt ausziehen! + Bei Gewitter – Krokodil tötete kleines Mädchen im Zoo! + Bekannter Modemacher lief im Bademantel auf der Straße herum! + Bekannter Pornostar von Wilden skalpiert! + Benutzte Kondome in Wurstfabrik gefunden! + Betrunkener Polizist erschoß sich in Fußgängerzone! + Blinddarmoperation bei offenem Fenster! + Bombe auf Frauenhaus – zwölf Menschen verletzt! + Börsenmakler nach tödlichem Sturz von Fliegen aufgefressen! + Bügeleisen nicht ausgeschaltet – Wohnhaus abgebrannt! + Bürgermeister starb bei Attentat! + Busfahrer ließ Fahrgäste in der Kälte stehen! + Chefarzt onanierte im Leichenhaus! + Chemielehrer machte Fehler bei Experiment – drei Kinder starben! + Chirurg nachts im Park die Nase abgebissen! + Chirurg tötete Prostituierte im Operationssaal! + Computerspezialist aus Dresden von Wespen zu Tode gestochen! + Das Rumpsteak wurde von falschem Kellner gebracht! + Der Beichtstuhl-Schütze ist wieder frei! + Der Grappa war zu kalt! + Der Tod ist teurer geworden! + Designerin wurde falsches Bein amputiert! + Deutscher Journalist auf Basar entführt! + Deutsche Lehrerin nach Saudi Arabien verkauft! + Deutscher Urlauber entdeckte Ufos in Italien! + Die Deutschen haben es leichter! + Die Deutschen arbeiten zuwenig! + Die Deutschen essen immer weniger Wurst! + Die eigene Ehefrau zu Sülze verarbeitet! + Die Freundin der Bestie: Wir wollten heiraten! + Die Hawaii-Pizza war vom Italiener nebenan! + Die meisten Millionäre sind einsam! + Doppelmord im Landschulheim! + Doppelmord: Hochzeitspaar lag tot im Wald! + Doppelselbstmord auf dem Friedhof! + Drama im Gerichtssaal: Angeklagter erschoß Zeugin! + Drama zwischen Himmel und Erde – Pilot sah Außerirdische! + Drei Jahre Schluckauf – nach Gewitter war er plötzlich weg! + Durchgedreht: Sekretärin schnitt sich beide Ohren ab! + Ehefrau erschoß die Sekretärin ihres Mannes! + Ehemann mit Axt erschlagen – dann

MIPSEL

METHOS

EXPLOM

AVANZ *SOLD*

SMORP

FLOGO

MINGIS

ONOMONO

RITOB

Protonyme. Verkauf über IWC

hinzufügen, sonst hätte das niemand verstanden. Die Ausstellungsbesucher waren wirklich überzeugt, daß sie diese oder jene schon gelesen hätten.

> *Wie hat sich deine Arbeit dann weiterentwickelt?*

< Heute mache ich nicht mal mehr Textarbeiten, was mit den Textbildern noch der Fall war. Es sind ganz klar die Wörter, die mich interessieren. Ich erinnere mich an einen dann nicht weiter realisierten Entwurf von vor fast neun Jahren, da ging es auch schon um die Wörter. Ich bin kein Literat und schreibe bestimmt keine Geschichten. Ich bin Wortkünstler: ›Wordman‹. Mit »The Word Company«, die ich 1994 begründete, ist meine Arbeit bestens fortgesetzt. Die Aufgabe oder der Geschäftszweck von »The Word Company« ist die Herstellung und der Vertrieb von Wörtern, die es noch nicht gibt, sogenannten ›Protonymen‹, und von ›aus Wörtern bestehenden Einheiten‹, sloganartigen Sätzen und Halbsätzen. Der allgemeine Worthandel ist in 26 Paragraphen von A-Z durch die allgemeinen Geschäftsbedingungen von TWC geregelt. Ich biete Wörter ohne jegliche Bedeutung wie zum Beispiel SMORP, MIPSEL oder ONOMONO zum Verkauf an. Das ist wunderbar, weil ich dadurch unter anderem auch die Möglichkeit habe, völlig selbstbestimmt als Grafiker zu arbeiten. Ich kann meine Geschäftspapiere, meine Wörter und die Präsentation meiner Wörter gestalten. Das Schöne ist, daß ich einen Anlaß habe, etwas richtig Sinnloses trotzdem mit Lust zu gestalten.

> *Kritisierst du den Mediengebrauch im grafischen Bereich?*

< Effekte, oft nur Effekte! – Häufig ist eine inhaltliche Begründung für die Gestaltung nicht gegeben. Viele Designer sind in die Möglichkeiten der Gestaltung selbst verliebt. Immer seltener ist nachvollziehbar, warum etwas getan wurde und was zu den sichtbaren Ergebnissen geführt hat. Das sehe ich aber nicht nur in der Grafik so, bei Prospekten, Zeitungen und manchmal sogar Formularen, Gestaltung mit netten kleinen Designelementen, das stört mich genauso in der bildenden Kunst. Nicht nur in den traditionellen Bereichen Malerei und Skulptur ist das so, auch bei denen, die mit ›zeitgenössischen Medien‹ – das ist ein besserer Begriff als ›neue Medien‹ – arbeiten. So setzen manche als profanes Beispiel Photoshop-Filter ein, interpolieren Fotografien, weil sie den Effekt so schön finden und wecken für einen kleinen Augenblick ein wenig Interesse durch das Überraschungsmoment. Aber ich finde das wahnsinnig langweilig, und in den meisten Fällen ist außer der Selbstverliebtheit überhaupt nichts daran einsichtig – es wird nichts gebrochen. Erstaunlicherweise wird in einer Diskussion darum oft gerade von den Urhebern dann viel konstruiert. Im Grafik-Design gibt es den Autor, den Grafik-Designer und das Produkt ihrer Zusammenarbeit. Der Autor hat eine bestimmte Intention, deshalb schreibt er den Text. Der Grafik-Designer, im klassischen Verhältnis, dient ihm. Das ist mit den zeitgenössischen Medien außer Kraft gesetzt, scheinbar oder wirklich. Das Verhältnis wird anders. Der Autor hat eine Intention und schreibt. Der Grafik-Designer nimmt die Intention des Autors zur Kenntnis, sagt aber, es gäbe im Grunde kein Drittes, auf das man sich beziehen könne, er habe als Bezugspunkt nur den Text. Seine Haltung zum Geschriebenen mache er in der Grafik deutlich. Und dabei kommt selbstverständlich die Persönlichkeit des Grafikers mindestens genauso ins Spiel wie die Persönlichkeit des Autors. In dieser Folgerichtigkeit entsteht etwas, das die Intention des Autors bricht, oftmals zerbricht, zumindest kommentiert. Die alte Vorstellung, es gäbe eine gemeinsame Realität, ein Problem, auf das man sich bezieht, ist außer Kraft gesetzt.
Ich glaube, es geht bei diesen modernen Gestaltungen sogar soweit, daß Texte zweitrangig geworden sind, daß die Gestaltung Priorität hat.

> *Warum ist das so?*

< Ich möchte nicht von der Macht des Bildes sprechen.

> *Warum nicht?*

< Es ist so einfach.

> *Von der Macht des Bildes, damit meinst du seine Suggestivkraft, daß es achtzig Prozent der Wahrnehmungsleistung ausfüllt?*

< Das sind die üblichen Argumente: »Ein Bild sagt mehr als tausend Worte ... «. Das kann man endlich mal in den Müll schmeißen. Das ist nicht das Entscheidende. Ich glaube, daß irgendwann überhaupt keine Zeit mehr bleibt, zu rezipieren. Daß die Kapazität für Aufmerksamkeit so gering geworden ist beziehungsweise daß es so viel gibt, was gesehen werden will und was schreit, was dich anschreit. Es gibt von Georg Franck einen sehr schönen Titel dafür »Die Ökonomie der Aufmerksamkeit«. Daß alles so schreit, dieses »Sieh mich an«, das geht nur über das Grelle. Wenn ich eine Seite habe, die ganz ruhig und schlicht ist, die nur Text hat, dann muß sie mit Ruhe und Kon-

zentration gelesen werden. Ich muß mich darauf einlassen können. Die Ruhe bringt das Nachdenken. Immer weniger wird eine solch' konzentrierte und im Glücksfall elegante Gestaltung gemacht, aber trotzdem: Manche gestalten immer noch oder vielleicht auch schon wieder so. Die meisten Seiten in modernen Zeitschriften jedoch und recht viele (Life Style)Anzeigen, nicht alle, sind um der Aufmerksamkeit willen immer grell, bunt und aufgeregt, immer, zumindest ihrem formulierten Bedürfnis nach, einen Zacken an der gängigen Ästhetik vorbei oder drüber oder drunter gestaltet – unscharf und verschwommen, wenn alle anderen scharf sind oder extrem scharf, wenn alle anderen unscharf sind, was auch immer, das ist der sogenannte Hype der Fashion-Victims. Mit der auffälligen ›Abweichung‹ ist zumindest die Aufmerksamkeit sicher.

Das ist das Problem der Medien zur Zeit, daß sie so rasant, daß sie so aufregend sein müssen. Ich glaube, das hängt nicht damit zusammen, daß »ein Bild mehr als tausend Worte sagt«, sondern daß es erstmal um das Auffällige geht und daß das nur über Gestaltungsaufwand, über eine extreme Gestaltung zu erreichen ist. Damit ist der Designer viel mehr ins Zentrum gerutscht, hat er selbst viel mehr Aufmerksamkeit bekommen und Bedeutung erlangt. Ich habe gestern eine w&v (werben und verkaufen) gekauft, in der über die Kampagne einer Bausparkasse in Bayern (LBS der Finanzgruppe Bayern) berichtet ist. Die drucken bewußt unscharf, so als wäre es in der Druckmaschine verrutscht. Das machen die extra, daß es wie ein Fehldruck aussieht. So ist die Kampagne angelegt, mit geringstem Werbeaufwand höchste Aufmerksamkeit erlangen. Darum geht es.

> *Verstehe ich dich richtig, daß soviel Aufmerksamkeit beim Schauer, beim Betrachter erzeugt wird, daß für den nachfolgenden Prozeß des Lesens und Verstehens keine Kraft mehr ist? Normalerweise beginnen die eigenen Gedanken, das Interpretieren, das Werten und in Kontexte Stellen mit dem Zeitpunkt des Sehens. Heute ist der Bildersturz so stark, die Wahrnehmung so geweitet, so aufgerissen, daß für die nachfolgenden Gedanken keine Zeit, keine Energie, kein Platz mehr ist. Ästhetische Überreizung als Anästhesie desBewußtseins?*

< Das ist eine Wechselwirkung. Teilweise sind ja auch die Texte so langweilig, daß man sie gar nicht lesen muß. Obwohl sie so langweilig sind, bekommen sie unter Umständen eine hohe Aufmerksamkeit, wenn sie extrem präsentiert sind. Das ist nicht nur das Bild, das ist nicht nur das Foto oder das klassische Bild, das dazwischen klebt, das ist die Gesamterscheinung in der Kombination von Bild und Typografie. Das ist der Prozeß. Auch, daß es immer mehr schlechte Texte gibt, die immer mehr präsentiert werden müssen, immer mehr gegliedert und aufbereitet sein sollen, strukturiert sein wollen und daß das dann zu einer Welle wird. Ihr habt ja versucht, diese Welle zu brechen. In diesem Medienprozeß haben die Designer eine unheimliche Macht bekommen und dieselben Designer stehen unter Erfolgsdruck.

> *Das kompensiert natürlich auch die Ohnmacht in der Gestaltbarkeit des eigenen Lebens.*

< Das finde ich sofort einleuchtend.

»Das neue Wort«
Die Zeitschrift besteht nur aus dem Titelblatt. Sie wurde an Kiosken verkauft.
Projekt 1996

Das neue Wort

20. Juni 1996 **Magazin für neue Wörter** DM 1,–

Noch geheim!
Die neuen Wörter
jetzt schon für Sie
nachgeschlagen

Protonyme für alle
Wording leicht gemacht

Wie viele Nullen hat das Wort?
Die zehn teuersten
Wörter der Welt

Words last forever …
Hundert Wörter, die dem
Partner Freude machen

1

In Words We Trust

Spezial: Wie erkennt man
Wörter ohne Bedeutung?

Das neue Wort

25. Juli 1997 **Magazin für neue Wörter** DM 1,–

Wenn die Wörter Trauer tragen …
Wörter, die uns plötzlich
nichts mehr bedeuten

Die Tricks der Juristen
Wording leicht gemacht

Wo kommen die neuen Wörter her?
Zehn Wortschmieden
im internationalen Vergleich

Wörter einfach selbstgemacht!
500 Buchstaben, Prä- und
Suffixe zum Ausschneiden

6

In Words We Trust

Spezial: Wohin mit
alten Wörtern?

Perforierte Partikel Projektionen

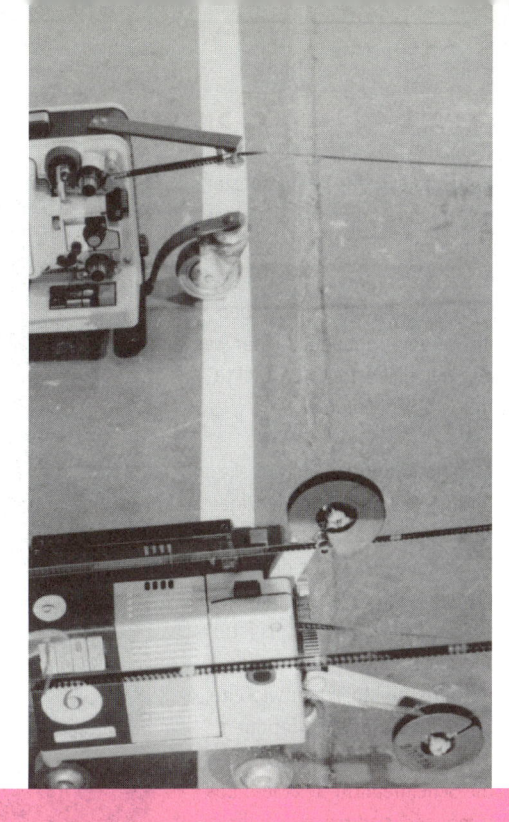

Der große Preis von Deutschland. Zielfoto vom 2. Weltmeisterschaftslauf in der Stummfilmklasse Super 8/Singel 8

Im vergangenen Jahr lag in unserem Briefkasten eine Filmdose. Sie enthielt zwei Kataloge über Installationen von Filmemachern und die Ankündigung einer Ausstellungseröffnung. In der Hamburger Kampnagelfabrik: Eintritt zahlen. Wettschein kaufen für ein Rennen von 10 Filmprojektoren. Das Licht geht aus, die Projektoren am Start werden eingeschaltet – an den Filmen ziehen sie sich vorwärts. Flimmern auf der Zielwand. Gedränge auf der Bahn. Anfeuernde Rufe ...

Die Partikel Projektionen zeigen das Illusorische und Täuschende des Mediums Film, das Lichtbild als ein Resultat der Bewegung von Stoffen, ihrer mechanischen Verknüpfung und ihrer energetischen Erregung.

Perforierte Partikel Projektionen

ist ein Ausstellungsprojekt, das Projektionsinstallationen und kinematografische Skulpturen von neun Filmkünstlern zeigt. Die Ausstellung versteht sich als *work in progress*, bei der die Arbeiten nicht nur den räumlichen Gegebenheiten angepaßt werden, sondern zu jeder weiteren Ausstellung neue Filmstreifen, Objekte und Inszenierungen hinzukommen.

Künstlerische Installationen mit Filmprojektion gab es bereits in den sechziger und siebziger Jahren. *Expanded Cinema* nannte man es damals, eine Richtung, die sich aus den Gedanken der Fluxus Bewegung (Verweigerung des Kinoerlebnisses), des Experimentalfilms (struktureller Film) und des Abstrakten Films der zwanziger Jahre (optische Musik) entwickelte. Durchgängiges Thema dieser Installationen und Performances war der aufklärerische Gedanke, auf die Scheinrealität des Mediums aufmerksam zu machen, sich mit den wahrnehmungspsychologischen Phänomenen auseinander zu setzen oder den Betrachter in den Filmprozeß mit einzubeziehen. Die KünstlerInnen verstanden sich als Avantgardisten und schufen neue Seherlebnisse.

Von diesem Selbstverständnis sind wir heute weit entfernt. Im Zeitalter der virtuellen Realitäten, der Daten Super-Highways und sogenannten interaktiven Computerprogramme sind Filmprojektoren technisch gesehen Oldtimer. Doch für die KünstlerInnen der Perforierten Partikel Projektionen sind diese Bildmaschinen, die jetzt auf dem Schrottplatz landen, ihr künstlerisches Material. Für die Gestaltung ist für sie dabei elementar wichtig, in die technischen Prozesse eingreifen zu können. Funktionen, die von Ingenieuren für einen ganz bestimmten Zweck entwickelt wurden, müssen je nach Bedarf umgestaltet werden können. Videogeräte und Computer verschließen sich diesen Möglichkeiten. Die Black Box läßt den *user* nur noch bis an die Benutzeroberfläche. Die Arbeit mit ihr ist auf die zahlreichen, aber festgelegten Möglichkeiten der hard- und software begrenzt. Beim Film ist der gesamte technische Ablauf, von der Aufnahme in der Kamera, der Entwicklung im Labor bis hin zur Projektion überschaubar. An jeder Stelle ist es möglich einzugreifen, Dinge aus ihrem Zusammenhang zu lösen und in einen neuen zu stellen. So verliert die Technik ihre Funktion als bloßes Hilfsinstrument und wird selbst künstlerischer Zeichenträger. Der Objektcharakter der Apparate, ihr Bezug zum projizierten Bild und zum Raum bilden eine Einheit und machen die Perforierten Partikel Projektionen zu einem visuellen und haptischen Gesamterlebnis.

Der große Preis von Deutschland.
1. Weltmeisterschaftslauf in der Stummfilmklasse Super 8/Singel 8, präsentiert von Blank Productions & Jörn Zehe

Wettschein

Einsatz	○	3.-* DM zzgl. 2.-** DM
Start-Nummer	⊗	7.-* DM zzgl. 3.-** DM

1 — Heurtier/Beauleu/France
65 VA Synchronantrieb mit Breitriemenantrieb
2500 U/min. bei 19B/s.

2 — Reporter 50
40 VA Kurzschlußläufer
Rundriementransmission
FAG Fahrwerk

3 — Panorama 762 S
Lencogleichstromaggregat mit zwangsgetriebener Flügelblende

4 — Eumic Mark
Synchronmotor mit hoher Leistungsaufnahme (175Watt) und Variomatik

5 — Paximat 12/100
Niedervoltklauenpoolmotor
3000 U/min. Leerlaufdrehzahl bei 45 VA Leistung

6 — Bauer TS Royal
Lichtstarker Mittelmotor - getriebener Projektor mit Senkelsynchronisation

7 — Porst Super Lux SR
Gleichstromintercooler für hohen Luftdurchsatz (3m³ pro 2000 U)

8 — Braun Liesegang FP5
Designpreisgekrönter Automatikprojektor mit 4-Strangwechselstromantrieb

9 — Elmo SP-F
Pseudodrehstromaggregat mit 60° Phasenwinkel auf Blankfahrwerk

10 — Cullmann
70 Watt Wechselstrombürstenmotor. R8/S8 schaltbares Sekundärgetriebe

* Jackpot   ** Jörnpot

Thomas Bartels

Das Auge

Das Auge ist eine langgezogene Stahlplatte mit einem Kreisausschnitt in der Mitte. Sie schwankt in Augenhöhe auf einem verwundenen Eisenstab. In dem Ausschnitt ist, im rechten Winkel zur Platte, der schmale Abschnitt eines Plexiglasrohrs drehbar gelagert. Dieser Augapfel enthält ein auf's Notwendigste reduziertes Super-8-Greiferwerk und projiziert eine kurze Endlosschleife. Ein Exzentergetriebe läßt das Bild langsam über die Wand schweifen. Darin sind die laufenden Beine eines Mannes gefangen.

Jürgen Reble

Sisyphus

Nähert man sich Sisyphus, so wird er durch einen Infrarot-Näherungsschalter automatisch für einige Sekunden in Betrieb gesetzt. Dabei läuft ein Super-8-Film von der Vorratsspule durch einen umgebauten Projektor mit entfernter Flügelblende. Mit verlangsamter Geschwindigkeit wird der Filmstreifen auf eine Wand projiziert. Anschließend läuft er aus dem Projektor heraus in einen Mixer und wird zu Staub zermahlen. Mit einer zweiten Projektionslampe wird das aufgewirbelte Granulat zum letzten Mal in das Auge des Betrachters geworfen. Als Material werden chemisch manipulierte Bilder und Originale aus der eigenen Produktion verwendet. Sisyphus ist eine Abkehr von der Konservierbarkeit von Film hin zum einmaligen Opferakt. Die Illusion des Bildes wird ersetzt durch das real vorhandene Material. Das entstehende Granulat wird durch Vermischung mit Kleister weiterverarbeitet. Sisyphus wird nach und nach von dieser plastischen Masse überwuchert.

Martin Hansen

2 x 2, vis à vis Projektion

Er ging die Treppe hinunter ...
Auf dem Treppenabsatz begegnete er einem Mann, der nach oben wollte. Doch als er weiterging und der andere erneut von unten hochkam, kam ihm der seltsame Gedanke, daß er zurückgesprungen sei auf der Treppe, auf der Stelle treten würde, wie eine Nadel auf einer verdreckten Schallplatte. Er machte Halt auf dem Absatz und fühlte, daß ihm jemand folgte. Er drehte sich um und sah sich selbst.

Auf zwei gegenüberliegende Wände werden zwei Endlosschlaufen projiziert. Auf den Filmstreifen sind zwei Männer zu sehen, die eine Treppe hoch beziehungsweise heruntergehen. Durch einen Spiegel in der Mitte zwischen den beiden Projektoren wird das Bild zur Hälfte abgedeckt und wieder zurückgespiegelt. So entsteht auf der Leinwand ein Bild, das sich aus dem direkt projizierten Filmstreifen und dem gespiegelten Bild zusammensetzt. Die beiden Männer, die bei der Aufnahme einzeln nacheinander die Treppe hinaufgegangen waren, treffen jetzt im Filmbild zusammen. Da die Projektoren unterschiedlich schnell laufen, ergeben sich ständig neue Konstellationen von Begegnungen.

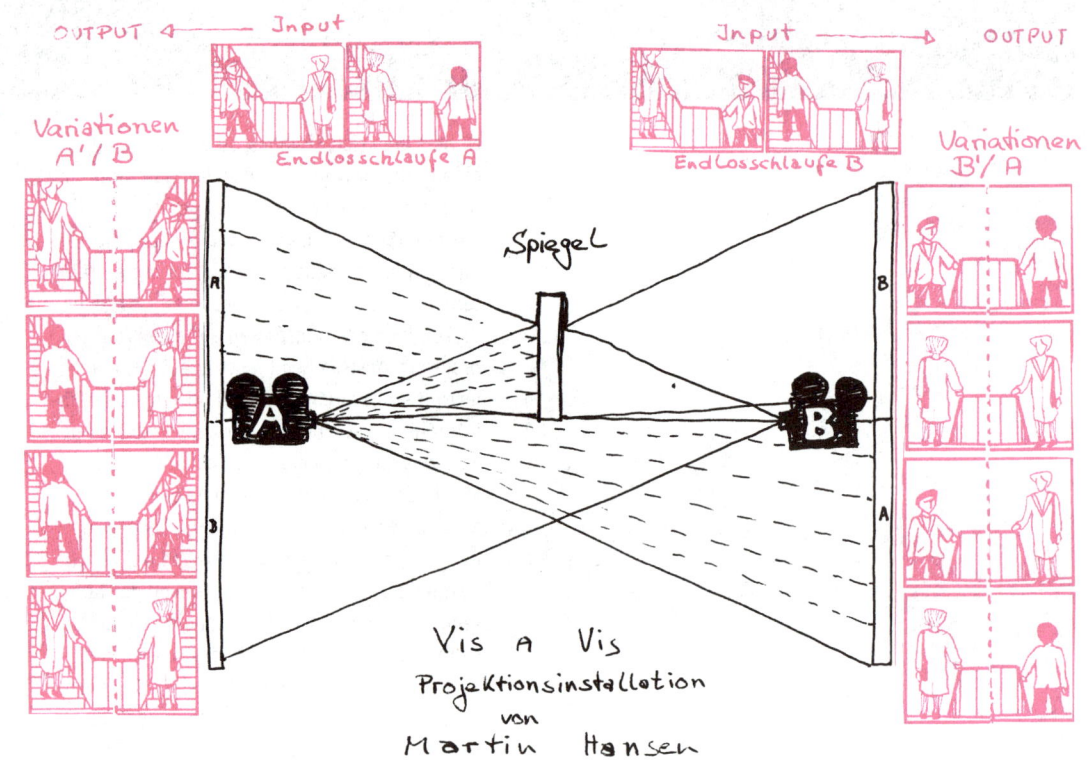

Der Projektionsstrahl wird in zwei verschiedene Wirklichkeitsebenen geteilt: die direkt projizierte Realität und die durch den Spiegel in eine andere Ebene transzendierte Wirklichkeit. Traum und Wirklichkeit setzen sich auf der Leinwand, kaum merkbar für den Betrachter, wieder zu einem Ganzen zusammen. Oft kann man Zuschauer beobachten, die ihre Hände in einen der Propjektionsstrahlen halten und überrascht sind, daß es anders ist, als sie dachten.

Lutz Garmsen / Ursula Helfer

Lukas kleine Weltmaschine

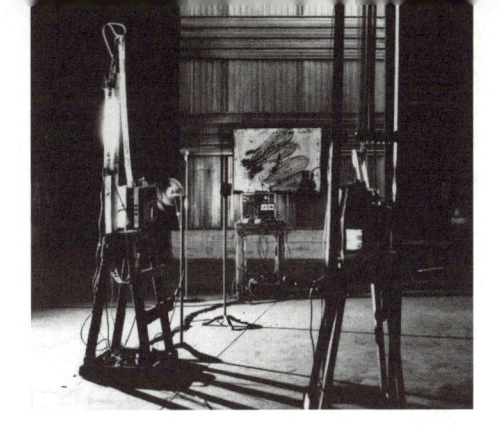

Zwei Filmstreifen mit unterschiedlicher Oberfläche werden aufeinander projiziert. Die Filmschleifen selbst laufen auf meterhohen Gestellen, die ebenso wie die Projektoren integraler Bestandteil der Installation sind und somit dem Betrachter sichtbar. Vor dem Objektiv des Diaprojektors bewegt sich, gleichsam als Sektorenblende, ein Ahornblatt. Allerdings nicht synchron mit der Bildbewegung, wie es die Aufgabe einer Sektorenblende wäre, sondern asynchron. Das Fehlen des optischen Ausgleichs hat zur Folge, daß das Blatt bisweilen das projizierte Bild überlagert. Die Projektion beider Filmstreifen erfolgt nicht unbedingt gleichzeitig, sondern wird durch ein Zufallsprinzip gesteuert. Über einen Schaltkreis, verbunden mit den Filmmaschinen agieren hier zwei Spielzeugfiguren, die sich auf einem kleinen hölzernen Schreibtisch gegenüberstehen: ein Clown mit Trommel und eine ehemalige Barbie-Puppe. Beiden fehlt der Unterleib. Die Puppe dreht sich alle Sekunden um die Körperachse, dabei berühren die ausgestreckten Arme vielleicht zwei herabhängende Kugeln. Stoßen diese dann zufälligerweise zusammen, schließt sich der Kontakt, die Clownsfigur beginnt zu trommeln und die Filme werden in Bewegung gesetzt. So ergeben sich in einer gemeinsamen Projektion zufällige und immer neue Kombinationen beider Bildmotive, mal als bewegte Bilder, mal als stillstehende.

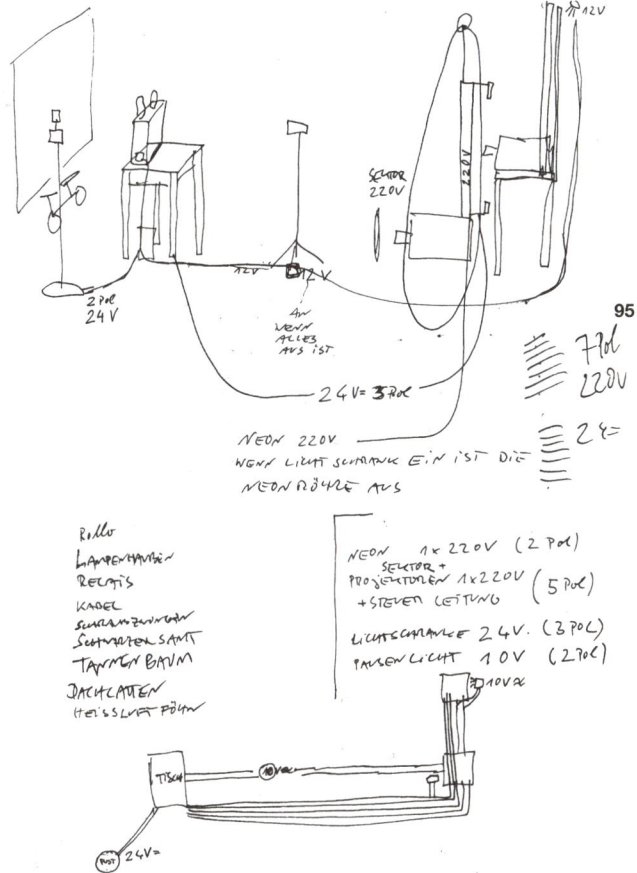

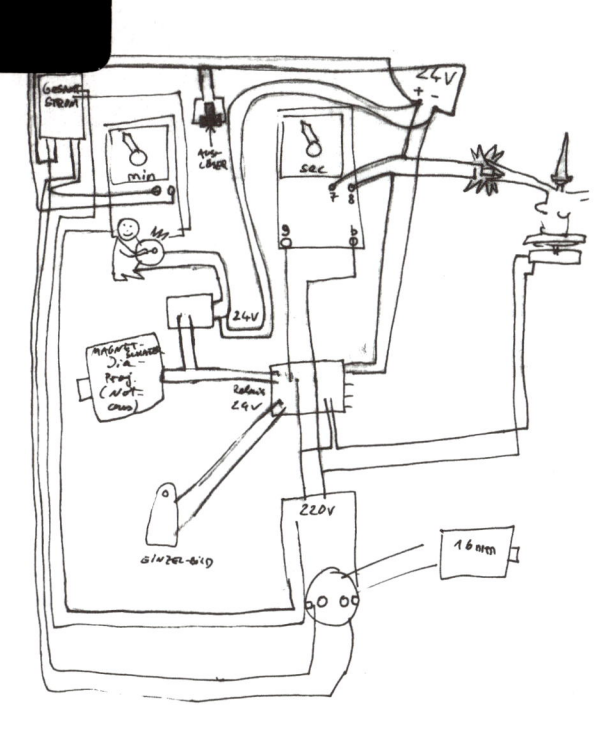

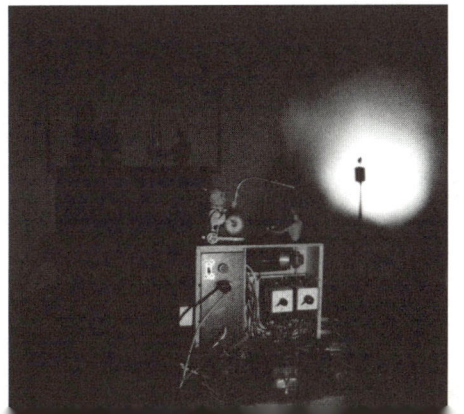

Helmut Staubach | **Frage nach der Universalität der Dinge**

Es gibt keine Designschule mehr ohne Ausbildung in Informationstechnologie. Und viele Designateliers holen sich die jungen Menschen, weil so Geld und Zeit für Weiterbildung gespart wird. Helmut Staubach, seit 1993 **Professor für Entwurf von Produktkomplexen an der Kunsthochschule Berlin Weißensee**, verfügt über die mittlerweile selten gewordene Gabe, den antrainierten Perfektionismus im Alltag infrage zu stellen, die kulturellen Defizite herauszufiltern und sie in studentische Aufgaben zu verwandeln. Dieser eher klassische Designansatz bringt ihm in seinen Projekten einen enormen Zulauf an Studenten. Niemand von denen sieht darin einen Widerspruch zu digitalen Technologien. Wir sprachen mit Helmut Staubach, um das Klischee vom Ende des klassischen Designs abzuräumen und wir baten Nils Krüger, der bei Staubach sein Diplom machte, seine Erfahrungen mit digitaler Technologie im Entwurfskontext darzustellen.

form + zweck > *Sie sind seit 1993 Professor für Produktdesign an der Kunsthochschule in Berlin. Sie betreuen sehr viele Studierende. Unter den betreuten Arbeiten sind auffällig viele, die sich mit Mängeln im Alltäglichen auseinandersetzen. Ich habe gelernt, daß dies keine veraltete Aufgabenstellung ist, und ich habe gelernt, wie wenig das für perfekt Angesehene funktioniert. Wie kommen derartige Themen zustande?*

Prof. Staubach < Das weiß ich nicht, das kann ich nicht nachvollziehen. Informationen aus den Medien verdichten sich manchmal zu einer Frage, einem Thema oder setzen ganz einfach Gedanken frei. Etwa vor einem Jahr gab es eine Meldung aus den USA über die Zahl der Menschen, die zu Hause arbeiten. Das hat mich interessiert. Gemeinsam mit den Studierenden stecke ich dann ein Thema ab, das heißt wir tragen Aspekte zusammen, die zum Umfeld einer solchen Information gehören – bevor wir überhaupt über gegenständliche Dimensionen nachdenken. Ein Beispiel: welche strukturellen Veränderungen in der Gesellschaft zieht die Verlagerung von Arbeitsplätzen in den Wohnbereich nach sich? Das kann, das wird gravierende Einschnitte haben. Es berührt die Rolle der Gewerkschaften ebenso wie Fragen der betrieblichen und sozialen Organisation, denn es geht hier um die Entflechtung von Technologie und Ort. Dieser Prozeß hat Einfluß auf die Eigentumsbeziehungen. Wer bezahlt zum Beispiel den Arbeitsplatz, wenn Teile des Betriebes in Privaträume verlagert werden? Und das wiederum hat Auswirkungen auf den Charakter der Produktion. Die Möbelindustrie vollzieht nach wie vor auf ihre Weise die klassische Trennung von Arbeit und Wohnen. Seit einigen Jahren diffundieren die Muster. Es stellt sich die Frage, wozu braucht man 27 Schreibtischvarianten? Ich glaube, es ist notwendig geworden, die Frage nach einer Universalität der Dinge zu stellen. Wenn ich ein Tuch über einen Arbeitstisch lege, wird daraus eine Tafel. Überlegungen in diese Richtung können nicht von einer Verbesserung singulärer Gegenstände ausgehen.

> *Wenn man nicht die Gegenstände analysieren soll, sondern die Gebrauchsprozesse, die mit ihnen stattfinden, dann ist mir der Begriff der Gebrauchsprozesse zu eng für das, was sie beschreiben.*

< Ein Projekt muß möglichst viele Facetten erfassen. Der Prozeß seiner Konkretisierung schließt verschiedene Phasen ein, für deren Abfolge es keine Regieanweisungen gibt oder die von einem gewünschten Resultat her bestimmt wird. Vielmehr nähern sich die Studierenden quasi von den »Rändern« ihrer Aufgabe, simulieren Situationen, spielen Funktionszusammenhänge durch, tragen Fakten zusammen. In diesem Vorgang des Entwerfens und Verwerfens, der ein gedanklicher und gestalterischer ist, kristallisieren sich Determinanten heraus, Eckdaten für die konkrete Entwurfsarbeit. Um bei unserem Beispiel zu bleiben: Was passiert, wenn Produzenten die Eigentümer von Arbeitsplätzen in Privaträumen werden? Oder: wie werden sich die Entwurfsbedingungen ändern, wenn Arbeitnehmer sowohl den Arbeitsraum als auch die Arbeitsmittel besitzen? Solche Überlegungen gehen weit über ästhetische Belange hinaus und sind mit herkömmlichen Entwurfsansätzen nicht zu bewältigen. Oder: Ich möchte die Wartesituation in einer U-Bahnstation verbessern. Wenn ich gegenstandsorientiert arbeite, werde ich vielleicht eine neue, bequemere Bank entwerfen, die besser ist als ihre Vorgängerin. Vielleicht werde ich auch über den Einsatz von Medien versuchen, das Warten kurzweiliger zu gestalten. Ist es aber nicht sinnvoller zu fragen, was eigentlich »Warten« heißt. Möglicherweise komme ich dann auf die Idee, schon am Eingang der Metro anzuzeigen, daß der Zug erst in zwanzig Minuten fährt. Fahrgäste könnten dann entscheiden, ob sie unten oder oben (wo es in der Regel mehr zu sehen gibt) warten wollen. Es wäre eine Art selbstbestimmtes Warten garantiert.

Ich denke, daß die Problematisierung von Aufgabenstellungen entscheidend ist. Sie führt zu anderen Resultaten als ein interdisziplinäres Arbeiten an Lösungen.

Entwerfen als Akt der Veränderung von Prozessen zu begreifen und nicht primär als Differenzierung von Gegenständen, so verstehe ich meine Arbeit mit den Studierenden.

> *Ist der Computer im Entwurfsprozeß der Studierenden mittlerweile ein Werkzeug wie jedes andere?*

< Wir sind nicht nur Produzenten von Gegenständen, sondern auch von Ideen. Ein Computer ist ein Medium mit geringem Aufwand, mit geringem Ressourceneinsatz. Bestimmte Abläufe und Prozesse kann ich am Computer einfach darstellen, überprüfen, dokumentieren. Dennoch ersetzt digitale Technik nicht die Auseinandersetzung mit dem Dreidimensionalen. Der Computer ist ein gutes Instrument, um zum Beispiel dynamische Abläufe und Detailvarianten zu simulieren. Für Studierende – und nicht nur für sie – kann er auch ein therapeutisches Instrument sein. Wer nach drei Jahren immer noch nicht zeichnen kann, hat am Computer vielleicht ein Erfolgserlebnis.

> *Ein trügerisches ...*

< Ich habe ein ambivalentes Verhältnis zum Umgang mit Computern während der Ausbildung, genauer gesagt zur technologischen Aufrüstung der Hochschulen. Sie verfügen augenblicklich über ein umfangreiches High-Tech-Equipment, das Absolventen in der Entwurfspraxis in absehbarer Zeit nicht mehr vorfinden. Sie eignen sich eine Technologie an, die sehr speziell, aufwendig und teuer ist, die aber im Alltag heute und auch in absehbarer Zukunft so nicht vorhanden ist. Dennoch können wir damit Ergebnisse produzieren, die mit traditionellen Verfahren nicht machbar wären. Ich versuche, die Studierenden auf Ebenen der Problemlösung zu lancieren, die sie von speziellen Apparaturen unabhängiger werden lassen. Der Computer ist für mich Dokumentationsmittel, in den seltensten Fällen Entwurfswerkzeug.

Ein anderer problematischer Zusammenhang ist die Verschaltung mit den Fertigungstechnologien. Früher verlief die Herstellung eines Stuhls etwa so: ich habe Skizzen gemacht, ein Arbeitsmodell gebaut oder bauen lassen, habe detaillierte Zeichnungen mit Maßangaben angefertigt und diese an den Techniker des Produzenten weitergereicht, der dann das Modell an die Produktionsbedingungen angepaßt und in der Regel verhunzt hat. Der Werkzeugbauer hat anschließend nochmals spezifische Änderungen vorgenommen, und zum Schluß ist ein Stuhl herausgekommen, der mit meinen ursprünglichen Vorstellungen nicht mehr übereinstimmte. Dann kamen die exakten, allseitskompatiblen Computer auf den Markt – wunderbar. Heute arbeiten wir mit den gleichen Programmen, die Entwicklungsabteilungen und Werkzeugbauer auch haben. Es ist ein abgestimmter Vorgang. Nur: nun laufen auch ungehindert Fehler durch, wo es früher immer komplette Kontrollen gab. Beim Computer ist alles »wahr«. Diese »Wahrheit« zieht sich durch bis zum fertigen Entwurf.

> *Nehmen die Designer den Konstrukteuren die Arbeit weg, ähnlich dem Prozeß im Grafikdesign, wo der Satz schon fast selbstverständlich zum Entwurf gehört?*

< Nein. Im Grafikdesign war das so. Es ist schade um die kulturelle Kompetenz, die damit verloren ging. Die Umsetzung von Gestaltungsergebnissen in unserem Bereich, bedingt durch die Vielfalt der Materialien und Produktionsverfahren, erfordert eine Kooperation mit den jeweiligen Spezialisten für Konstruktion und Entwicklung.

> *Für wie zukunftsfähig halten sie ein Designkonzept, das von der Echtzeitanalyse realer Gebrauchsprozesse seinen Anfang nimmt? Spielt für sie dabei der Begriff der Bedürfnisse eine Rolle, die durch Formen manipuliert, erneuert, diskreditiert werden können?*

< Ich glaube nicht, daß man über Formen die Welt verändern kann oder daß Design konfliktmildernde oder therapeutische Funktionen hat. Das heißt nicht, daß ich aufhöre, über soziale Probleme nachzudenken oder Position zu beziehen. Ich kann aber keinen unmittelbaren Zusammenhang zwischen dieser Frage und meinen gestalterischen Entscheidungen sehen. Der Begriff der Bedürfnisse zum Beispiel ist für mich nicht faßbar. Es gibt sehr verschiedene Arten der ästhetischen Welt-Aneignung, der eine will den Gartenzwerg, der andere den Michelangelo. Die Ursachen hierfür sind so vielfältig, die Interpretationsmöglichkeiten so offen, daß sie als Entwurfsgrundlage nicht taugen. Manipulation von Bedürfnissen ist keine Formfrage, eher eine Frage der Propagierung und damit auch von Macht.

Ich habe in den siebziger Jahren studiert, in einer Zeit, in der zum Beispiel die Warenästhetik von Haug einen sehr großen Einfluß auf unser gestalterisches Handeln hatte. Das führte dazu, daß Studenten sich dem Entwurf verweigert haben und oder in andere Tätigkeitsbereiche gegangen sind. Andere versuchten sich in der gestalterischen Auseinandersetzung mit sozialen Belangen.

Design für Behinderte, Design für die dritte Welt, Abfallverwertung, all diese Themen wurden in dieser Zeit entdeckt und schienen die Möglichkeit zu eröffnen, unabhängig von der Warenproduktion eine »saubere« Nische zu finden. Diese Haltung fand ich grauenhaft. Und wenn dies theoretisch legitimiert, wie zu Beispiel durch Papanek, zu Auffassungen führte, daß aus Cola-Dosen noch Radios für die dritte Welt zu machen seien, hielt ich das für eine Art Imperialismus, der kaum noch zu überbieten war.

> *Wie erkennt man in der Überflußgesellschaft den Mangel?*

< In erster Linie entwerfe ich für meinen Anspruch und auf der Grundlage meines Erkenntnisstandes. Ich kann nicht für sechs Millionen Leute entwerfen und ich verstehe mich nicht als Anwalt der vielen Entrechteten.

> *Würden sie Dinge entwerfen, die Arbeit erhalten? In Frontstellung zur Automation?*

< Ich würde sicherlich Dinge entwerfen, die Arbeit stützen, aber nicht um einer bloßen Arbeitserhaltung willen, sondern wenn ich den Abbau kultureller Substanz damit verhindern könnte.

> *Haben sie eine Beziehung zum Internet?*

< Ich habe. Aber ich habe mir mehr versprochen in Bezug auf Recherche. Das hat bisher nichts gebracht. Wenn ich dreihundert Verweise zu einem Thema vorgesetzt bekomme und zweihundertundneunzig davon unbrauchbar sind, gebe ich auf. Da muß es andere Kriterien geben, die meiner Kompetenz entsprechen.

Nils Krüger | Entwerfen mit oder am Computer?

Der vorliegende Text beschreibt eine Entwurfsarbeit mit dem (nicht am!) Computer, eine persönliche Erfahrung. Der Entwurf eines Operationssaales für die Neurochirurgie war eine Diplomarbeit 1996 an der Kunsthochschule Berlin-Weissensee im Fachgebiet Produktdesign.

Ausgangspunkt für das Projekt war eine in Deutschland durchgeführte Studie über einen Operationssaal der Zukunft. Diese Studie diente als Anregung für die vorliegende Arbeit, im Verlauf entwickelte sich aber ein eigenständiges Projekt.

Der gezeigte Operationstisch wurde für mikrochirurgische Eingriffe am gesamten Körper, besonders für Anwendungen im neurochirurgischen Bereich gestaltet. Von Seiten der Medizin bestand der Wunsch, ein operationsbegleitendes bildgebendes Verfahren einzuführen. Aufgrund der geringeren Belastung für Patienten und Anwender und der besseren Bilddaten schien die Magnetresonanztomographie (MRT) am geeignetsten. Das Verfahren verlangt allerdings, daß im Operationsbereich keine magnetisierbaren Metalle vorhanden sind.

Der beschriebene Operationstisch ist Bestandteil einer Gesamtkonzeption.

Erfahrungen mit dem Computer

Nähert man sich einem noch unbekannten Thema, ist grundlegend der Aufbau der Pages im Internet beziehungsweise der Suchprogramme in Bibliotheken geeignet. Die Effektivität der Recherche ist in erster Linie durch die Sinnfälligkeit der Vernetzung und der Suchbegriffe, aber auch durch die Geschwindigkeit des Zugriffs, Wechselns und Suchens bestimmt. Letztendlich entscheidend sind aber die Inhalte und Leistungen, die hinter den Stichwörtern stehen. Hier liegen die neuen Informationssysteme (noch?) weit hinter dem gewachsenen Bestand der Buchwelt zurück.

Der Entwurf

Um sich einem komplexen Themenbereich zu nähern, bedarf es der Recherchen und der Auseinandersetzung mit Sachverhalten. Die Annäherung an das Arbeitsthema erfolgte durch Gespräche mit Ärzten, durch Teilnahme an Operationen und durch Information über bestehende und neue Operationstechniken. Städtische Bibliotheken und Fachbibliotheken verfügten über ein recht umfassendes Repertoire. Die Suche nach Material in den Netzwerken der neuen Medien blieb meist erfolglos.

»Ihre Inhalte wirken so klein, gemessen am Genius ihrer Technologie ...« (John Updike auf der Frankfurter Buchmesse 1995)

Zu Anfang bleibt die Idee.

Die erste Darstellung muß natürlich nicht am Computer erzeugt werden. Eine Freihand-Skizze der Idee ist schneller gemacht als man den Computer auch nur einschalten kann. Der Computer zwingt sofort zu Entscheidungen. Eine Linie ist so lang oder so lang. Und das gilt dann für alle Ansichten. Bei Handskizzen sind die Größenverhältnisse meist in allen Darstellungen verschieden; zumindest bei mir meist geschönt. Der Griff zum Computer ist die erste Festlegung, vergleichbar einer maßstäblichen Skizze oder technischen Zeichnung auf Papier. Die schnelle Handskizze fördert ein Feedback zwischen Sehen und Zeichnen, welches mir beim Entwerfen sehr wichtig ist. Beim Handzeichnen sind Änderungen kein Problem, sie sind Bestandteil des Prozesses. Die Änderung von computergenerierten Objekten und Zeichnungen ist aber nur bedingt einfach (dazu später mehr).

Die Faszination einer Homepage aus Helsinki oder Montreal (wird mit der Zeit zur Gewohnheit) täuscht schnell über den eher lapidaren Inhalt hinweg. Das Netz ist wohl geeignet zu erfahren, wer sich mit verwandten Themen beschäftigt und wie sie zu erreichen sind. Allerdings ist die Auswahl sehr zufällig und lückenhaft, und die Pages sind oft nicht aktuell.

Schon der Stichwortkatalog einer Bibliothek (in Form einer Kartei oder computergestützt) und das darauffolgende Studium der Bibliographien verschaffte mir einen Überblick über Standardwerke des jeweiligen Themenbereiches. Ein Vormittag genügte, um eine handvoll (aussagekräftiger) Bücher zur Verfügung zu haben. Die gleiche Zeit im Internet brachte zwei Seiten populärwissenschaftlichen Text mit mangelnden Abbildungen (ohne Versprechen auf mehr) und eine e-mail-Adresse.

Irgendwann ließ sich ein grundlegendes Problem mit Rahmenbedingungen und Wünschen formulieren. Die erste Idee war daher eine Struktur: Um einen Menschen in die gewünschten Operationsstellungen zu bringen, sind zwei unterschiedlich krümmbare Oberflächen, die man zueinander positionieren kann, ausreichend. Sie könnten den Körper besser als bisher aufnehmen, da sie seiner Form eher folgen als bestehende, vielgliedrige Modelle. Diese beiden Flächen sollten nichtmetallisch (MRT) und fernsteuerbar (Stand der Technik) sein.

Der erste Schritt am Computer war die Darstellung der Strukturidee, zwei unterschiedlich krümmbare Flächen zueinander in Lage zu bringen.

Eine technische Lösung für den Aufbau der Strukturelemente und formal-ästhetische Kriterien waren zu diesem Zeitpunkt noch völlig ungeklärt.

Diese Ergebnisse dienten hauptsächlich als Kommunikationsgrundlage. Die ersten Entscheidungen wurden dokumentiert. Der Zwang zur Strenge hatte aus privaten Skizzen allgemeiner verständliche Ansichten hervorgebracht.

Ich habe festgestellt, daß ein Computer-Ausdruck eher akzeptiert wird als eine Handskizze – wie ein technischer Plan scheinbar wahrer ist als eine Skizze.

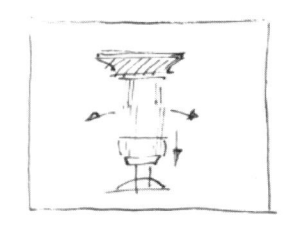

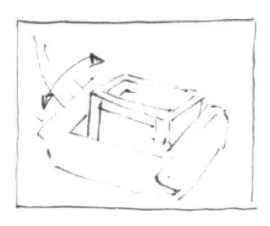

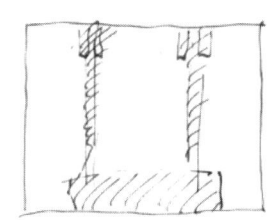

Skizzen

Die Abbildungen des Computers auf dem Bildschirm, als Ausdruck oder Belichtung sind technisch perfekt. Sie stellen sich deshalb in jedem Bearbeitungsstadium als endgültig dar. Die Anforderungen an das Urteils- und Selektionsvermögen des Betrachters sind daher anders als bisher.

Die qualitativen Unterschiede einer Computerdarstellung liegen in ihrer Gestaltung. Das Erkennen von Mängeln in den perfekten Darstellungen des Computers muß genauso erlernt und erfahren werden wie gestalterische Grundlagen in anderen Darstellungsformen. Neben dem Erlernen der Softwarenutzung scheint mir deshalb die Schulung der Bildbeurteilung am Computer sehr wichtig. Beides ist Voraussetzung für anspruchsvolle Darstellungen.

Erschwert wird der kritische Umgang mit den neuen Medien durch den herrschenden Technikglauben. Maschinell erzeugte Bilder und Texte werden leider viel zu selten in Frage gestellt.

Es wurde konkreter. Fast keine Skizzen, keine Arbeit am Computer, nur Kopfarbeit. Eine Idee für eine geeignete stufenlose Verstellung des OP-Tisches entstand: eine Kunststoffschale (vergleichbar dem Aufbau eines Bootsrumpfes) mit einer elastischen Haut, einer Membran überzogen. Füllt man diesen Raum, so kann die Form der Membran durch den Innendruck gesteuert werden.

Wasser schien als Füllmedium geeignet. Es ist nicht komprimierbar, als Stoff unbedenklich und verfügt über eine gute Wärmeleitfähigkeit. Eine Temperaturregelung des Wassers kann so den Patienten wärmen oder abkühlen (Kühlung und Erwärmung wird momentan noch von zwei verschiedenen Aggregaten realisiert).

Das Prinzip der Membran wurde wieder dargestellt.

Die Membran kann nach innen oder außen gewölbt werden.

Der Knoten

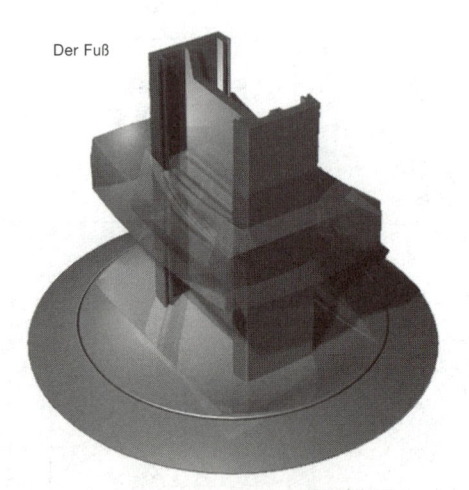

Der Fuß

Die Positionierung der Schalen erfolgt mit kreissegmentförmigen »Gleitern«. Sie bewegen sich durch einen Knoten, drehen dabei die Schalen einzeln um einen imaginären Drehpunkt. Ein Schwenken des gesamten Tisches um diesen Drehpunkt kann so erfolgen. Ein Teil der Höhenverstellung kann durch das gegenläufige Bewegen der Schalen auf der Kreisbahn realisiert werden. Die Schalen selbst sind gelenkig gelagert. Die Überschneidung dieser Bewegungen erreicht alle erforderlichen Positionierungen stufenlos.

Es gibt einen Fuß, der die beiden anderen Drehungen (Rotation um die Vertikale und um die Längsachse) sowie eine zweite Höhenverstellung ausführt. Der Fuß nimmt den oberen Teil des Tisches auf. Dieser ist transportabel, im Vorbereitungsraum sowie im Aufwachzimmer verfügbar (der Patient wird in narkotisiertem Zustand nicht umgebettet).

Als Mittel zur gestalterischen Kontrolle liegt die vorwiegend zweidimensionale Darstellung des Computers zwischen einer technischen Zeichnung beziehungsweise Perspektive und einem Modell. Räumliche Bezüge lassen sich recht gut überprüfen. Die Möglichkeit des Drehens der Objekte im Computer simuliert das 3-D-Sehen (Bewegung des Kopfes). Proportionen, Farben und Materialien in ihrer dreidimensionalen Wirkung sind aus meiner Sicht am Computer nur begrenzt zu beurteilen. Vergleichbar der Modellfotografie sind die neuen Medien wohl geeignet, Materialitäten und Werte durch entsprechende Inszenierung zu vermitteln. Allerdings liegen diese in der Form der Darstellung und nicht im Objekt selbst, daß heißt eine Abbildung ist nie neutral und deshalb nur begrenzt zur Einschätzung von Gestaltwerten geeignet. Mit dem Werkzeug Computer lassen sich schnell Proportions-, Farb- und Materialvarianten erstellen. Da beliebig viele Varianten zu Beliebigkeit führen, sollten nur wirklich unterschiedliche Variantenideen dargestellt werden.

Ein neuer Abschnitt der Darstellung folgte. Waren bisher nur Strukturen dargestellt worden, begann jetzt die bewußtere Gestaltungsarbeit. Die erforderlichen Größenverhältnisse, ihre Relationen bei allen Bewegungen wurden berücksichtigt. Gestaltvorstellungen, die langsam gewachsen waren und teilweise skizziert wurden umgesetzt.

Die ersten Abläufe konnten in Standbildern kontrolliert und dargestellt werden. Mit diesem Stand konnte die Arbeit wieder präsentiert und diskutiert werden. Die dargestellten Werte wurden maßstäblich ausgedruckt und als Vorlage für den Bau von Proportionsmodellen genutzt. Die gestalterische Kontrolle und Modifikation im Raum erfolgte an den Modellen.

Aus der Auseinandersetzung mit dem dargestellten Zustand des OP-Tisches folgten eine Reihe von Veränderungen.

Die Kante der Schalen wurde an der Innenseite aufgelöst und durch eine gepolsterte Traverse unterstützt. Die Membran spannt sich somit bis auf die Unterseiten der Schalen. Alle Bereiche, welche mit dem Patienten in Berührung kommen können, sind aus einem Material.

Die Schalen verjüngen sich zu den Außenkanten. Dadurch steigt (oder sinkt) die Membran einer Schale erst stark, läuft an den Enden länger aus. Diese Form der Krümmung kommt den Erfordernissen näher.

Für wichtige technische Teile wie den Knoten oder den Fuß entstehen prinzipielle Aufbauvarianten. Ihre Form wird modifiziert. Die Gleiter werden leichter.

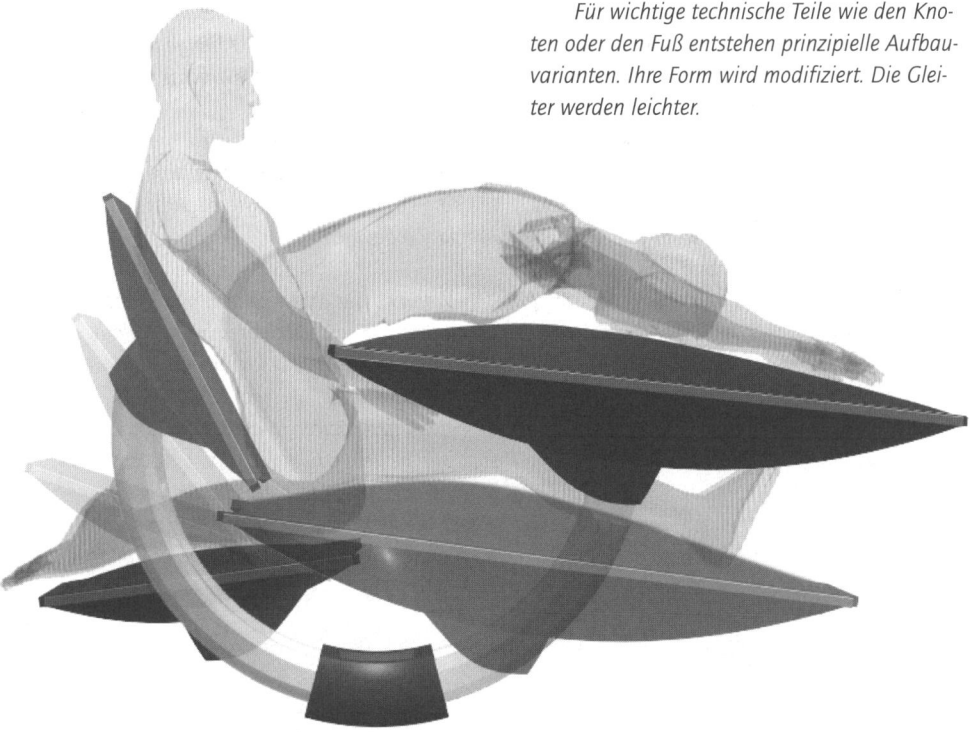

Zwei Möglichkeiten der Lagerung des Patienten.

Oft ist es einfacher, Objekte neu im Rechner zu erstellen als bestehende zu modifizieren. Bestimmte Veränderungen (Skalierung, Lage, Drehung) sind einfach in 3-D-Applikationen durchzuführen. Schwerer ist es, Teilbereiche zu verändern, Freiformflächen zu konkretisieren etc. Es ist wichtig, auch die »unbequemen« Änderungen durchzuführen. Die Arbeit am Computer soll dem Willen der Gestaltung und nicht den Schwächen der Software folgen.

Nun folgte die »dritte Generation« der Darstellungen. Die Änderungen wurden am Computer eingearbeitet beziehungsweise Bereiche neu modelliert. Dieses Computermodell sollte später für eine Animation verwendet werden. Farbproben wurden an diesem Modell vorgenommen, die endgültige Farbgebung aber am gebauten Modell entschieden.

Mein Ziel war es, eine das Projekt dokumentierende Animation zu schaffen. Andererseits sollte das Ergebnis über eine rein technisch funktionale Beschreibung hinausgehen, als eigenständiges Medium auch Interesse wecken, informieren, unterhalten und vielleicht sogar ein wenig poetisch sein.

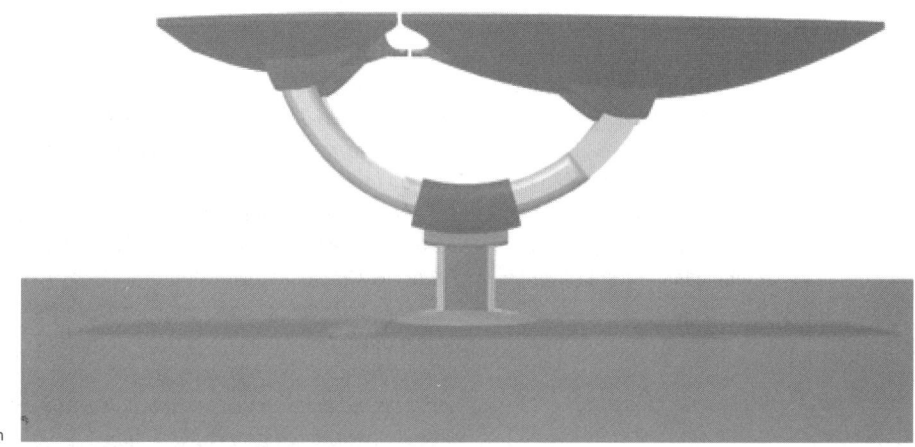

Der Tisch

Spätestens bei einer Animation werden die Grenzen des Industriedesigns überschritten. Die Beschreibung eines Gegenstandes, seine Dokumentation mit bewegten Bildern nutzt filmische Mittel (Videoclip). Es gibt eine Handlung. Man muß sich fragen: Was muß oder soll der Betrachter vor einem bestimmten Ereignis wissen, wann wird er überrascht, in welcher Reihenfolge treten die Akteure (Komponenten) auf und wodurch werden sie charakterisiert (Dramaturgie, Regie). Ohne ein vorheriges Script gelingt kein geschlossener Ablauf einer Animation, wird die Handlung beliebig.

Zu Beginn der Arbeit an der Animation existierte ein gezeichneter Film. Er beinhaltete Szenerien, Beleuchtungsideen, Kamerafahrten und Bewegungsabläufe. Die Abfolge der Szenen, Vorstellungen von Geschwindigkeit, Vertonung existierten.

Die Festlegungen der meisten Parameter für die einzelnen Elemente (Gegenstände, Lichter, Kameras ...) beschleunigte die Arbeit an der Animation deutlich.

Während der Arbeit können alle Elemente als Drahtgitterdarstellungen in ihrem Ablauf in Echtzeit angeschaut und somit kontrolliert werden. Licht, Schatten, Materialien überprüft man an einzeln gerenderten Bildern. Das Zusammenspiel von beidem erfolgt im Kopf. Entdeckte Mängel oder neue Ideen entstanden bei der Arbeit. Sie ließen sich dramaturgisch meist einfach einfügen, ohne die Gesamtstruktur ändern zu müssen.

Das Modell

Das Problem der Änderung wächst mit dem Fortschreiten der Arbeit. Bestimmte Mängel einer Animation zum Beispiel bemerkt man erst beim Montieren. Veränderungen sind dann meist nur durch das erneute Durchlaufen des gesamten Prozesses für einzelne Teilstücke möglich. Das ist sehr zeitaufwendig. Ein gutes Vorstellungsvermögen, die Beherrschung der Software und die Bereitschaft, Bestehendes zu kippen und Zeit in kritische Kontrolle und Veränderung zu investieren, sind die Voraussetzung für ein den Möglichkeiten des Mediums entsprechendes Ergebnis.

Angestrebtes Ausgabemedium war ein vertontes Video. Die Gruppe der Einzelbilder der Animation wurden wie digitale »Filmschnipsel« behandelt, in einem Videoschnittprogramm montiert, überblendet und vertont. Erst bei der Montage wurde das Ergebnis als Ganzes sichtbar.

Viele Einstellungen und Szenen sind vorangegangenen Vorstellungen recht nahe, andere wurden während der Arbeit modifiziert oder entwickelten sich erst

Die entstandenen Bilder und räumlichen Daten können leider nur begrenzt zur technischen Detaillierung des Entwurfs oder zur Erstellung produktionstechnisch verwertbarer Datensätze verwendet werden.

Die Prämissen für die Animation lagen auf möglichst geringen Rechenzeiten für die unzähligen Bilder. Die Modelle waren deshalb relativ grob modelliert. Entgegengesetzt sind die Anforderungen für eine technische Umsetzung. Eigenständige Datensätze müßten parallel entwickelt worden sein oder noch entstehen.

Es ist daher wichtig, die möglichen Schnittstellen, Umsetzungen und Verwendungen zu kennen und sich von Beginn an entschieden zu haben.

105

Das Modell

Ann Grove White | **Jenseits des Buches?**

Annie White lehrt Grafik-
design in Cardiff und beschäftigt sich mit der Materialität
von Typographie.

»Das Buch ist tot!« so der immer wieder zu hörende Ausruf derer, die überschwenglich die neuen Technologien preisen, die sich zweifellos in vielerlei Bereichen unseres heutigen Lebens bemerkbar machen. Aber was bedeutet denn dieses Schlagwort wirklich? Welche Vorstellungen manifestieren sich in ihm? Was verstehen wir, genau genommen, überhaupt unter einem Buch? Gewiß ist es zunächst einmal ein aus Wörtern und Vorstellungen hergestellter Text; aber es ist auch ein Gegenstand, ein Ding, das wir anfassen, mit dem wir physisch und emotional umgehen.

Über das Buch als Gegenstand ist vor allem diskutiert worden in Bezug auf limitierte Ausgaben von Künstlerbüchern. Diese Bücher werden gleichermaßen als Text und als Gegenstand betrachtet, Inhalt und Form gehen eine besondere Beziehung miteinander ein, die davon abhängt, was der Künstler vorstellen und mitteilen möchte. Wie hingegen wird das massenhaft reproduzierte Buch zu einem Gegenstand, der ein ganzes Bündel sehr spezieller und höchst persönlicher Bedeutungen für ein Individuum annehmen kann? Das ist bisher wenig untersucht worden. Auseinandergesetzt hat man sich vor allem mit dem Buch als Hülle des Autorentextes und mit dem Einfluß der Herstellungstechnologien auf die Form des Buches in seiner heutigen Gestalt.

Ich untersuche im folgenden, ohne zu einem Abschluß kommen zu wollen, Phänomene im Umfeld des Buches. Mich interessiert das Buch als Objekt – als etwas, das gebraucht und in belebten Räumen aufbewahrt wird, in unseren Wohnungen. Damit ist nicht unbedingt eine Abwertung der CD-ROM oder der Möglichkeiten elektronischer Publikationen beabsichtigt. Vielmehr soll geprüft und näher betrachtet werden, welche besonderen Aspekte des Buches die Herausgeber und Designer von CD-ROM-Software berücksichtigen müßten, wenn sie die Effektivität ihrer Programme und Technologien einschätzen wollen.

Diese Diskussion hat zu neueren theoretischen und historischen Forschungen über Konsumtion, Rezeption und Design geführt. Hier geht es weniger darum, wie der Gegenstand entworfen, produziert, vermarktet und vertrieben wurde, sondern eher um die Bedeutung oder den Zeichencharakter, den verschiedene Gegenstände vor allem innerhalb des Wohnbereiches für die Menschen annehmen, die Bücher besitzen. Viele neuere ethnographische Untersuchungen haben gezeigt, auf welche Weise Objekte zu Trägern von Bedeutungen werden können, die über die Vorstellung von Funktion oder Geschmack hinausreichen und unabhängig davon sind: als Chiffren einer bestimmten Persönlichkeit, als Erinnerung an wichtige Momente in der Lebensgeschichte eines Individuums, als idealer Ausdruck seines Selbstbildes und seiner Identität. Das Buch als Objekt ist nicht unempfänglich für diesen Konsolidierungsprozeß der Identität, und er dürfte in der Tat ein wichtiger Aspekt sein, den die Hersteller von Multimedia-Produkten im Auge behalten sollten. Bis zu welchem Grade ist es überhaupt möglich, Multimediaprodukte zu personalisieren?

Der Einfluß der Technologie auf das Buch hat sich in vielen Bereichen des Designs und der neuen technologischen Industrie verstärkt. 1992 schrieb zum Beispiel Malcolm Garrett, ein führender britischer Grafik-Designer der Gegenwart, für die Zeitschrift GRAPHICS REVIEW einen Artikel mit dem Titel *Das Buch ist tot*. Darin kommt er zu dem Schluß, die Designer sollten die von den Multimedia erschlossenen Möglichkeiten zur Kenntnis nehmen und so *dem Fortbestehen einer zunehmend überholten Form der Speicherung und des Abrufens von Daten* den Kampf ansagen. Vor der Entwicklung die Augen zu verschließen, ist seiner Meinung nach *gleichbedeutend mit typographischer Ketzerei*. Nach der Behauptung, Bücher erreichten kein großes Publikum, seien kostspielig und ihr Inhalt *mühsam zu erschließen*, kommt er zu dem automatischen Schluß, die Publikation mittels elektronischer Medien liege *unleugbar in der Logik der Sache*.

Malcolm Garrett ist nicht der Einzige, der den Tod des Buches, wie wir es kennen, prophezeit hat: als ein Gegenstand mit Wörtern und Bildern, auf Papier gedruckt, gefaltet, geleimt, zwischen zwei Deckel eingebunden, in Regale gestellt oder auf dem Fußboden gestapelt. Es ist richtig, daß die Welt der Druckerzeugnisse im Wandel begriffen ist, daß sie versucht, die Möglichkeiten auszuschöpfen und sich der ›interaktiven‹ Herausforderung des Zusammenwirkens von Bild, Text und Klang auf CD-ROMs zu stellen.

Dennoch ist man unwillkürlich betroffen über die Art, wie diese neuen Multimedia-Technologien von ihren Vertretern idealisiert werden, so als würden sich diese technologischen Veränderungen autonom, irgendwo ›außerhalb‹ der Gesellschaft vollziehen und auf ihrem Marsch ins neue Jahrtausend und zu einer neuen Art von Gesellschaft nicht aufzuhalten sein.

Solche Anschauungen könnten etwa als *technologischer Determinismus* bezeichnet werden. Zahlreiche Kritiker dieser Einstellung haben darauf hingewiesen, daß in Wirklichkeit die Gesellschaftsform, in der wir leben, eine nicht geringe Rolle bei der Entscheidung darüber spielt, wie diese Technologien angewandt werden – das heißt, wie seine Produzenten und Konsumenten über solche Entwicklungen denken und fühlen, was sie ihnen ökonomisch, sozial und kulturell bieten, wie auch, was sie nicht zu geben oder zu ersetzen in der Lage sind. Verhält man sich bestimmten Technologien gegenüber zurückhaltend oder gar ablehnend aus vielleicht ziemlich ungewöhnlichen Gründen? Außerdem können neue technologische Entwicklungen in unterschiedlichen Situationen sehr unterschiedliche Auswirkungen haben, die nur zu verstehen sind, wenn man die innere Dynamik einer bestimmten Gesellschaft untersucht. Zum Beispiel ist viel geschrieben worden über die Geschlechterspezifik bestimmter Technologien, die – je nach den ökonomischen, sozialen und kulturellen Gegebenheiten in einer Gesellschaft – von Frauen oder von Männern gekauft, genutzt und / oder kontrolliert werden.

Auf einem anderen Feld der Auseinandersetzung hat man enthusiastisch den Tod des Autors begrüßt, da wir immer mehr in einer postmodernen Welt leben, in der das Lesen ein aktiver Prozeß sei, bei dem die Intentionen des Autors und von ihm gemeinte Bedeutungsinhalte in sich nicht konstant blieben. Viele Untersuchungen in kulturwissenschaftlichen Studien beschäftigen sich damit, vor allem mit den Produkten der Massenmedien, mit Fernsehen und Film. Was das Buch betrifft, wird Interaktivität verstanden als eine Art Aufbrechen des linearen Charakters des Leseprozesses, das den Leser zu aktiverer Auswahl und Beteiligung befähigt. Hier kann der Leser zum Autor werden. Der Multimedia-Markt und seine Befürworter, auch viele Designer dagegen liefern die Illusion, der Nutzer könne Entscheidungen treffen, er könne bestimmen, wie die Erzählung sich entwickelt und so weiter. Praktisch wird dem Leser eine Auswahl vorgegebener Optionen angeboten, die innerhalb einer fixierten Anordnung von Ergebnissen funktionieren. Die Wirklichkeit besteht jedoch nicht aus einer Masse von unbegrenzten Möglichkeiten.

Die meisten dieser CD-ROMs beschränken sich hauptsächlich auf nonfiktionale oder referierende Vorlagen: Wörterbücher, Enzyklopädien und so weiter. Romane lassen sich weniger leicht adaptieren im Sinne der bestmöglichen Nutzung technischer Möglichkeiten. Tony Feldman als neuer Technologie-Berater meint: *Ein Schlüssel dazu wären neue Wege, um Interaktivität, Information und Unterhaltung in einer alle drei Elemente kombinierenden Form darzubieten. Das würde denselben Spannungseffekt hervorrufen wie in der Vergangenheit der Verlauf des Erzählflusses, in dem nicht nur der Geist, sondern auch das Herz der Menschen davon gefesselt wurde. Ein Buch tut dies, und solange die Multimedia diese Qualität nicht haben, glaube ich nicht, daß sie einen so breiten Raum auf dem heimischen Markt einnehmen können wie der Film, das Fernsehen und die Buchindustrie dies vermochten.«*

Eine Diskussion über Konzepte des Narrativen würde den Rahmen dieses Artikels sprengen, doch es ist klar, daß das Buch (oder eine Zeitschrift) für Menschen etwas sehr Vertrautes ist. Sie fassen sie an, nehmen sie in die Hand, blättern sie durch, führen sie bei sich, interagieren in einer Weise mit ihnen, die jenseits des bloß ›Geistigen‹ ist. Bis zu einem gewissen Grade wird diese Vertraulichkeit des Umgangs von Software-Programmierern wahrgenommen. Das Buch, ein Gegenstand mit Einband und Seiten, bleibt ein aussagekräftiges Bild oder Zeichen für Verfügbarkeit. (Man stelle sich vor, wie es mit der Verfügbarkeit elektronischer Bücher bei einem einfachen Stromausfall aussähe.) Viele Software-Designer benutzen das Bild eines Buches oder einer Zeitschrift bereits als Äquivalent für die Titelseite des elektronischen Buches. (Auch wenn ich mein MacWrite-Programm aufrufe, erscheint auf dem Bildschirm eine altmodische Schreibfeder.) Vielleicht hat der amerikanische Designer Stephen Doyle solche assoziativen Bedeutungen im Sinn, wenn im Baseline-Magazine (Nr. 15) von ihm zitiert wird, daß ... *die Programmdesigner etwas Kaltes, Eisiges nehmen und es zu erwärmen suchen, indem sie den vertrauten Bezug auf das gedruckte Buch benutzen.*

Welche anderen Bedeutungen kann das Buch als Objekt für uns außerdem noch haben? Bücher sind Gegenstände, die wir überall hin mitnehmen können. Sie sind in hohem Maße transportabel, so daß sie unter allerlei unterschiedlichen Umständen und an den verschiedensten Orten gelesen werden und uns auch, bildlich gesprochen, auf unserer Lebensreise begleiten können.

Betrachten wir einmal die Transportierbarkeit des Buches und seine Anpassungsfähigkeit in unterschiedlichen Situationen. Im Zeitalter der handschriftlichen Kultur war das Lesen eine mehr oder weniger gemeinschaftliche Tätigkeit: ein Leser las eine Menge laut vor. Handschriften zirkulierten nicht. Sie wurden in besonders fixierten Situationen vorgelesen, die oft religiösen Charakter trugen. Mit der Entwicklung der Drucktechnik wurden dann im 15. und 16. Jahrhundert kleinere und weniger kostbare Bücher produziert als die in der Handschriftenzeit geschaffenen. In seinem Buch *Orality and Literacy* stellt Professor Walter Ong fest, daß die Ausbreitung des Druckereiwesens ein wesentlicher Faktor bei der Entwicklung eines Gefühls für die persönliche Privatsphäre war, welche der modernen Gesellschaft ihr Gepräge gibt. Kleinere und leichter zu tragende Bücher schufen die psychologische Voraussetzung für das Alleinlesen in einer ruhigen Umgebung, und schließlich auch für vollkommen stilles Lesen. George Steiner verstieg sich (1967) zu der Ansicht, Lesen erfordere eine Wohnung, die genügend Raum für individuelle Absonderung und Stille biete. Aber gelesen wird heutzutage überall, in der Wohnung und auch draußen, im Bett, auf der Toilette, im Wohnzimmer, am Schreibtisch, im Autobus. Es hängt von solchen Variablen ab wie dem Zweck unseres Lesens, der gesellschaftlichen Akzeptanz des Lesestoffes, der verfügbaren Zeit, den Vorstellungen von Behaglichkeit und Entspannung oder auch von gesellschaftlichen Konventionen und der Konzentration. Viele arbeitende Menschen lesen am meisten in öffentlichen Verkehrsmitteln, wenn sie zur Arbeit oder nach Hause fahren, *denn das ist doch die einzige Zeit, die einem bleibt.* Andere, zum Beispiel arbeitende Mütter, lesen zu ihrem

Vergnügen im Bett, *denn dort habe ich meinen Platz und meine Zeit*. Diese Aspekte werden ergänzt von vielen Befragten, die aussagten, das Ablesen eines umfangreichen Textes vom Bildschirm sei unbequem, belastend, mühsam und langweilig.

Bis zu welchem Grade ist die Multimedia-Industrie imstande gewesen, sich auf die Lesegewohnheiten der Menschen einzustellen? Andrew Dewney und Frank Lloyd stellen in ihrem Artikel in *The Photographic Image in Digital Culture* zusammenfassend fest, daß die Industrie bisher auf drei konkret bestimmbare Hauptlokalitäten ihr Augenmerk gerichtet hat, für die hardware und software zu entwickeln sei. Diese Lokalbestimmungen sind das Ergebnis der bestehenden Organisation der multinationalen Elektronikhersteller und werden als couchware, deskware und streetware bezeichnet. Diesen Multimedia-Produkten fehlt jedoch im Gegensatz zum Buch oder zur Zeitschrift die von diesen unterschiedlichen Lokalisierungen unabhängige Flexibilität und Transportierbarkeit. Deskware zum Beispiel basiert auf CD-ROMs für Forschung und Bildung. Damit wird faktisch davon ausgegangen, daß Aktivitäten zum Wissenserwerb niemals anderswo, etwa auf dem Fußboden vorm Kamin, stattfinden.

Zeitschriften sind wahrscheinlich unser am besten mitzuführender und flexibelster Lesestoff. Format und Anordnung des Materials lassen unterschiedliche Lesestrategien zu, und wir können sie mitnehmen, wohin wir wollen. Es hat viel Begeisterung über CD-ROM-Magazine gegeben, aber auch dies scheint wieder zu ignorieren, wie und wo Menschen zu Hause und anderswo gern Magazine lesen: in der Badewanne, im Zug, sogar im Gehen auf der Straße. Darüberhinaus möchten viele Leute gern die Möglichkeit haben, Magazine zu sammeln und sich dann für sie interessante Artikel auszuschneiden. Ein Student sagte mir: *Ich verbringe gern mal den Abend mit dem Durchlesen und Ausschneiden von Artikeln, die ich mir aufheben möchte. Ich nehme sie gern in die Hand und sortiere und ordne sie. Mir scheint, ich bekomme dadurch ein vertrauteres Verhältnis zu dem, was ich habe*. Bei Büchern suchen sich die Menschen Teile aus, die für sie von Belang sind und sie besonders interessieren. Mit Büchern als Objekten zu interagieren ist höchst unkompliziert. Einer der Befragten berichtete: *Wenn ich bei einer Seite auf eine Beschreibung stoße, die mir auffällt oder mich beeindruckt, schlage ich eine Ecke ein, um sie mir zu merken, dann kann ich immer zu ihr zurückblättern*. Gibt es gleichwertige Formen der Interaktion mit einer CD–ROM? Die Frage der sinnlich-materiellen Gestalt des Buches ist für viele Menschen von Bedeutung, nicht zuletzt deshalb, weil die Tätigkeit des Lesens einen Prozeß einschließt, bei dem das Individuum wirklich *das Buch gern in der Hand hält. Ich fühle gern seinen festen Einband, ich schließe es wie eine Schachtel und habe das Gefühl, daß da all diese Buchstaben drin sind ... es ist eine fabelhafte Sache, wohingegen ja eine CD-ROM ... nur ein Stückchen Metall ist*. Hier wird das Buch zu einer visuellen Metapher für seinen Inhalt, das Erzählte, das Erfundene oder was auch immer. Und was wichtig ist: man kann es bei sich haben. Obwohl es ein massenhaft reproduzierter Gegenstand ist, kann das Buch auch weiterhin eine einmalige Relevanz für einen Leser haben, der in der Mehrzahl der Fälle auch sein Besitzer ist. Ein Buch zu kaufen und zu besitzen scheint ein wichtiger Schritt bei der Herausbildung anderer Bedeutungen im Umfeld des Buches zu sein als nur der Wunsch zu lesen. *Man besitzt es. Es gehört einem. – Ich mag es, Bücher zu besitzen ... – Ich trauere wirklich um Bücher, die ich jemandem geliehen und nicht zurückbekommen habe. – Ich besitze sie gern, denn sie sind etwas Persönliches*. Die Befragten stimmten darin überein, daß Bücher zu Symbolen für bestimmte Stationen ihres Lebens wurden. *Es stört mich gar nicht, wenn es abgestoßen und fleckig ist. Ich kann diesen Riß ansehen und sagen, ›ach ja, ich kann mich erinnern, wann das passiert ist!‹* oder noch prägnanter: *Mir ist, als sei das Bücherbord meine eigene Geschichte; all das, was ich über die Jahre hin gelesen habe, Gutes, Schlechtes oder Gleichgültiges*. Bücher können Erinnerungen wecken, Gefühle der Bestätigung und des Einsseins mit sich selbst. Sie können auch auf unerwartete Weise Trost spenden: *Jetzt, wo meine Tochter Elisabeth Sorgen mit ihren Prüfungen hat, fand ich sie einmal schlafend in ihrem Bett und mit einem Buch aus ihrer Kinderzeit in der Hand. Sicher war ihr alles daran so vertraut: die Geschichte, die geknickten Ecken und ihre Kritzeleien, die sie vor einigen Jahren darin hinterlassen hatte ... vielleicht sogar der Geruch?*

Die Art und Weise, wie Bücher in der heimischen Sphäre sich dem Auge präsentieren, läßt sich in Zusammenhang bringen mit der Bedeutung, die Bücher als eine Gruppe von Gegenständen, die eine Biographie formen und ihrer Identität Konsistenz verleihen, für unterschiedliche Menschen haben können. In seinem Buch »The Coming of the Book« liefert Le Febvre eine vollständige Auflistung der verschiedenen Wege, auf denen das Druckereiwesen als Technologie in ganz Europa die verschiedensten Prozesse vorangetrieben hat: von der Entwicklung der einzelnen Landessprachen bis zur Einführung der Arbeitsteilung in den Prozeß der Buchproduktion. In grafischen Darstellungen veranschaulicht er die Zunahme aller Arten von Büchern für die verschiedensten Zwecke und ihren zunehmenden Marktanteil. Ihre massenhafte Produktion und der sich ausdehnende Markt beförderten ein neues Gefühl für den privaten Besitz von Büchern. Insbesondere wurden Privatbibliotheken und Sammlungen für Aristokraten zu Mitteln ihrer Repräsentation, oder ein noch unsicheres Mitglied der neu entstehenden Mittelklasse tat es ihm nach und erhob sich damit zu einer bestimmten Vorstellung von Wohlstand, Gelehrsamkeit und Kultur. Oft posierten solche Personen, wenn sie sich porträtieren ließen, in ihren Bibliotheken, um so den entsprechenden Eindruck von ihrem Status und Geschmack zu vermitteln. Auf einem populären Niveau setzt sich heute diese Tradition fort, wenn etwa ein Fotograf der gehobeneren Klasse eine Familiengruppe oder einen frischgebackenen Magister vor dem Hintergrund einer Gründerzeit-Bibliothek fotografiert. Ähnlich kann man in vielen englischen Pubs, die darauf halten, eine bestimmte Vorstellung vom englischen Kulturerbe zu vermitteln, hier und da ein paar im Antiquariat gekaufte, verstaubte Folianten finden, die mit Geschmack in eine Nische der nostalgischen Country-style-Einrichtung plaziert worden sind. Selbst in Wohnzimmern rücken noch manche Leute bewußt Bücher so ins Blickfeld, »daß die Gäste wahrscheinlich annehmen, ich bin richtig kunstinteressiert und weiß Bescheid über victorianische Sachen, was eigentlich nicht stimmt. Aber ich habe Bücher ganz gern und mag den Anblick, den sie da bieten.« Da benutzt jemand Bücher so, wie er ein Bild über dem Kamin oder ein dekoratives Objekt auf dem Regal benutzen würde, um sich selbst und den Personen, die in seine Wohnung kommen, bestimmte Vorstellungen von Geschmack und Kultur sinnfällig zu machen.

Bücher werden zu wichtigen Indikatoren von Persönlichkeit, Geisteshaltung und Lebensstil. Ein Befragter benannte das Anschauen der Bücher in anderer Leute Wohnungen als *das erste, was ich tue.* Man sieht in Büchern Gegenstände, die ebensoviel über ein Individuum aussagen wie die Ausstattung und die Möbel eines Zimmers. *Ich erkenne daran, ob jemand von den gleichen Dingen umgeben ist wie ich und ob es da irgendwelche Überraschungen gibt. ...* Für Menschen, die von Büchern nicht eingeschüchtert werden, stellt ihr Fehlen einen Mangel an Substanz der Persönlichkeit dar. *Mein Chef ist ein cleverer Mann, aber er hat kein einziges Buch im Hause ... Das war mir eine Bestätigung dafür, daß er ein oberflächlicher Mensch ist, völlig gesichtslos.* Selbst Befragte, die keine Bücher kaufen, weil sie sie irgendwie einschüchternd finden, stimmten zu, daß Bücher und Magazine *unzweifelhaft eine Qualität aufweisen, die CD-ROMs nicht haben.*

Auf einer noch persönlicheren Ebene kann die Neuordnung einer Büchersammlung oder ihre Einverleibung in eine andere einen geradezu traumatischen Moment darstellen. So berichtete eine Befragte über ihren Umzug zu ihrem Freund Michael: *Die Bücher waren das einzige, was noch nach zwei Jahren in den Kisten blieb. Ich fand einfach nicht die Kraft, darüber nachzudenken ... Ich erinnere mich, wie ein Freund zu mir sagte: ›Ich habe das Gefühl, Dein Verhältnis zu Michael kommt in Eurem Haus zum Ausdruck, und doch sind Deine Bücher noch in den Kisten.‹ Ich habe viel darüber nachgedacht und erkannt, daß eine der Hemmungen, meine Bücher auszupacken, die Angst davor war, meine Sammlung mit der von Michael zu vermischen. ... Ich wußte nicht recht, ob ich sie vereint oder getrennt wünschte. ... Bücher waren der deutliche Ausdruck meiner unklaren Gefühle darüber, wie ich mit jemandem zusammenlebe und gleichzeitig ich selbst bleibe und meine Identität behalte. ... Hier sind nun meine, und seine sind in den anderen Regalen.*

An welchem Punkt sind wir nun nach alledem angelangt? Wie geht es mit dem Buch weiter? Sollen wir die Art, wie Menschen durch Bücher über sich selbst sprechen, einfach ignorieren? Ist es wichtig, wo sie Bücher lesen, welchen Platz sie ihnen bestimmen und wie sie mit ihnen durch Eselsohren, Einrisse und Flecken interagieren?

Ist es belanglos, wenn Leute erstaunlich sorgfältig darüber nachdenken, wo und wie sie ihre Bücher unterbringen sollen?

Diese Erscheinungen zu ignorieren, zeugt von einer hartnäckigen Blindheit für die Art, wie Menschen in einer zunehmend komplexen und zersplitterten Welt sich darum mühen, ihr Leben mit Sinn zu erfüllen, es zu kontrollieren. Sogar Menschen, die sehr viel Zeit an ihren Computern verbringen, versuchen dieses Instrument fortgeschrittenster Technologie zu personalisieren: man denke an die Aufkleber, mit denen Computer versehen werden, den Bildschirm, von dem man angesprochen wird und der einen auffordert aufzuwachen; oder die Unterlage für die Maus, die gemustert oder sonstwie verziert ist. Was insbesondere das elektronische Buch angeht, so haben Hersteller, Designer und software-Spezialisten noch einen langen Weg vor sich, diesen Aspekten in nennenswerter Weise Rechnung zu tragen, ehe wir wirklich sagen können: »Das Buch ist tot!«

Carsten Schlegel | **Das akustische Grabmal**

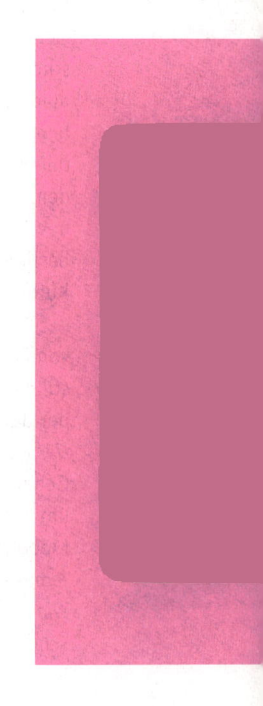

**Dieses Grabmal verwandelt
Stätten der Verwüstung in
klingende Plateaus.
Ein High-Tech-Produkt,**
insbesondere für Opfer
der Hochtechnologie,
deren sterbliche Überreste
nicht zugänglich sind.

Die zylindrische Form ist von Graupappe ummantelt (164 x 346 mm). Sie mißt im Durchmesser 112 x 164 mm und wiegt 2,1 kg. Zusätzlich ist die Hülle in vertikaler und horizontaler Richtung von einem schmalen Pappstreifen (18 x 552 mm) umgeben, der das Abrutschen des Mantels verhindert, und seine aufeinandertreffenden vertikalen Kanten klebend zusammenhält. Auf der Gegenseite treffen sich auf halber Höhe die beiden Enden des Streifens und halten auch hier klebend auf dem Mantel. Im oberen Bereich bietet er zugleich die Möglichkeit, ihn als Tragegriff für das Mal zu nutzen. Bereits jetzt ist in der Draufsicht der Orangeton des Mals und die versenkt liegende Solarzelle erkennbar. Bei leicht angewinkelter Betrachtungsweise wird ein auf gleicher Höhe befindliches Loch sichtbar. Von unten läßt sich ein tiefliegender Druckschalter ausfindig machen.

Am Ort der Installation des Grabmals, der nicht dem Ort der Grablegung entsprechen muß, wird der Boden in Größe eines Kegelstumpfes von 210 x 150 x 150 mm aufgelockert und ausgehoben. Über dieser Grube wird die Pappummantelung aufgebrochen. Dabei tritt der in den Zwischenräumen befindliche Zement (1,1 kg) aus. Mit ihm und den mitgebrachten 260 ml Wasser wird unter Zuhilfenahme des Aushubs (eignet er sich nicht, muß in der Umgebung entsprechendes Zuschlagmaterial gefunden werden) in der Grube der entstehende Beton angerührt bis er die erforderliche Konsistenz aufweist und die Mulde ausfüllt. In der einen Hand das Mal, mit der Solarzelle zu sich gewandt, wird mit einem Finger der anderen Hand der unterwärts liegende zweistufige Druckschalter (jeweils 4 mm Hub) in die erste Position gedrückt und in einem Abstand von 20 cm senkrecht zur Solarzelle mit einem ausgewählten Text besprochen, oder einem Musikstück bespielt. Dafür ist maximal 64 Sekunden Zeit. Im Anschluß muß der Schalter in die nächst tiefere Position gedrückt werden, um ihn unwiderruflich einrasten zu lassen. Mit drehender Vorwärtsbewegung wird das Grabmal nun, den Schalter voran, in den Beton gesenkt, bis nur noch der Kopf des Mals herausschaut. Über Schallöffnung und Solarzelle peilend, ist es mit der Solarzelle nach Norden auszurichten. Die Pappe wird zerkleinert und in den noch frischen Beton gedrückt. Das so installierte Grabmal wiegt nun (das Gehäuse selbst 1 kg) 5,2 kg. Solange Sonnenstrahlen es erreichen, wird die aufgenommene Sequenz leise, aber ununterbrochen wiederholt.

Technische Daten
Gehäuse: Recyclingkunststoff mit gelborangem (RAL 1028) Kunststoff geflammt
Hülle: 1mm Graupappe
Solarzelle: mit Acrylglasscheibe verschlossen, lichtsammelnd, wasserdicht, industrieklimafest
Schalltrichter: Schallöffnung mit wasserundurchlässiger Membran versiegelt
Mikrofon
Lautsprecher
Platine mit elektrotechnischen Bauelementen (strahlungsgeschützt): Pufferakku, Ladeelektronik, Sprachspeicher (16 Bit 32 kHz Sampler mit max. 64 sec. Aufzeichnungsdauer), Intervallsteuerung, Verstärker
Druckschalter (zweistufig, wassergeschützt): 1. Stufe – power on und record; 2. Stufe – power on, play; Licht- und Intervallsteuerung, unlösbare Einrastung

Das Grabmal kann in verschiedenen Materialien (Aluminium, Kunststoff, Stein, Beton, Keramik, Halbzeug) und Bearbeitungstechniken (Guß, spanabhebende Bearbeitung, Schweißen-Löten-Kleben) hergestellt werden.

Preis: DM 2.500,-

Gui Bonsiepe
interface
Design neu begreifen
Bollmann Verlag 1996
ISBN 3-927901-84-9

Bonsiepes Buch »interface. Design neu begreifen« ist ein Appell, den trögen Zustand zu beenden, in dem der deutsche Diskussionszusammenhang zum Design sich seit Jahren befindet. Für Bonsiepe, der in Ulm lernte und lehrte, der Allende unterstützte, der lange Zeit in Florianapolis (Brasilien) ein Institut für Design und Medien leitete, der in den Softwareschmieden der USA die Denkweise der Computerwissenschaftler und der Programmierer kennenlernte, der als Designer an der globalen Peripherie immer die intellektuelle Bindung zu den Zentren Europa und USA hielt, folgte Anfang der neunziger Jahre einem Ruf der Fachhochschule Köln auf eine Professur. Zurück in Europa. Ich erinnere noch gut sein Eintreffen im bundesrepublikanischen Designalltag, einen seiner ersten Auftritte auf einem Bonner Designkongreß, wo er den Deutschen den schicken und leichtgängigen Begriff Multimedia ersetzen wollte durch den Begriff der Hypermedien. Kaum jemand verstand ihn. Die Informationstechnologien waren in Deutschland überhaupt noch nicht konzeptionell begriffen.

Ich würde spekulieren, wollte ich Bonsiepe Enttäuschung unterstellen nach seiner Ankunft im Lande der Dichter und Denker, Enttäuschungen über die intellektuelle Lausigkeit, mit der hierzulande Design und Designöffentlichkeit betrieben werden. Derartige Enttäuschungen sind Bonsiepes Sache nicht. Es gibt mittlerweile sehr wenige Menschen seiner Integrität und seines Formats, die Kleines eben beim Kleinsein belassen.

Das Buch ist kein geschlossener Text zum Design, kein Entwurf einer Designtheorie, wenn es auch nicht ohne eine solche im Hintergrunde geschrieben worden ist, wenn es auch auf eine solche zielt. Das Buch versammelt Aufsätze und Interviews aus den letzten zehn Jahren. Sie markieren die eindringliche und dynamische Suche Bonsiepes nach Partnern für einen designtheoretischen Diskussionszusammenhang. Designtheorie, so Bonsiepe, ist ein integraler Bestandteil der Entwurfsarbeit, notwendig, wenn Design Anspruch auf Zukunft, und das heißt auf Umgestaltung realisieren will. Nicht, weil Designtheorie das Schatzkästlein utopischer Träume ist, auch nicht, weil Theorie etwa Vorschrift gibt, wie regelrecht entworfen werden muß, sondern weil Designtheorie die ästhetischen Artefakte analysierbar und damit kommunizierbar macht und hält. Designtheorie gibt dem Entwerfer Sprache und Artikulation, sichert ihm Akzeptanz in der Arbeitsteilung der postindustriellen Gesellschaft, stellt die Kommunikation mit den Ingenieursdisziplinen, mit dem Management, mit den Nutzern schließlich her. Nur über eine Begrifflichkeit, in der die Designpraxis aufgehoben ist, kann Design seine soziale, technische, kulturelle Funktion in hochgradig arbeitsteiligen Gesellschaften realisieren. Wer nichts versteht, so ließe sich Bonsiepes Credo etwas burlesk zusammenfassen, kann das, was er tut, andern nicht verständlich machen, der fällt aus dem Gefüge gesellschaftlicher Arbeitsteilung einfach heraus. Der darf dann Künstler sein.

Kommunikation ist denn auch das Schlüsselwort für Bonsiepes Reflexionen. Denn Design ist nicht nur eine Disziplin, die kommuniziert werden muß, wenn sie gesellschaftlich effektiv betrieben werden soll. Das Entwerfen selbst beruht auf dem Modell kommunikativer Praxis. Deren Zentrum wird von Bonsiepe mit dem Begriff Interface besetzt, einem Begriff aus der Informationstheorie, dort bezeichnet er die Schnittstelle zwischen Geräten oder Rechenprogrammen zur Realisierung des Datenaustausches. Für das Design verwendet Bonsiepe den Begriff so: »Das Interface ist der zentrale Bereich, auf den der Designer seine Aufmerksamkeit richtet. Durch das Design des Interface wird der Handlungsraum des Nutzers von Produkten gegliedert. Das Interface erschließt den Werkzeugcharakter von Objekten und den Informationsgehalt von Daten. Interface macht Gegenstände zu Produkten. Interface macht aus Daten verständliche Informationen. Interface macht aus bloßer Vorhandenheit – in heideggerscher Terminologie – Zuhandenheit. ... Dabei ist zu bedenken, daß Interface nicht eine Sache ist, sondern die Dimension, in der die Interaktion zwischen Körper, Werkzeug (Artefakt, sowohl dingliches wie zeichengebundenes Artefakt) und Handlungsziel gegliedert wird. Genau das ist die unverzichtbare Domäne des Design.« [20]

Die Grundsätzlichkeit in diesen Formulierungen entsteht aus zwei Gründen. Bonsiepes Vorschlag für einen zeitgemäßen Designbegriff soll die Grundlage bilden für einen designwissenschaftlichen Zusammenhang, der noch nicht existiert und bei dessen Konstruktion es auch um kategoriale Optionen geht und zweitens soll ein informationstheoretisch orientierter Designbegriff möglichst den weiten Anspruch des Berufsfeldes umschreiben, zumindest jedoch die Domänen des Graphic-Design und des Industrial-Design überdachen, um beide Gebiete mit dem Arbeitsfeld der Informationstechnologien kompatibel machen.

Dieser weite Designbegriff, im deutschen wohl am ehesten identisch mit Gestaltung, wird von Bonsiepe auf die klassischen nichtästhetischen Nachbarfelder der Designprofession hin dekliniert. Nicht das Verhältnis von Design und Kunst oder von Design und Architektur ist im Buch sein Thema, sondern die Schnittstellen hin zum Management, zu den Ingenieursdisziplinen und vorrangig zur Informationstechnologie. Die Achse, um die sich diese Schnittstellen drehen, sind die sozialen und kulturellen Verankerungen der Entwurfstätigkeit: die globalen und ökologischen Dimensionen der Entwurfsarbeit, die pädagogische Verpflichtung: das Projekt der Modernität, wie es von Tomas Maldonado umrissen wird und dem Bonsiepe sich verpflichtet fühlt.

Ich sehe in Bonsiepes Buch den fortgesetzten Versuch, das Ulmer Projekt der Rationalisierung des Entwurfes fortzuschreiben. Unverkennbar liegen die theoretischen Ursprünge, die Grundhaltung, die Bonsiepes Reflexionen ausdrücken, in der Ulmer Schule. Von dort her kommt sein Kommunikationsparadigma, seine Vorstellung, der Designprozeße ließe sich in informationstheoretischen Vokabeln buchstabieren, von dort her kommt die Unbeirrbarkeit im Glauben an die Fortschrittlichkeit der Rationalität, die den Theorien und Argumenten das Seriöse, das Durchschaubare und das Nachvollziehbare geben. Ich empfehle in diesem Zusammenhang zuerst die Lektüre des Nachworts.

Doch enthält eben dieser informationstheoretische Ansatz, der Design so nahe an die Informationstechnologien heranmanövriert, der das, was Designtheorie in den letzten Dezennien war, aufnimmt und fortschreibt, zugleich die Gefahr einer unerhörten Begrenzung fürs Design. Der Vorzug, den der Begriff des Interface ermöglicht, »eine Brücke zu schlagen zwischen der Erfahrung mit dem Entwurf materieller Artefakte – von Kinderspielzeug bis hin zu Landwirtschaftsmaschinen - und den neuen immateriellen Werkzeugen von Computerprogrammen« [15] verwandelt sich in eine Barriere, weil die Kategorie des Interface nicht eine des »retinalen Raumes«, nicht eine des raumzeitlichen Handelns, sondern eine des Datentransfers ist. Welche Verluste treten auf, wenn die cybernetische Vorstellung des Informationstausches auf vier Dimensionen angewendet wird, wenn von der handgreiflichen Realität nur Datenformate übrigbleiben? Wenn Design in den Kategorien der Informationstheorie reflektiert wird, geht das, wofür Informationstheorie keine Begrifflichkeit hat, weil es in ihren nachrichtentechnischen Modellierungen nur stört, verloren. Vermag Bonsiepes Terminologie auch auf die Verluste zu reagieren, die eine Gesellschaft erlebt, die nach Datenströmen strukturiert wird?

In dieser Hinsicht erweist Ulm sich als eine Bürde. Denn dort wurde die informationstheoretische Modellierung des Designprozesses begonnen. Es wäre zu fragen, aus welchen Motiven dies geschah. Warum wird eine handlungsorientierte Modellierung des Designprozesses, noch bevor sie recht begonnen hatte, durch eine informationstheoretische abgelöst? Untergräbt dieser Paradigmenwechsel nicht selbst das Projekt der Modernität, das ja nicht abstrakter Fortschritt, das ja nicht blinde Verfolgung naturwissenschaftlicher Avancen ist, sondern die Frage nach der Position des Humanen zwischen einer generativen Natur der Herkunft und einer konstruierten Natur der Zukunft? Bei all diesen Fragen, die das Buch in mir stellt, wird mir ein Wunsch offenbar: ich vermisse als Auftakt dieser Sammlung intellektuell engagierter Position, jenen Text, den Gui Bonsiepe 1968 zur letzten Ausgabe der Zeitschrift Ulm veröffentlichte, eine redaktionelle und eine persönliche Stellungnahme zur Schließung von Ulm als Schule und als Zeitschrift, ein Dokument, in dem die Dramatik aufscheint, in die ein Designansatz gerät, der Gestaltung als Umgestaltung, als ein Privileg auf Zukunft versteht.

Ich bat Gui Bonsiepe um die Genehmigung, dieses Dokument mit geringen Auslassungen hier nachdrucken zu dürfen. Es ist ein Text, der eine Zäsur markiert im designtheoretischen Denken der Bundesrepublik Deutschland und der gewissermaßen den Hintergrund bildet für das hier vorgestellte Buch. Ein historischer Text. Von welchen Texten kann man dies behaupten?

Jörg Petruschat

Gui Bonsiepe, Über die Lage der HfG in: ULM 21 / 1968, Seite 5ff

Über die Lage der HfG

Am 23. Februar beschlossen die Mitglieder der HfG, ihre Tätigkeit an dieser Institution mit Wirkung vom 30. September 1968 als beendet zu betrachten, falls Regierung und Landtag von Baden-Württemberg auf ihren bis heute bekanntgewordenen Plänen und Bedingungen für eine Weiterführung der HfG beharren sollten. Bei Redaktionsschluß stand noch nicht fest, ob und in welcher Form die HfG in Ulm oder an einem anderen Ort weiterbestehen wird. ...

Freiheit ist zunächst einmal ökonomische Freiheit. Um diese war es jedoch von Beginn an nicht gut bestellt. Die Annahme, man könne und solle eine Ausbildungsstätte durch Einnahmen aus Industrieaufträgen finanzieren, war falsch. Ausbildung kann nicht auf dem Wege der Selbstfinanzierung betrieben werden. Somit mußte die HfG auf öffentliche Mittel rechnen, hing also von dem guten Willen und Verständnis der Volksvertreter ab. Beides war nur bedingt vorhanden. Oft wurden die Zuschüsse in den zuständigen Gremien nur gegen heftige Widerstände und mit knappen Mehrheiten bewilligt. Im gleichen Maße wie der Ruf der HfG auf internationaler Ebene wuchs, nahmen die Möglichkeiten, die mit diesem Ruf verbundenen

Anforderungen zu erfüllen, ab, weil die völlig unzureichenden Mittel den Zielen und Ansprüchen Hohn sprachen. Nachdem die HfG jahrelang mit Sparetats und schließlich mit einem Notetat dahinvegetiert hat in einem Lande, dessen Vertreter sich unbekümmert als Mitglieder einer entwickelten Industriegesellschaft in die Brust werfen, setzte sich die HfG einmütig mit einer eindeutigen Resolution zur Wehr. Liberale Männer, die die Mitte lieben, fanden die harte, schroffe Sprache der Manifeste, die aber die Dinge beim Namen nannte, respektlos. Doch zu fragen bleibt, wem es frommt, wenn Sachfremdheit mit Höflichkeit honoriert wird. Die Auseinandersetzungen um den Fortbestand der HfG begannen bereits, bevor die Bauten standen. Neben der politisch motivierten Ablehnung, die durch den dezidierten Antinazismus der HfG verursacht wurde, wirkten auch purer provinzieller Unverstand und kulturkonservative Gesinnungen gegen diese Institution. Denn sie paßt nicht in das tradierte Kulturschema, in dessen Sparten die Umweltgestaltung nicht vorgesehen ist. Sie übersteigt einen Kulturbegriff, der auf die Bildung des ökonomisch unabhängigen Individuums zentriert ist und das Gesellschaftliche beiseite läßt. Kultur in ihrer bürgerlichen Form tut keinen Harm; sie gefährdet nichts und niemanden, am allerwenigsten eine Gesellschaft, die sich diese Kultur leisten mag. Jenseits der politischen Bezüge beläßt sie alles beim alten. [...]

Von der wohlgestalteten Annonce und vom handgerechten Türgriff führt sicherlich kein gerader Weg zur besseren Gesellschaft. Dieser Sachverhalt, der die Beziehungen zwischen Gestaltung und Gesellschaft betrifft wurde zwar geahnt, nicht aber in reflektierter Form in das Programm der HfG eingebracht. Die gesellschaftspolitische Komponente der HfG war verdünnt und abgeschwächt in der vagen Rede von der kulturellen Verantwortung des Gestalters aufgehoben. Freilich wäre es einfältig, von der qualitativen Verbesserung der Gegenstands- und Zeichenwelt eine Verbesserung der gesellschaftlichen Zustände zu erwarten, obgleich die Anstrengungen, die Welt ein wenig wirtlicher einzurichten und das Leben darin erträglicher zu machen, ohne Zweifel als legitim angesehen werden müssen. Mit einem Sprung ins Pragmatische könnte man sich der Zweifel entledigen und subjektiv das Richtige finden. Denn wie die Umwelt als eine Superprothese der Menschheit beschaffen ist und beschaffen sein wird, davon wird nicht zuletzt abhängen, ob und wie eine Gesellschaft leben und überleben wird. Doch tun sich bei diesem hohen Anspruch, das Schalentier Mensch mit einer menschenwürdigen Schale zu umgeben, einige Widersprüche auf, die durch die Veränderungen historischer Umstände hervorgerufen worden sind.

In der Mitte der fünfziger Jahre, als die HfG eröffnet wurde, gab es in der Industrie noch kaum ein Bewußtsein für die Notwendigkeit der Gestaltung. Die missionarischen Bemühungen richteten sich zunächst darauf, die Eigentümer der Produktionsmittel davon zu überzeugen, daß Gestaltung und Geschäft durchaus nicht unvereinbare Gegensätze bilden, und also eine harmonische Ehe eingehen können. Daß ein nach Maßgabe des Gestalters qualitativ vertretbares Produkt auch eine gewinnbringende Ware sein kann, diese Erfahrung wurde seitdem öfters gemacht. Heute ist das Design in die Industrie integriert, und nur eine hypokritische Gesinnung könnte beklagen, daß der funktionale und ästhetische Standard der Produkte gestiegen ist. Eine Industrie mit Designern ist ein Fortschritt gegenüber einer designlosen Industrie oder einer Antidesign-Industrie. Während dieses Prozesses der Vereinnahmung sprangen allerdings Antinomien zwischen Bedürfnisbefriedigung und Konsumismus auf, was nun aber nicht gegen die Sache selbst als Argument gekehrt werden kann. Während die Theorie wollte, daß der Designer Repräsentant und Interpret der Interessen der gesamten Gesellschaft sei, verwandelte sich das Design in ein strategisches Mittel in der modernen Unternehmenspolitik, innerhalb derer an die Stelle des Preiskampfes zwischen Konkurrenten die Differenzierung der Waren durch das Design getreten ist. Diese veränderte Lage schlägt ganz besonders auf die Ausbildungsstätten für Designer zurück, an denen heute nicht mehr so unbesehen Fachleute produziert werden können wie ehedem.

Der technische Rationalismus, den die HfG durchweg vertrat, bildete vor allem während der früheren Jahre der Existenz der HfG ein fortschrittliches Element. Ehemals bekämpft, hat er sich heute allenthalben durchgesetzt. Die mit diesem Rationalismus verbundene gesellschaftspolitische Komponente jedoch ist weniger gefragt, insofern sie sich nicht reibungslos in den Produktions- und Reproduktionsprozeß der Gesellschaft einspannen läßt. Industriegesellschaften brauchen Intelligenz, um sich am Leben zu erhalten. Vornehmlich eine Variante der Intelligenz wird willkommen geheißen. Angestellt wird die instrumentelle Intelligenz; weniger oder gar nicht erwünscht ist die kritische Intelligenz. Unter dem Zwang des quantitativen Leistungsprinzips stehend, hatte die HfG – besonders seit etwa fünf Jahren – ihre Existenzberechtigung als Produktionsstätte für qualifizierte Designer zu beweisen. Sie wurde zur Designerfabrik, die mit schädlich geringen finanziellen Mitteln bestrebt war, einen Teil ihres Programms (Ausbildung von Fachleuten für das Design) zu erfüllen. Nachdem die HfG daran mitgewirkt hatte, das ungelöste Problem einer zeitgemäßen Designausbildung in ein lösbares zu verwandeln, hätten zwei andere Teile ihres Programms einer Verwirklichung bedurft: Entwicklung und vor allem Forschung im Bereich der Umweltgestaltung. Ohnehin hätten die mimetischen Verfahren der Ausbildung (die Praxis nachbildende Pädagogik) aufgegeben werden müssen; heute ist die industrielle Praxis fortgeschrittener als die Pädagogik, während es sich vor zehn Jahren umgekehrt verhielt. Ausbil-

dung, die nicht zum belanglosen Anhängsel der Industrie werden will, muß selbst Modelle und Muster schaffen, an denen die zukünftige Praxis sich orientieren kann; andernfalls bringt die Ausbildung nur eine Verdopplung zustande.

[...] Wäre die HfG verschont geblieben von äußeren Zwängen, hätten ... Erfahrungen aus der Einsicht gezogen werden können, daß ein monolithischer Begriff vom Design heute nicht mehr zu halten ist. Die Auffassung nämlich, man könne Probleme der Gestaltung primär, wenn nicht ausschließlich mittels des Entwerfens lösen, ist ins Wanken geraten. Das Verhältnis des Gestalters zu den Wissenschaften ist von neuem zu bedenken. Bis heute verharren die Designer in der Rolle von Wissenschaftskonsumenten, hoffend darauf, daß irgendwo schon irgendwer ein Wissen erzeugen werde, das sie dann anwenden und verwerten, falls sie mehr oder minder zufällig darauf stoßen. Diese rezeptive Haltung führt heute nicht mehr weiter; sie muß ins Produktive gewendet werden. Man kann dies dadurch erreichen, daß Designschulen nicht mehr nur auf die Herstellung von Designobjekten hin ausbilden, sondern auf die Erzeugung von Designwissen und Designorganisation. Gestalten ist schließlich mehr als das Erstellen dreidimensionaler Formen. Die Tätigkeit des Designers wird sich differenzieren. Es wird Designer geben, die entwerfen; es wird Designer geben, die forschen und es wird Designer geben, die organisieren und planen. Darauf hätte man sich einzustellen und gleichzeitig das eklektizistische Gebaren gegenüber den Wissenschaften aufzugeben. Gestaltung, die beanspruchen darf, eine in Zukunft äußerst komplizierte, hochartifizielle Umwelt zu ordnen und zu prägen, bedarf einer Wissenschaft der Gestaltung als einer Teildisziplin einer noch zu etablierenden Umweltwissenschaft.

Von einer zukünftigen Warte aus betrachtet, könnte die HfG als eine Institution des Übergangs erscheinen, die sich mühte, Wissenschaft und Gestaltung zusammenzubringen, der aber die Synthese nur ansatzweise gelang. Die HfG als ein Neuling unter den klassischen Bildungsinstitutionen konnte nicht unabhängig von diesen leben. Ihre funktionale Abhängigkeit zu den Produktionszentralen des Wissens trat immer deutlicher zutage. Insofern diese aber selbst in einer tiefen, politisch begründeten Krise stecken und ihr Verhältnis zur Gesellschaft zu reflektieren haben, vermögen sie wenig zur Behebung der in der Sache begründeten Krise der Gestaltung zu helfen.

Angesichts der Dringlichkeit und des rapide zunehmenden Ausmaßes der Probleme, mit denen sich die Insassen einer Weltumwelt konfrontiert sehen, wäre es ein hoffnungsloses Unterfangen, auf die organisatorische und inhaltliche Reform der Universitäten warten zu wollen. Insgleichen ist die Industrie auf Grund ihrer Organisationsform – das gilt insbesondere für kapitalistische Industrien – nicht in der Lage, Probleme gesamtgesellschaftlicher Bedeutung anzugehen und zu lösen, d. h. Probleme, zu denen auch das Community Design gehört. Damit wird der riesige Sektor des öffentlichen Gebrauchs im Gegensatz zum privaten Konsum angedeutet. Eine Stadt, ein Krankenhaus, eine Schule, ein Verkehrssystem bilden heute ein Sammelsurium von Einzel- und Teilprodukten, die kaum ein funktionierendes System, eher ein Anti-System bilden. Für die sich dort stellenden Probleme wären flexible Organisationsformen zu finden, innerhalb derer auf breiter und interdisziplinärer Ebene an der Gestaltung der Umwelt gearbeitet wird. Das so oft angestrebte und selten realisierte Zusammenwirken von Soziologen, Psychologen, Ökonomen, Ingenieuren, Ärzten und Gestaltern fände da ein Experimentierfeld. Damit würde auch endlich die unzeitgemäße Form der ›Beratung‹ der Designer und Architekten durch Wissenschaftler überwunden.

Neue didaktische Erfahrungen könnten erprobt werden, nach denen nicht mehr jeder Student des anderen Konkurrent ist. Testate als Ausdruck des repressiven Leistungsprinzips, überhaupt eine Didaktik, die mit der Androhung von Minimalfrustrationen operiert, wäre abzulösen durch eine emanzipierende Didaktik. Vorlesungen – eine völlig unökonomische Technik der Wissensübermittlung –, die nicht neues Wissen vermitteln, könnten wegfallen und durch Lehrprogramme ersetzt werden, in denen bestehendes Wissen konzentriert ist. An die Stelle heuristikorientierten Unterrichts könnte problemorientierter Unterricht treten. Die Mitglieder der Arbeitsgruppen könnten sich auf Grund ihrer Motivation und Interessen zusammenfinden, statt nach dem zufälligen Kriterium des Datums der Immatrikulation. Der Lernprozeß würde ein produktiver statt ein reproduktiver Prozeß.

Vielleicht hätte die HfG diese Spekulationen ihres spekulativen Charakters entkleiden können, eingedenk allerdings der Erfahrung, daß Erneuerungen nicht "natürlich" sich ereignen und aus der Sache erwachsen, sondern im revolutionären Zugriff auf die Sache geschaffen werden.

Doch dazu hätte die HfG eines freieren Klimas bedurft und nicht um die Gunst der Volksvertreter zittern müssen, die ihre Hände ... [am] Geldhahn haben und denen die Neuerungswünsche und Experimente der HfG von jeher nicht geheuer vorgekommen sind.

Die HfG ist also fast am Ende. Es steht zu hoffen, daß ihr nicht dasselbe widerfährt wie dem Bauhaus, nämlich als entschärfter Ausstellungsgegenstand ins Beinhaus der Kulturgüter überführt zu werden. Auch sollte die Resolution der Mitglieder der HfG nicht mit dem Dekor einer heroischen Geste ausgestattet werden. Heroisch war nicht das Ende der HfG, sondern die Hoffnung am Anfang. Die HfG ist nicht zu messen an dem, was sie erreichte, sondern an dem, was zu erreichen ihr verwehrt blieb.

*Gui Bonsiepe
31. 3. 1968*

English for you | Adapting design to digital media

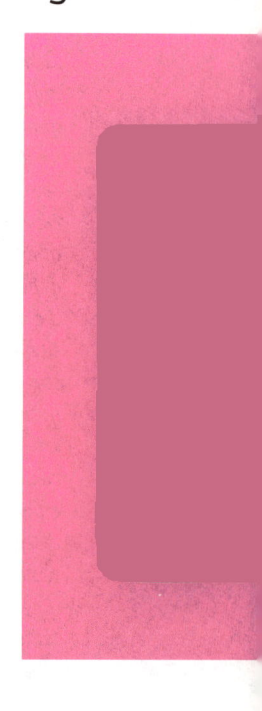

121

Jörg Petruschat
Editorial

According to Marshall McLuhan, we are in love with machines. But, he adds with a critical overtone, this love is nothing other than narcissism. We love machines because they are external sensory organs, organs which man has cut off from himself, amputated. In this way, what we love in machines is a part of ourselves which we have rejected. And indeed experiments with the ears of corpses were part of the early history of the telephone while many see the camera as an artificial eye and the Internet as a central nervous system transferred outside the body. McLuhan says that these amputations, from the ear to the brain, protect what is a highly sensitive being. This cutting off releases the human body from the stimuli with which it is constantly bombarded and from the requirements to which it is subjected, as well as facilitating the acceleration and perfection of the various organic functions – the wheel, a rotating foot. These thoughts posit the amputation of human perception in the form of the television as a survival strategy which makes it possible to come to terms with the images which the world emits. There is a minor side effect: this safeguarding of the sensitive nerve fibres has the same effect as a drug – it makes people dependent on the technical media. Man can no longer forgo this protection. How could he stand to see the starving masses without a television?

And it is this dependency which McLuhan calls narcissism: man loves the machines, because when it comes down to it, they are he.

I believe that those who repeat such nonsense by rote are charlatans. The telephone is not the extended ear and the computer is not the amputated brain, however much mischief can be done using these images. Even the notion of man's love of machines is an unbalanced image. Narcissus did not fall in love with the reflectory surface, but with the youth he saw in it: the secret of the telephone its not the amputation, but the network which allows callers to be identified. Neither does the computer repeat the convolutions of our brain. It processes representation in the form of the most simple, and therefore universally applicable systems of signals. That is what McLuhan is talking about when he says the media is the message, and what Neil Postman means when he says we are amusing ourselves to death. But these messages are not those of the human body. The message of the media is structured and processed communication, which gives bodies something in common. The myth of the media as artificial limbs is idolatry or the demonisation of processed communication. Primitive peoples see nature as godly because bribery and sacrifices, that is social techniques, win success from the almighty. Post-historical man imagines machines, as they get out of control, to be super-human in order to blot out the otherness which is inherent to their creations.

The notion that the media are an amputated part of man is absurd, because the anthropomorphisation of machines erases the difference between them and man, upon which their functionality is based. Technical media do not process communication because they are super-human, but because they are in-human. This in-humanity is not, however, a moral occurrence which can be hidden by pretences of live-liness, but a historical fact. Be glad that the in-humanity is clear. Stop trying to escape from it and let it be. This step is not a gesture of renunciation: delimitation between man and machine is an overwhelmingly broad field of activity.

Beguiling stories of artificial limbs invented during the industrialised wars to keep cripples in shape, were only intended to encourage a mood of satisfaction so that the brutality which was done to the living would not seem too terrible: myths were intended to make the world seem less sinister.

Go to it, you designers! It is still easy to imagine a human(e) world: the automatic production by which we are interlinked is still structured according to the requirements of war technology, that is in hard Fordist material. In the age of genetic technology, it will be much more difficult to identify just where the in-human begins.

Joseph Weizenbaum
The computer is disappearing. It has already begun.

Because applications for research projects at MIT had to be based on arguments which met with the approval of the Defence Department, and because computer technology was used to control the machinery of death in Vietnam, Joseph Weizenbaum became the most prominent and competent critic of the interaction between the development of computers and the military industrial complex. We spoke with Joseph Weizenbaum, who as a professor at MIT has for over thirty years been able to observe developments at the institute at first hand, about the fundamental transformation which data-processing machines have meant both for society and in how people think.

form+zweck In »The Power of Computers and the Impotence of Reason« you indirectly suggest there has been no computer revolution, at least not in any way that would justify the use of the term revolution. The crux of this formulation is that you linked revolution with social change and at the time no matter how you tried you couldn't identify any social change. I still think there's a lot in that claim, even today. Do you agree?

Weizenbaum It has often been said that the computer came at just the right time, *just in time*, because there were problems which couldn't have been solved without it. But the computer was in fact developed to perpetuate existing structures. If you follow this development over a long period of time, and I have been observing it for forty, nearly fifty years now, then it becomes clear that only very little has changed. The predictions, the euphoria – well, reality hasn't really matched up to them. In purely technical terms there has been significant change. The speed of the first computers that I worked on was calculated in seconds or milliseconds. These days you talk about nanoseconds or thousand millionths of a second. That is a change which is very difficult to grasp, even if you've been involved in it. And the world has changed, too. What has really changed?

The technical development appears to be an evolutionary process. Relatively independent, increasingly independent from the will of the actors.

I don't think so. It has to be said that it is above all the military which has determined the development and that everything which has been developed has come in response to the wishes of the military.

At the Museum for Transport and Technology here in Berlin for example, you can see a device, a missile with a built-in camera. The missile could be controlled. It was developed for the German Wehrmacht during the Second World War, but was never really functional. What it shows us is that what the military wants is for everything to be smaller and faster, they want to be able to install it anywhere it's needed. That's what the military is pressing for.
Imagine a society without the military, just for a moment. How would things have developed then?

A lot of today's hardware developments are preceded by software developments. The people working on these developments can hardly see the interaction they are involved in. In order to remain competitive, objectives are adopted although it's often unclear how they can be achieved. This division of labour leads to a different kind of scientific thinking, which is in itself more irresponsible because it does not reflect the overall context.

Yes, that is true. A long time ago I wrote that the computer is a solution which is looking for problems. That is still the case. Life is full of contradictions and paradoxes and one does not exclude the other. One exists next to the other. That also applies to our personal lives.
I don't how many years passed before the first time that I saw the application of a computer which wasn't just *computing* through *computing*. The word incestuous comes to mind. Everything turns around itself. And when we look at today's huge software factories: they don't solve any problems, but make *computing* for *computing*. The Internet is the same sort of thing. Nobody really knows what to do with it. What do you need it for?

When you wrote Eliza |¹ , there were some people who believed that modes of social behaviour could be replaced by the computer. When confronted with such notions, you asked if it wouldn't first be important to discuss whether that was actually desirable. Today, and this has been the case in all capitalist societies, what is possible is done. Hurdles which you considered insurmountable such as the replacement of human body functions, have been overcome with ease – take, for example, the cockroach which can be controlled electronically by Japanese scientists. It's degraded the body to nothing more than a machine for movement. Today's McCarthys are called Moravec or Takeushi.

It's not a question of whether you can replace body functions or not; that's simply absurd. It really is a tragedy that these things even filter through to the general public. There's a joke which asks what is the difference between an optimist and a pessimist. The optimists says with great enthusiasm, »This is the best possible world.« The pessimist answers, »Unfortunately.«
I think that's pretty much the way it is. Even back then I didn't have any doubt that it can be done, somehow. Well, they're optimistic, my colleagues, that they can do it. And I say, »Yes, unfortunately.«

How do you view the attempt to lead or conceive a life without technology?

You mean an attempt to wash your hands of it all? That could result from a certain despair: if there's nothing else I can do, I can at least save my soul. But that doesn't sound all that tempting.

Have the machines got out of control?

Let me tell you another story, a fictional one. There's a concentration camp which is managed by a computer. The computer makes all the decisions. Somebody has stolen a piece of bread. The information is fed into the computer and it orders »15 lashes of the whip« or whatever. Two inmates watch this happening and one of them says, »You know, it must be possible to make a computer humane and rational". The other says, »Yes, but not in a concentration camp.« The answer has more or less the same flavour as that »Yes, unfortunately.« I believe that the development which we fear will take place because it is taking place in an insane society. Of course, in a mood of deep despair you could say, OK, I'm dropping out. But then dropping out ought to be a conscious decision. That kind of thing can even be a model for young people. And maybe it is one of the very few possibilities that one has to change society: being a model for young people. I can imagine that there were people in the concentration camps who tried to maintain their humanity and help other people. Those are all terrible, dark visions, but I believe that is what reality is like.

Many intellectuals, whether or not they've read your books, believe that they share your opinions and have decided to keep computers out of their lives. They don't do this as a result of ignorance, and not because they find it too demanding to get to know how to use the technology, but because they believe they have certain modes of behaviour which computers would destroy. They say computers are the work of the devil, and that they should have no place in their being. Do you understand such thinking?

Of course I understand it. I certainly wouldn't praise it. The people who say that kind of thing possibly don't have enough discipline if they're allowing computers to have more power than is really necessary.
It's the same kind of thing as the shopping mania which has gripped our societies. I know a woman who's well off and at ten o'clock each morning she sets off shopping. When asked what she was looking for she said, »How should I know until I get there?« That's the kind of temptation we have to resist in ourselves.
I can remember an economic crisis at the time Eisenhower was in power. During a press conference he said everybody should go out and buy something and when everybody had done that everything would be all right again. A journalist asked him what he intended to buy. He thought long and hard about his answer while the press waited in silence for his reply. Finally, he said, »I don't know I'll have to ask Mimi.« Mimi was his wife.
I believe that intellectuals don't like being dependent on these machines. Lewis Mumford once told me he started using a typewriter when he was 12 or 13 years old. And he went on to use a typewriter for the rest of his life. When he was 60 or 65 he noticed he could no longer write by hand. He could just about sign his name, but simply couldn't write by hand. That's terrible, he said, it wasn't what he wanted and he applied to do a course in calligraphy. And he put a lot of effort into it.
Later, when the mail arrived, I always knew which letter was from him. You could see it from the envelope, that beautiful handwriting. So I can imagine how somebody says they don't want this thing to become part of their lives.

There are a lot of people who say computers mean people don't have to do tedious and routine jobs.

Today you can get a job working on the cash register at McDonalds. You don't have to be able to read. The cash register itself uses pictures. It's said the computer helps people by doing the routine jobs while we do the more important things. I see what you mean. So there's this young woman working at McDonalds, the computer does the routine work, it even calculates how much change to give people. And she sits there thinking about Shakespeare and Hölderlin.
There are areas in which the use of computers can be very helpful, for example in the field of medicine. I'm thinking of the use of CAT scanners, which can be employed to locate a tumour in a person's brain. But how much money, time and energy; how much human talent and genius has gone into the development of these machines? And on the other side, how many people in America never get to see a doctor? The reason is that in America, one the richest countries in the world, medicine is viewed as a business.
It depends on the context, on the society. Sometimes I'm accused of speaking only to the individuals, of calling on them to keep their hands clean. I don't say this out of despair, because I believe it's the task of the individual to save his own soul. But in the attempt to save yourself maybe you are making a contribution to the process of change. I don't mean by keeping yourself pure and ignoring politics. You have to get involved. I don't mean that you can withdraw to the top of some mountain and live

from berries, that you can cut yourself off fully from society. I don't believe you can live without getting some blood on your hands. I don't believe there is such a thing as clean money. But you can talk about motives. You can at least be relatively clear about what is what and then react, or at least ask the right questions.

Individual responsibility is no longer up to date. Today it's much easier to simply have fun and ignore the long-term perspective. You are part of a certain generation of scientists, part of a certain intellectual culture. You mentioned Mumford, Günther Anders also comes to mind. Is there something which links you with Mumford and Anders, in your approach, in your gestures? Can you describe that?

There is certainly one thing. Mumford, Anders and many others, not enough others, share the ability to think critically. Maybe that could be enough. Thinking critically, asking questions.
I was in Bochum yesterday, where I gave a lecture. When the floor was opened for questions somebody asked about computers in schools and said people might say computers make this and that possible, but that there was no way each child could have his own teacher. When I had finished giving my answer I came back to him saying there couldn't be a teacher for each child and said everybody had heard that claim and accepted it, but nobody had asked why.

A long time ago you said computers threaten to become the basic model for the world. Has the computer metaphor brought with it a reduction in the understanding of the world?

Absolutely. Since the triumph of the modern age, man has been viewed in terms of the natural sciences. That began with Newton. Before that, man had a very different vision of himself. Whether it was better or not is a very different question. But it certainly was different.
Mumford's example with the clock comes to mind. It was the clock that led to the quantifying of time, which in turn meant that time could be bought and sold.
Today – and it is very important to recognise this fact – the computer metaphor has penetrated into everyday life: »So I am not programed.« The computer has penetrated everyday life and changed the way man sees himself. Certain thoughts, certain objectives which would otherwise have been impossible are made possible. You mentioned Hans Moravec and his idea that we could program machines in such a way that they would function in the way we function. Of course, we can learn from computers, maybe we can think better with the help of computers. But we're already talking about linking computers directly with our bodies and ultimately with our brains. The whole artificial intelligence movement and its leaders, and I know them all, display a monstrous contempt for life, living beings and people; a monstrous contempt. Of course, they are the products of their history. And I, too, am a product of my history. There are metaphors which I can not shake off. In order to handle the Jews in the way they were handled during the Third Reich – a fine word: handle – it was necessary to view them as vermin, to question their humanity. They were something different, something dirty. During the Second World War the Japanese were portrayed as apes. That kind of thing is necessary if you're going to carry out mass murder. And I believe that the kind of contempt I'm talking about is to a certain extent the intellectual preparation for mass murder. In his book »Mind Children« Moravec writes that in 40 years computers have taken us over. But, he says, that isn't too bad, and that nothing will be lost, by which he means that the texts of Shakespeare, Anders or Mumford, that culture itself will somehow live on in the computers. At least to the extent that they will be stored in the computers. What nonsense! Or I think of Marvin Minsky, who a long time ago said, »the brain is a meat machine.« In English there are two different expressions for meat. There's flesh and there's meat. This distinction doesn't exist in German. Flesh is living and something which you respect. It is, for example, a taboo to eating living flesh, especially that of a human. But meat, meat can be burned, can be eaten, cut and so on. The fact that he said »the brain is a meat machine« and not »the brain is a machine of flesh« is an indication of this contempt. What's more, he says openly and often things like, »God was a mediocre engineer,« or, »Man is a design defect.« Man wastes his time sleeping, he falls ill and dies, and all that he knows suddenly disappears, and so on and so forth. We – by which he means his own working groups – can do things much better.
Someone once asked him on TV, »Do you want to make an improved version of man?« He answered, »No, I don't want to produce an improved version of man because I'm not interested in man.« You have to be aware that these ideas, this same attitude are being taught at our universities. Especially at the big universities which are particularly interested in artificial intelligence, at Carnegie Mellon University, at Stanford University, and of course at MIT. And the students are lapping it up. You really have to question what is being taught at our universities.
When we, for example, look at the German war machine, or at the SS, the people, who gave the orders, did the planning, were responsible for administration. They were all products of the top German schools and universities. One has to ask what exactly they were being taught. But that is not my primary concern. What I am concerned with is what we are teaching now. And at my own university I see that we are teaching just such a vision of man. So what can you expect?

What would you say to a computer designer – should he design a machine or a partner?
You can say, I see a machine, and when I see you then I know you are a machine. But they can also be designed so that the technical aspect is diminished, that they begin to live like a friend, like a partner, that they have an outward appearance which suggests they're a living being.

I'd like to see a moratorium, according to which there would no new computers for the next ten years. Not because computers are evil or hurt us. Since I've been working in this field I've seen computers whose potential is completely exhausted. You have a computer, you work with it. But there are secrets, even for professionals. How are you supposed to know how this or that works? Everybody who works with a PC knows that as soon as you begin to get your PC under control and finally start writing reasonable programs, then there's something new and you find yourself back where you started. I had the idea of the moratorium thirty years ago. And now we have the Internet.
People on the street think computers are something which you can see and touch, which you put something in and which you get something out of. That's highly unrealistic. These days very few computers are autonomous or independent from other computers. And it's very important to know that. For example, it's often said that computers only do what you tell them to do. That's not true. What does that mean, telling a computer to do something? Yes, you type things into the computer. But somebody else has written the program. Somebody else has already told the computer something.
One stream of current artificial intelligence is concerned with manufacturing computer insects, such as ants. So far we've had to make them quite big, about the size of a dog. This man-made thing which is running around isn't computer controlled; it has nothing which is analogous to a brain. (A development which I welcome.) No, in the elbows, in the joints, everywhere, there are small computers which operate relatively independently of each other. Why has this suddenly occurred to me? Let's put it like this: what I see is a beast, it's not disguised in any way, it's obviously a machine. And it bites me, or I see that when it goes along there the power supply cuts out or there's some other catastrophe. Whatever, I have to stop the thing. So I take big hammer and start smashing it. I've even seen a scene like this in film: the man kicks the thing and keeps hammering about on top of it until it starts crying and shouting and then blood or something similar starts coming out of it and you inevitably start thinking that you shouldn't do that kind of thing. That's very interesting. And it might even be the case that if you started hitting a computer with a hammer people would say you shouldn't be doing that because it's a living creature. I can remember a scene in a film. Somebody who wants to commit suicide is

about to jump out of a window. He has a Leica hanging round his neck. I'm sitting there in the cinema and suddenly you can hear somebody saying, »No, not with the Leica.« And it's me. I'd lost myself. What I ought to have said was, »No, don't jump.«

I have a Leica. I have an attachment to beautiful machines. And the Leica is simply a beautiful machine. Sometimes I play with it although there's no film in it. A lot of people have the same kind of love-affairs with their machines, with their car or motorbike, and why not?

Do you sometimes have the same feelings about programs?

With programs? No, it'd never have occurred to me to shout, »No, not with this program.« That's a very different matter. Programs are analogous to games. They are gambling. The aim is to play, not to win. Major mistakes are made as a result of this aim. Just one example: somebody had won all the money at stake in a game. None of the other players have any money left. Now the winner hides the money so that they can go on playing. From a mathematical point of view you couldn't do anything more stupid, because you are now playing against your own money. Now you can only lose, but there's nothing else to win. But that doesn't matter. The relationship between people and their programs is very similar to this kind of behaviour: programs, for example are never completed. One tends to think, when I've finished this one then I can do something else, but all you do is start from the beginning again. But you don't therefore respect a program in the same way as you respect a living being.

Because it's immaterial?

No, that's not the reason. It's a relatively fundamental matter. It's not the program which is the living being, but the computer: the system is the living being. When you start a program you have a lot to do, you have to put a lot of things together. At first it doesn't work. Then one day it comes to life. It works. It doesn't work properly, but it works. Basically it's in place, it only has to be modified. But that has much more to do with the computer, a lot more than it has to do with the program. Understanding the difference between the machine, the computer and the program is a difficult question – too difficult for a layman. There's no line which is easily drawn. You can't say here's the computer and there's the program. No, that's not the way it is. We had to spend a long time talking about that before it was clear. It's like being on the beach, where you can suddenly find yourself in the water. But there's no clear divide as there is with a swimming pool.

When we say designers we're talking about people like Hartmut Esslinger who designed the small computer for Apple. He said I want to make a small desk-top friend, a little cowboy. That is one way of integrating technology.

I'd say the computer is disappearing. It has already begun to do so. Computers are hidden everywhere, in watches, in washing machines, in cameras, in all sorts of things. Soon we won't even talk about it any longer. Another analogy. There's a machine in the world which didn't even exist 150 years ago. There are certainly more of these machines in Germany than there are people. I could say the same about America. Like many other people I've got used to having them with me all the time. If there was a new natural law, or God above (and it is God above who makes the natural laws) said this machine doesn't work any longer and it simply stopped working, then within a really short period of time there'd be blood flowing in the streets. People would beat each other up brutally, it'd be terrible. A terrible catastrophe because these machines no longer worked. What sort of machine is this?

....

These machines are so widespread, they're everywhere, you can hardly imagine. Nevertheless, at the universities students are taught how they work, how you do it. A lot of people understand a lot about these machines. Thousands, no, hundreds of thousands. I have to say that I normally, if not always, sleep with these machines. I find it calming.

Electricity?

I'm talking about a machine. I can see three of them in this room, from where I'm sitting.

[1] Eliza was one of the first interactive programs. Weizenbaum wrote it 1963 at MIT.

Jörg Petruschat
Information takes command?

In its analytic and methodic inventory design follows a range of metaphors and paradigms: of creation, of construction, of information.

What reasons are there for such shifts in paradigms and what is gained and what is lost when this occurs? What is lost in terms of analytic and methodic substance when the world is presented in the images of computing systems, and would it not be more meaningful for the development of design to take diverging routes, to differentiate design into a multitude of manifestations?

The title is an allusion to Sigfried Giedeon's book »Mechanisation Takes Command«. This book describes the paradigm for design in the age of Fordist mass production: the penetration of modern life with technical mechanisms and constructivity, with criteria of functionality, of performance and standardisation. My title, »Information takes command«, includes the question of whether mechanical and thermodynamic principles are still valid for design, of whether the paradigm of technical mechanics is now antiquated.[1] This question concerning the post-industrial paradigm is of key interest because until today there is no such thing as design theory in the classical sense of the word »theory«. The reasons for this could be discussed at length focusing on the question of whether design can in fact be theoretised. This absence of theory in design is indeed remarkable and the situation increasingly paradoxical. On the one hand, post-modern reality is almost exclusively mediated via design: politics, competition, science, production, everyday life, media are all design projects, even if professional designers are not always involved. On the other hand, a wide range of academic disciplines exploit design empirically: ethnology, economics, anthropology, cultural studies, semiotics – are almost sensually preoccupied with design processes in the belief that intention, result and action are clearly highlighted in design processes and can therefore be more clearly analysed. But neither the prominent public role of design nor the occupation of the phenomenon by other disciplines amount to design theories.[2] This theory-lessness is something of a stigma for design because without theory design can only play a stuttering role in the discourse of power and is thus dependent on magic formula, lobbies and intrigue. Is it this lack of a voice which makes design so dependent on other fields? Could there even be a link between the thought-lessness in design and its public prominence? To the extent that Papanek's witticism, according to which anybody can be a designer, is true, it is also damaging to the profession and it has long been painfully clear that the social status and value of the designer is in decline. There is certainly no way that it could be said that the status of designers is improving. This is how Tomás Maldonado sees the situation: »We have learned that in the final instance the human environment is formed by powers that we do not control. We find ourselves in the dubious position of having taken upon ourselves a responsibility for society which is in fact exercised by others. Decisions are taken by others, without us and, more often than not, against us. The result is the situation which is so familiar to us and in which so many of us suffer. Never before has it been more difficult to give the human environment structure and content. Never has the human environment been so chaotic and irrational; never so rich in objects, never so poor in unifying and ordering structures. Never, consequently, has so much and, at the same time, so little, been expected of us architects and product designers. Never have we had so many virtual and so few real possibilities as today. Never could we have been used more, but never have we gone so unused.« |3 All of which sounds very drastic, very moralistic for today's ears. But it is a statement that was made thirty-two years ago.

There are good reasons to be on the alert in times of theory-lessness. And all attempts to find a way out of the intellectual torpor deserve to be given the closest interest and the fullest discussion. Both practising designers in key positions and ideologues in the field of design see one solution to the speechlessness and ineffectiveness in the enhancement of the consciousness of the designer in terms of media and information theory. It is hoped that the digital wave will allow us to redefine the function and the integration of the designer in the working process. As was outlined by Herbert H. Schultes in a discussion paper, it is hoped that the transfer of design to the paradigm of information would enable the designer to liberate himself from being caught up in the ecological disaster because it would be bits and not materials and energy which would then be the subject matter. |4 It is hoped that the integration of design into media structures and settings would give design (and naturally each individual designer) a global presence, opening up almost unlimited markets; and it is hoped that being located as closely as possible to the regulating and control mechanism of production and public opinion would ensure the best possible starting position in the age of Captain Kirk and Blade Runner. And finally, the cool glimmer of the digitally-based technologies is where the Californian dream of the virtual class is being dreamt, by »lone eagles« in the new electronic cottages, far from the polluted and stinking cities – back to nature, in the village. All that is required is an ISDN link-up, a postal service and an airport within 200 kilometers.

As a theoretician, I understand this wish and the hope to give design a new perspective. In these hopes there is fear, and in this fear is yearning. And the hope that design will experience a rebirth from the spirit of the media is not unfounded. Both design and the media have a structurally similar relationship to reality. Both realms, design and the media alike, regard reality as a result of their projections. For design this world view – that everything that exists is based on a draft, on a design – was for centuries the foundation of its applied aesthetic consciousness. This consciousness of playing God and designing the world was based on the fact that from its very origins design was a media technology. This is where it takes its name; from disegno, the drawing. Drawing, the use of the medium of pencil and paper; later of printing plates, liberates the draft, the plan, from its craft relationships of production and allows it to enter into its own sphere of cultural and technical competence. Drawing becomes a medium for understanding technology and culture: in design, man's visual perceptions can be understood, analysed and disciplined; the eye and the sense of touch interpenetrate. Drawings establish norms of mechanics and cultural styles and allow design to become a procedure which dictates models and standards internationally. Drawings are arrangements of power, instruments for disciplining industrial and industrious man. And one need have no reluctance in saying that without drawings there would be no industrial-capitalist manufacturing of goods. The medium of drawing provides the basis for the discourse which posits aesthetic man as creative man and according to which the chaos of the world is to be ordered aesthetically.

Media-technical design consciousness carries through to the Ulm discourse and beyond. However, this consciousness is no longer based on the drawing. The notion that the capacity to shape and form could help modern societies put their problems behind them, was degraded to nothing more than a fairy story by the structural power of industry and the military command before, during and after the world wars; by using mechanical systems in the killing, and by the informal power of financial capital. |5 Ulm symbolises the attempt to impart order and structure to highly-industrialised societies. Around the world, intellectuals such as Max Bense and Tomás Maldonado, and later Serge Chermayeff and Christopher Alexander, based their work on the science which had grown out of the control and regulation of industrial systems, such as Norbert Wiener's cybernetics, the information theories of Claude Shannon and the ideas of Abraham Moles. Human perceptions and the capacities to shape and form were modelled theoretically as a procedure of data processing. From Galvani's first experiments, which activated frogs' legs by passing electric currents through them, to the information aesthetics of Abraham Moles, who catalogues collections of images according to their semantic and intellectual complexity, there is a constant developmental line – even if it has so far been given little attention. It is one of the tragic constellations of design history that the information-aesthetic modelling of design in Ulm took place in critical contrast to the experience of the Bauhaus, which itself had hardly become theory; that attempts to establish a theory of design became entangled in the linguistic turn of philosophy and aesthetics; and that the ideas of William S. Huff, which are in turn based on D'Arcy Thompson, were never developed beyond fundamental geometric morphologies – Rolf Garnich would be a case in point – and fell beneath the wheels of populist-semiotics. But that would be a special topic, a theme of design history which could provide some instructive reform concepts if it were a subject at German schools.

In both cases, that is concerning both the myth of the origins of design in drawing and the moves towards an information-aesthetic, design is described in terms of communication and reproduction |6; design is reduced to investigation, as Otl Aicher formulated it in an internal paper at the Ulm College of Design. But this tells us very little about the competence and foundations of design. Initially the form-invention procedures were to be demystified. Changes, evolutions and revolutions in ways that things are used, the domain of the culture of objects, is external to the information-aesthetic approach. |7 That doesn't make information theory redundant. As long as design does not amount to simple planning, but the realisation of requirements, the information-aesthetic approach is excellent. In this way graphic design can be described using the inventory of media theory, as along as it is a question of, for example, the aesthetic translation of text and image from one medium into another – the basic constellation of LayOuts. But when it comes to describing the planning aspects of graphic design things immediately become more problematic. The classical vocabulary of art studies is then often used, things become nebulous and whatever is prescribed by the person in authority – be it the client or the professor – prevails. The media-theoretical approach becomes even more troublesome when it comes to product design and architecture. It is in these areas that the information-theoretical justification for design culminates in the notion of the interface. But what am I supposed to make of the designing of a user's surface when I am not even certain whether what we are not in fact confronted with is the design of the surface of the user? The essence of design, that is the pleasure of handling an object in use, is denied all its spatial elements (its improbability). Information-theory modelling of the design process in signs and signals, relays, processors and effectors, coding and decoding, only describes space – those three dimensions of human existence – in an incomplete and grid-like way. That is ideal in terms of geometrical requirements and the language which describes the movement of mechanical tools. However, I am not talking about geometric space, but about the unpredictable space of our physical relationships. After all, it is in the realm of human happiness that the very core of design is located.

There is not only the media history of design, the history of design as drawing, as ornamentation, as the user's surface, the history of coming to terms with technology and the dominant taste. There is also the history of design as planning and construction; a history which intones and demolishes the currently prevailing conditions of technology and cultural communication; a history which only comes into its own when it goes on the offensive against the integration of design in the status quo. This history comprehends planning as a special kind of work, as a specific capacity; this history demolishes the limited surface of the drawing, the limited angle of vision of the eye and the hand; it discovers the dynamic of the body and its spatial tensions, analyses the shapes and forms of social interaction, seeks resonances between the senses and the cosmic world. This history and story is the shaping of a cultural grand design, it postulates the subordination of the economy of production to the living requirements of man. It views drawing not as an end but as a means, planning as neither an expression nor a signum, but as a value in use. It is only by overcoming media-technical limitations that design begins to create specific forms; forms which supersede the model of tradition and technological habits. The autonomy of the discipline begins beyond the media-technical integration where it finds an independent relationship to other accumulated knowledge, to engineering, to architecture.|8

It is against the background of this history that work (or what Albrecht Dürer would call erbet – old German for Arbeit, work) has emerged which surpasses the mechanical paradigm and can only be viewed as discursive in the paradigm of information. This work, for which the removal of the border between surface and space is the most common example, represents design's aesthetic capital. Renewed design competence comes into existence in real physical space, not through the levers of machines, not along the patterns of illustrated magazines, not in further training courses for operating systems. The development of design competence must therefore be shaped by those disciplines which are concerned with man's sensory capacities and his ability to shape his environment: cultural studies, aesthetics, semiotics, physiology and psychology, anthropology and ethnology. That much is clear and obvious. What is more difficult to theoretise is the fact that design itself acts spatially; that its activities analyse space, are complex, imply a division of labour and are synthetic. Which is why it is very forward-looking of the colleges of design to have established chairs for professors of design theory, although the material they are supposed to teach is so indefinable. These teaching and training institutions might in future be the only places where the integrative coupling of disciplines related to design could be possible: it is only at these colleges where such a range of expertise is gathered. The disciplines incorporated within the college structures make it possible to transform them into agencies of interdisciplinary expertise – in this way they become interesting for students wishing to surf between disciplines while working on one specific project, for the teaching staff, and for those who want to access the college as a resource for problem-solving. For the colleges this means that they must present themselves as sites of a competent design public; in the colleges the job market and its values are prefigured; they are places and not just WebSites, places for face-to-face contact: they provide a space for which there is ever less funding.

The proposal that space and not information should be spoken of as the center and fundamental relationship for design, to speak of space as the realm of human happiness, is at the same time an appeal for a space which is liberated of technology. I do not conceive this liberation of space from technology as a collection of sack-cloth bags. The new technologies are technologies of automation and regulation; they leave no space for man in the technological systems. After a century in which machines have been human-ised, that is human bodies have been built into machine cycles, man is now being expelled from the machines like putrefaction. Man is no longer even required as the genitals of the machine, the part which fulfils the machine's wishes and keeps it running. In his desperation man attempts to in-form technology, couples muscles and nerves with electronic devices in order to overcome his own expendability (illness and death), which intone on the infinity of the mechanical and electronic systems – at the same time genetic technology is undermining uniqueness, that is to say vulnerability. The cultural drama implied by this development and its consequences must be considered. But by whom?

Machine fetishists |9 do not possess the necessary distance and sobriety which is required for such thought. Events are already being dictated by the facts. Some art colleges now regret having spent hundreds of thousands of Marks on technology which is already so outdated that hardly any of the graduates will find similar technology in their future places of work. In Hannover students have already called for workshops to be maintained and extended; the art director at PixelPark, at just thirty years of age, already among the eldest in her company, told me just a month ago that she was not aware of any application which would justify the use of the information architecture which the computer made possible. Hartmut Esslinger simply gave up after a year of trying to use some really expensive computers which did not prevent frogdesign from forming computers; the highly-successful Italian company Atlantis first constructs its chairs in secret and by hand on a 1:1 scale before scanning them for CNC production; Norman Foster has refused to allow details of his Reichstag construction to be used for a visitor's animation program, fearing that they might be illicitly imitated; Joachim Sauter of ART+COM dreams of a class of people known as the netizens, of the distribution of quality symbols denoting different levels of truth in order to channel all the gossip in the Net and is, by the way, working on reproducing the world in data form; Stelarc, an Australian video artist, attaches his muscles to computers, gets into a trance and allows his movements to be guided by a digital computer, most recently while linked up to the WorldWideWeb. If the digital age is to be an age of communication then anybody who wants his voice to be heard in the digital world club must have something to say. Because information is difference. The challenge is that the only thing that qualifies as information is what is not already part of the informed system. It is the digitally-based technologies themselves which consign what is unpredictable to the area external to their processing procedures. Work on information technology does not therefore mean passing on information to the systems, the world, hand, brain and body: it means in-forming the systems.|10 It is only in the consciousness of the difference between man and machine, between brain and computer, between eye and sensor that design can in-form technology.|11 Simply making what is technically possible more aesthetic would – in media-theoretical terms – be redundant, that is nothing more than gossip.

|1 This is a question concerning the theoretical figures of speech in which the present, and that also means objectivity, is comprehended and the future is designed: on what kind of comprehension, what kind of thought pattern, which tells its own fairy story of shaping its environment, is design based? The practical ascendancy of information technologies is reflected in the title »Information takes command«. This is linked with the expectation that the process of thought in design will move closer to the categories of this information technology. After all, since its very beginnings design has always understood its role to be that of following the advanced technologies in its analytical methodology and problem-solving, in its world view, its Weltanschauung: in the pre-industrial age the aesthetic world view was based on the hand – it followed the fundamental principle of creation. In the industrial age the reflections concerning design were oriented towards mechanical production systems and the guiding category for design was efficiency. Can design today and in the future only be explained and understood if it is analysed in terms of information theory?

|2 One could ask oneself the question why design has only been theoretised in certain historical phases, and when it comes to answering this question one will notice that theory-less periods were periods of power-lessness and ineffectiveness for designers. The need for theory was linked with the aim of clarifying the conditions for the realisation of design work and the conditions under which the teaching and communication of design take place, as well as legitimising design in a social context.

|3 Tomás Maldonado in: ulm 12/13, Magazine of the College of Design, March 1965

|4 In the work of Herbert H. Schultes the figure of speech representing this impotence is design light. In response to the question of whether design could react to ecological challenges, or whether designers might even be part of the problem themselves, Schultes drew up the following list: » – The designer is not asked whether – with reference to environmental

destruction – it might not be more advisable to produce this or that product; these are matters where decisions are made by product developers and product managers.
– The designer has no influence over manufacturing methods and locations; it is production engineers who make these decisions.
– The designer can not even choose the material to be used to manufacture a product; that is a decision which is taken by material specialists, based on technical and economic criteria.
– When it comes to colour, a quintessential realm of the designer, the designer is only allowed to choose the colour itself, a certain aesthetic quality; the chemical composition, which is at the core of ecological concerns, is outside his sphere of influence.«
This list shows that the designer is excluded from all areas in which the product can be regarded as hardware. But that is not the end of the story.
Once Schultes had uttered the sentence, since adopted as standard wisdom, according to which the best way to protect the environment would be the principle of avoiding products – he added the following sentence: »Designers are simply not consulted when it comes to making this decision, because this is a corporate question.« – he went on to recommend that design be informally abandoned: he interprets Negroponte's recommendation of being digital as a call to action, namely, to investigate the material world to see to what extent it can be dematerialised. The aim of diminishing the energy and material content of products would be full digitalisation. Neither would the material remains be the subject of design, but a skeleton to be formed over. These remains would be where the designer could become a preacher. Schultes calls it, »design in terms of aesthetic and symbolic quality« and believes it should be »trendy or even chic ... to own or use these products«. It is therefore only logical that his discussion paper ends with a range of somewhat bizarre remarks, including a concession. Schultes himself – he is, after all, head designer at Siemens and therefore the key protagonist in the sector of classical function-oriented design – openly confesses he is »suspicious of the rationality of man«, because man does not act logically, but »psycho-logically«, not »rationally« but »emotionally«. The identification of rationality and emotionality as opposites implicitly banishes the theoretical approach from practical design work, especially from such delicate areas as the guaranteeing of survival. And the chastened self-respect of designers is poured out in the words of great political leaders as well as in those of a rockstar from the seventies. Or as Schultes puts it in his description of design light: »I can say with complete conviction, I'm a believer!« And if the danger of being accused of arrogance was not so great, I would take up the legendary words of the great political leader Martin Luther King and say, »I have a dream! – the dream that the designer can play a key role in saving natural resources and thereby preserving the environment, by uncompromisingly realising the principle of design light.« In this way, what follows from the acceptance of the impotence of the designer is the belief which links the dream and the vision of design light; design light brings together belief and dream. Reflections on the impotence of design – we are not talking about theory here, although the article did appear under the rubric of debate, and the contents were set out in the form of a discussion paper – produce religious consciousness.
See Herbert H. Schultes: Design light; in Design Report 11/96, p 38

[5] In Ulm it was not a matter of the ability to draw. The drawing, the aesthetic of the hand, lost its ordering power.

[6] Design is the capacity for self-presentation, design is an instruction manual for industrial production. A lot can be said in terms of media theory about the integration of design in more general political, economic and technological contexts. Media have an undoubted advantage because they process information to create virtual realities. Media are media because they create a possibility of transition, a virtual realm, between two states. But this process of mediation also implies its own undoing, that is the dependence of the media. The drawing makes the artist dependent on the whim of the client, the computer leads to dependency on having a connection to information technology.

[7] Design according to the plain wisdom of Vilém Flusser's media-technical theories, is restricted to the Gods, the practitioners of metaphysics and those machines which have greater calculating capacities than man. It was only once computers were capable of generating the Matterhorn on the computer screen that we knew what we had meant when we said it was beautiful. In media-technical terms the designer is a simple-minded creature who gives shape and form to the ideas which occur to him. His task is to sell these ideas to others. What the designer can achieve depends on how he holds his pencil, from his knowledge of the hardware.

[8] In this design history the mediations have not only been the measure of man, but man has also been the measure of the mediation of objectivity.

[10] The submissive relationship to the machines, the fear of only being worth something when one is informed, that is to say a datum in the system, this submission and fear, have their origins in the relationship between control and punishment. See M. Foucault, »Discipline and Punish, The Birth of the Prison«

[11] The interface is the delimitation between incalculable and calculable space.

Joachim Sauter
Digital duplication of the world

In that grey and distant age when reality still mattered and professors threatened to pour sand into the computers, ART+COM was founded. Initially it was conceived as an Institute for the study of the new media which was to be coupled to the art school, the Hochschule der Künste Berlin. Resistance from within the school prevented this plan from being realised. So ART+COM became a non-profit organisation, located near the Kurfürstendamm, with a view of the Gedächtniskirche and the Europacenter. Here they conduct research under contract from, amongst others, Mercedes Benz and DeTeBerkom, a subsidiary of the Telekom. The volume of contracts grew so large that the law required the establishment of a company. Joachim Sauter is a professor at the Hochschule der Künste Berlin, and a founding member of ART+COM. Trained as a graphic designer, he now feels an affinity with the pioneers of film from the early twentieth century who, like him, strove to create a specific language for a revolutionary new medium.

A conversation with Joachim Sauter

form+zweck When was ART+COM founded?

Sauter ART+COM was established in the late eighties and had the goal of studying the new media. In Berlin we were fighting against attitudes that were extremely anti-technology. The tradition at the Hochschule der Künste, deriving from the late-sixties movement, prevented an open discussion of the new media which was a matter of course at other universities, not to mention internationally. One statement that stuck in my mind was: »We will pour sand into your computers.« This was the level at which these issues were discussed. It was driven by fear, of course.

This fear, was it existential? Of being pushed out of the market for teaching, for contracts?

No, it wasn't existential. It was the fear of having to argue from a position of ignorance. The then thirty-five to sixty year olds were involved with their jobs and had not had the time to acquaint themselves with computers. The younger ones had been raised with them. Those of us who founded ART+COM back then, from within the university, had recognized that the computer was not just a tool but also a medium. It can not just rationalize processes and sequences of steps, but it is a medium that facilitates mass communication.

Our first projects were aimed at showing very clearly what it was that elevated the computer from a mere tool to a medium: 1. Interactivity; not just linear execution of commands, 2. Multi-mediality; units of different types of media (images, sound, typography, virtual space ...) can be independently addressed, 3. Inter-connection, which is ultimately what turns it into a mass medium. In the meantime, over approximately the last five years, the university has managed to catch up again with comparable institutions, driven by the initiative of a new generation of students and teachers. By integrating the new with the traditional tools, it has even created a distinctive quality of its own.

What does the fascination with this medium derive from?

I am very happy to be living in this generation of designers. It is a fairly rare occurrence to have a new technology give birth to a new medium. With the advent of every new medium follows of course the conception of a new, media-specific, language. The technology for film was developed in 1895; five years later, the foundations of the language of film had been laid. We are now essentially in just such a period. To analyze and explore this, »medium of the century« as a designer is the most exciting thing one can experience.

What is it that makes this medium special, different? This story, that it is the interactivity that computers have made possible, has so far not been completely convincing. Monologic structures have so far been dominant: I am presented with a concept, in which I can play around beautifully – like with a set of tinker-toys, one might even come up with combinations that the designer could not have anticipated. But fundamentally, it is a very passive interactivity. One consumes, a sale takes place. This is why I am interested in the connection between the digital structures and those of the network. The net can be the source of unlikely impulses, and it seems like this improbability could bear what is truly new about the digital media. Still, such impulses are bound by the language of the keyboard, and will not give rise to new aesthetic forms.

I wouldn't agree. I cannot determine a conclusive grammar for the language of this new medium – this would mean our work would be done. But a very illustrative advantage of interactivity is the ability to lead the user to a specific point of view, while he has the impression of having found it himself. This makes the user much more open to accept this information.

This reminds you of classical techniques of manipulation?

Yes – when trying to communicate information, I must lead the user through an information area.

The question is whether the promise of being given a choice through this interactivity is not a construct, carefully measured, in order to somewhat obscure the goal of opening the user to a specific message or piece of information.

Right – as with a novel, or also a film. Of course I am trying to place the user into the role of the actor, and this I can do much better using an interactive application. This manipulation is a type of dramaturgy which presents him with information in a much more accessible manner.

Now we are talking in the conceptional terms of the old "Gutenberg galaxy" again. We have an author, and a recipient for whom a point of view is constructed. What are the special, revolutionary, qualities of this medium that break up these old constellations?

The constellation author – recipient is not broken. Not in a local, interactive application. For network applications, the process-like quality is very much a current design paradigm – as it is in other areas, like architecture or design. As an author, I set up a process. An example I quite like is the EXPO 2000 logo. What is new is that somebody doesn't just create a logo, a brand that is fixed. A process is described, and from this process something develops. This means the logo changes depending on the application.
The entire net is designed in such a fashion that the authors initiate a process, and the users create the product through their participation. A fundamental difference to the traditional media is that you now no longer have an editorial board reacting for the reader, that everybody can integrate information into this net.

I will jump to a different topic: Do you love your machines?

No more than I used to love my typographical tools.

What constitutes the difference between the computer's qualities of being a tool and a medium? I am interested in whether the relationship with the computer is properly defined by the term »tool«, or whether the computer is not rather an interface into a world one can act in, where the spectrum of the virtual has not become material, but is constantly generated.

It is an interface to something vast, it is the eye of the needle or the telescope or even the megaphone. This quality is course of greater importance.

Negroponte says he is quite addicted to his computer. For him, not to be online is terrible.

I have personally never experienced any signs of withdrawal. Since it is a medium of communication, an interface to social contacts, it is a different issue. There are of course these people that lose their social contacts to the outside because they spend all their time on the net.

But I am sure Negroponte does not lack social contacts.

I believe what he is trying to say is that his everyday life, his work, his communication, is focused on this medium. I could not work without it either. My communication runs through the net. Eighty percent of the communication with contacts outside of ART+COM or the Hochschule der Künste also runs via the net. Work on my projects, and those of others.

One basic notion of the media is that they represent our externalized senses, the extrusion of our central nervous system. This amputation results in our becoming narcissistically enslaved by them. We look at them and are in love with them. Regarding Negroponte, such an intimate relationship is understandable – although not to this dramatic extent. He says that there is no room for paper in his life. I wonder how the generation that succeeds him will establish a distance to the media, to the power of seduction it commands, the addictions it can produce, the sedation, the hypnosis. Could this distance perhaps result from the fact that working on the computer is a job?

No – more likely it is the familiarity. My understanding of design, and life, are very similar to Negroponte's. I come from the »Bauhaus – Ulm« tradition, and would, like Negroponte, be most happy with a very reduced piece of technology in order to communicate with the outside – my voice is not sufficiently loud, it can't traverse the distance. A purist method to transmit the experience and creativity carried around in one's head to the outside, and to gain what nourishment one needs in reverse. Very different from the Nintendo-generation that has been entering the universities over the last few years. They don't think in these terms anymore. The media have been part of their socialization. Many define their identity via the media, because it is a means of individualization to have a computer, and be competent in its use. Frequently it is also an object of frustration, of failure.

Are not those addressed by the interactive media something like bugs, sent in a certain direction? And the way to make this succeed is to throw confetti, to dazzle, to build scenarios – stage-sets that functionally make sense. A perspective geared towards impressing, where the effect is generated in a calculated manner.

As it is with posters, with films ... . Those five percent doing good work in the new media have had good training. This is the same for all media.

Training in what?

In design. In creating concepts and communicating them, someone who can talk to people who have skills he does not have.
In the Internet, everybody has access to the tools, and this is generating a visual culture I find difficult to identify with, to put it mildly.

What are the characteristics of this visual culture?

Visual opulence, dilettante usage of the available possibilities. The typographer now believes to be qualified to create a film, a time sequence. This is the same problem encountered with the video camera in the seventies. Everybody that had a camera thought he could make films.
Structuring interactive material is not easy, since a body of experience to draw from does not exist. Apart from the purely formal and editorial aspects, there is also the idea of the link, the question of how to inter-connect pieces of information with one another.

I am interested in how links are used in interactive situations. In the net – and this is the direction that developments are taking – the issue of links becomes immediately problematic, since it gives me such a destructive influence on the texts of others. So radical an alteration of the original intention, that notions like intention, purpose and so forth become basically superfluous.

This is the problem with the transferal of traditional processes to a new medium. In the net, I don't read linearly from A to B, as I would in a book. I also don't write linearly, as I would for a book. I have the possibility to refer, from within my text, to another author's text, or call up a film… . As the recipient, I can have the text read to me if I am too tired to read it myself. Production and reception are different. When I get »linked« somewhere else, the linearity of one author's thought is interrupted and I find myself following the thoughts of another. The author of the first text has created the link to the other. This means it is an intended possibility.

Is writing the appropriate medium for interactivity? It is linear and discursive, is doesn't fit on screens very well and is hard to read when pixelized. On the other hand, this much-rejected and maligned writing seems to be the only thing one can hold on to. Our visual associations are so varied, so ambiguous, that one is grateful to still have words that one can read one after the next. This is one point where steadfastness exists.

Multimediality and networks have also existed in the past. Only now we have a machine that brings all this together.

The manifestos of the Cyberians are full of pathos. They are reminiscent of times – about seventy years ago – when a similar pathos was found, when it was believed that it was possible to change the world through the design of objects or surfaces. What is your opinion of such fairy tales? Do you act with intent towards the future, do you desire certain changes, or is it rather a pattern of stimulus and reaction that transcends the present. Are you starting a process, out come nobody can predict?

Intent is always a component, but the result can not be predicted, that is in the nature of the experiment. And we consider ourselves experimenters. If we could describe the outcome, we would not be working here.
One of these experiments is the development of a specific virtual architecture. It is for example possible to assign a time-dependent behaviour to objects, or a behaviour specific to the moment of interaction with them, and thus create architectures only conceivable in a virtual context. This is what distinguishes them from the majority of the virtual worlds currently seen: Most of these could also be created in reality, or are even merely representations of reality. It allows architects to think about architecture in a new way.

The peculiarity of architecture is that it is not alive, that it is something static. Does the architect wish to overcome this fixed aspect? Does he believe he will find an architecture of growth, of change, of vitality by this route? Is this his dream? Is he using the virtual just as a space to think and experiment, to then return to the congealed world, or does he believe that the future is to be found here?

It is important for the process of design. A friend of mine once talked about genetic architecture, meaning that the objects themselves reproduce and form new generations, and he then, in terms of a design process, picks out an object from these generations … . But space is also an important dimension for information design. The multi-medial interconnection of objects allows it to spatially link information. Although I can organise more information in two dimensions than in three, it can be done so more clearly in a three dimensional space; it is possible to design information architectures. In virtual spaces it is possible to generate the impression of having selected the information obtained oneself. In addition to this, we have been spatially socialized, our entire mental organisation can be better described in three dimensions than with the previous 2D applications. Three-dimensional space has been the form of organization of information since antiquity, mnemonic techniques function this way as well.

*About three years ago, we talked to the president of Weathernews, Hiroshi Ishibashi, in Tokyo. Everything that duplicated reality in a documentary, highly resolved manner, this was his subject; this was where he believed the future of information design and global interconnectedness to be.
Is this still the case today, could one say that the Germans tend to focus on processed information, that their orientation is structural and abstract, whereas the Japanese tend towards duplication of real-time space?*

I don't want to generalize. I am familiar with Ishibashi's ideas. It has to do with the fact that the weather could up to now only be represented abstractly. Now one finally has the possibility to show the real weather patterns.
Information designers for the digital media create the relationship between reality and virtuality. One method of organizing information in the virtual space and making it accessible, is the combination of realistic representation and abstract visualization. The realistic and familiar is an aid for putting what has been abstractly visualized in context and making it understandable. At ART+COM, we have been working on a virtual representation of the earth, that is to be as realistic as possible, for several years. In the TerraVision project, we then organize abstract information architectures on this virtual planet earth.
It is not possible for us to display the entire earth in high resolution on our own, since this amount of information could not be stored in one place. So we developed a system, into which contributors in the whole world can integrate their local information, which can then also be globally accessed. We, for instance, are responsible for Berlin. If somebody from Bonn wishes to look at Berlin, he can use this system to move through Berlin. Our data is then integrated into his system.
The exciting thing about the TerraVision project is not the realistic representation, but the development of design-methods for the abstraction of information: We can wrap a second, graphically abstract and transparent layer around the earth, for instance the ratio of nurses per one hundred inhabitants. We can wrap another layer over this: the child-mortality rate. I then have information layers that have points of intersection. These points can then be put back into relation with reality. Here it gets exciting. This is where the statistician comes in that says: »We are giving the user the possibility to see things he really shouldn't see: He could arrive at the wrong conclusions.« This is where the discussion about expert knowledge and competence begins. On which level is the information editor to be integrated, and on which level the expert? How should information be summarized and collected? After creation of the interface and the visualization strategies, the grand discussion about layers of truth, about seals of approval for information begins, that can really only evolve or be developed jointly. One approach would be to have those individuals that have demonstrated their competence in the net be given a »seal of approval« by other users. A designer that has published a number of useful concepts for the visualization of information in the net,

could be awarded a seal of approval for competence in design by the net community. This would permit him to visualize for instance sociological information on TerraVision. Of course only using data from sociologists that have been awarded the seal of approval by the net community as well.

Next to these very hermetically designed layers of information on the representation of the virtual earth, layers that are completely open will exist as well, to which anybody can link information in accordance with the current culture of the Internet.

This is where one sees an advantage of the digital medium: A virtual object can receive an infinite amount of information. But depending on the filters I employ, it shows me what I am interested in and what I am willing and able to take in.

With the TerraVision project, and the approaches to inter-connection, visualization and competence it incorporates, we are trying to initiate a process with the goal of creating a knowledge generator in the net that is the joint responsibility of authors and users.

Hans G Helms
From the Punch Card to Cyberspace

Anybody who today works with digital media accepts them as a colourful offering of the information age. The user simply has to accept the linking of hardware and software, which limits him to a certain program configuration. The following text illustrates how at the beginning of the development of calculators and computers hardware and software were divided. It goes on to show who and to what end these two developmental pillars were linked and how their development was financed.

Hans G. Helms, a friend and student of Theodor Adorno's in the fifties, the author of »Fa:m' Ahniesgwow«, the first major attempt to compose language, chronicler of urban sprawls, and author of the legendary film »Birdcage« about his friend John Cage, has for many years closely followed the development of artificial intelligence. Hans G. Helms today lives in Cologne as a freelance artist and private teacher.

On the social implications of computer development |[1]

|[1] slightly shortened version of a lecture held at the 7th International Bauhaus Colloquium, Weimar 1996. »Techno Fiction. On the Critique of the Technological Utopias«; uncut version in: Thesis, the scientific journal of the Bauhaus University in Weimar. – Weimar, 34 (1997) Edition 1/2
3 Noble, David F: Forces of Production. A Social History of Industrial Automation. New York, Alfred A Knopf, 1984, p 71 4L c, p 75

I

If one understands data processing as the mechanical utilisation of data to control work processes which produce organised data groups materialised as products, then one realizes that data processing is not just as old as the industrial revolution, but that it is also one of its constitutive elements.

Viewed structurally, early spinning machines – from James Hargreaves' *spinning jenny* of 1776 or Samuel Crompton's *mule* of 1779, to Richard Roberts' *self-actor* of 1825 – represent primitive analogue control circuits, which regulate simple production processes. By way of contrast, Edmund Cartwright's mechanical weaving loom from 1785 already symbolises a relatively complex control process conditioned by its product, woven cloth. All of these early data processing textile machines have in common that the program controlling the work process is part of the mechanical construction; that it is built into the machine.

When Joseph-Maria Jacquard invented the model weaving loom in 1805 he divided the *software* from the *hardware*, the control program in the form of punch cards from the machine, which functioned according to instructions based on the holes punched in the card and – depending on the punch card and the program – mechanically produced a fabric with such and such a pattern, in such and such a colour. It was with the punch card that Jacquard introduced the binary system, the basic architecture of all data processing machines and computers which still applies today: the needle which reads the punch card either finds a hole, that is a »one«, enters it, causing changes to take place, or it only meets cardboard, that it to say a »zero«, and the situation remains unchanged.

Less than two decades later the engineer and mathematician Charles Babbage fully divorced data processing from the manufacture of material goods. In 1822 he used funding from the British government to design and construct a calculating machine, the direct mechanical predecessor of today's computer. The *Difference Engine*, as he called it, was capable of performing polynomial adding and subtracting calculations with up to six figures without any errors. However, the *Analytic Engine,* conceived by Babbage in 1832 and aimed at solving nearly any arithmetical problem by applying analytic methods, could not be built given the tools and materials of precision engineering available at the time.

Charles Babbage divided pure data processing from mechanical control systems with the aim of putting the mass production of the developing industries on a scientific footing, that is to say, to base it on statistics derived from precisely determined data, and of subjecting it to control *in toto*. The Cambridge-based mathematician and economist had observed that the capitalist economy could not function without permanent analysis and reorganisation of its resources and forces of production, production processes and sales markets.

Babbage based his appeal for an organised, prosperous, flourishing and progressive economy on a scientific foundation, on the statistic-analytic competence of the calculating machines which he called *engines* because they would be driving forces both for individual factories and the economic system as a whole. With the help of an inexhaustible flow of data and continuous cost-benefit analyses based on data processing, average values for all aspects of the economy could be determined. This would in turn give a boost to technological progress, and technological progress would bring with it a progressive division of physical labour from intellectual labour.

When, in 1832, Babbage published his theoretical magnum opus »*On the Economy of Machinery and Manufactures*« in London, the first edition of 3,000 was sold out overnight. The German edition, »*Ueber Maschinen- und Fabrikenwesen*«, published in Berlin a year later, was already based upon an extended second edition. With his clear analysis Babbage had stimulated his contemporaries, but he had also frightened them, since it already vaguely outlined that law which is inherent to the capitalist system: Karl Marx later defined it as the »*law of the tendency of the rate of profit to fall*«.

If profit rates begin to fall due to both the pressure of competition and overproduction – so Babbage's argumentation goes – then, in order to maintain or even increase profit rates, it inevitably becomes necessary for the capitalist actor to use reliable cost-benefit analyses to constantly ensure that investments are reaping the maximum benefit, to improve the machinery stock and the division and organisation of labour, and to cut labour, capital, raw material, energy and transport costs. It is only through innovative and objectively necessary rationalisation measures that prices can be achieved which justify the investment and are competitive on the market.

During the early days of Manchester capitalism, when industry developed rather randomly, Babbage already saw the central function of his mechanical calculators in providing planned and rational structures for both individual companies and the economy as a whole. In this way Babbage anticipated by 150 years the concept of modern computer-based management systems which are meant to control and monitor the overall economic process in a factory or in a corporation as an integral part of a well-planned and operated economy. As we have all too painfully come to realise, the management systems we have at our disposal today are in no way deployed for the realisation of a socially and ecologically responsible national or global economy, but to serve the greedy interests of corporate profit maximisation.

Just as he attacked the generally unsatisfactory condition of the roads and canal network, Babbage also vehemently criticised the often defective architecture and internal organisation of factories, the arbitrary choice of plant location, the massing of factories in one location and the ill-considered plant expansions or relocations. He defined them as economic factors and demanded that they be precisely measured in the same way as other factors, that the measurement data should be evaluated with the help of calculating machines, and that they be included in cost-benefit analyses.

II

While the practice of controlling and regulating machines by using punch cards and punched paper tapes gradually became more widespread in many branches of industry and especially common in the machine tools sector, the process of mechanical data processing stagnated for half a century. It was not until the mid 1880s that Herman Hollerith, an engineer who had taught at MIT, the *Massachusetts Institute of Technology*, was commissioned by the United States government to develop a *tabulating machine* for the 1890 census. This machine was capable of tabulating individual data from the respondents according to specific categories.

The electro-magnetic *Hollerith machine*, as it was soon called, enabled the state, which, as in the case of Babbage's *Difference Engine*, was involved in its twofold capacity as financier and as *the ideal personification of the total national capital* (Frederick Engels), to determine how many male or female inhabitants with white, red, black or yellow skin lived in San Francisco or Bismarck, ND, which age groups they belonged to and what their professions were. On the basis of this data the machines further calculated how many conscripts would be available in case of war.

In order to carry out the 1892 US farm statistics, Herman Hollerith improved the tabulating machines, which were still only semi-automatic, by supplementing them with an adding unit that was also electro-mechanical. Used in tandem these two calculators told the president in the White House in which region the biggest soy beans had been harvested, where the tenderest cattle was grazing, or whether black or white farmers were more industrious cotton pickers. This data mobilised manufacturers of agricultural machinery and encouraged the fledgling agro-chemical industry to make every effort to boost yields per hectare.

The Hollerith machine processed data arranged on punch cards in a maximum of 240 positions. As with Jacquard the punch cards were initially read using needles, which formed an electric circuit when they entered a hole. But in order to increase the speed of the calculators Hollerith soon replaced the needles with metal brushes. Recording the data on punch cards proved to be a bottle-neck as the women who were the best punchers or data typists only turned out some 700 cards a day and their male colleagues significantly fewer. Data typing has been poorly paid women's work ever since. In an attempt to increase the productivity of the data typists, Hollerith constantly sought to improve the punching machinery, and eventually developed the electro-mechanical keyboard or pantograph punch. To increase the overall capacity of the system he also converted the semi-automatic calculator into a fully-automated machine and augmented it with automatic card feeding and sorting equipment.

After Hollerith's machines had successfully handled the Russian census of 1896 – with 130 million subjects the Czar ruled over the most heavily-populated threshold country of the period – they were adopted in all industrial states for collecting demographic, agricultural and industrial data. Thereafter private commercial customers began to appreciate the rationalising effects of electro-mechanical data processing and wanted to profit from them.

Marshall Field of Chicago was the first of many department stores to use Hollerith calculators for their purchasing and sales planning, warehousing and logistics. Once the *Prudential Life Insurance Co* of Newark, NJ, had realised the advantages of using Hollerith's calculating system for reducing the incalculable risks of individual insurance cases to a statistically calculated average risk, that is for reducing the risk factor and increasing profits, the big insurance companies installed hundreds of Hollerith machines.

Hollerith's breakthrough into the manufacturing sector was achieved, however, only after the robber baron Commodore Vanderbilt began to use Hollerith calculators for a range of tasks at his *New York & Hudson River Railroad*. Their most important task was to monitor and rationalise the circulation of both loaded and empty freight cars, which until that time had been both unmanageable and expensive. In this way the real operating and amortisation costs of a mixed freight train from Chicago to New York or a unit train carrying wheat from the cornfields and silos of the Midwest to a port on the East Coast could be calculated. If capable of performing such complex calculations, Hollerith systems could also easily be used to assess and rationalise production processes in the manufacturing sector.

The very first customer, the United States military, had shown interest in Hollerith's invention two years before its application in the US census of 1888. And right through to today the military has remained loyal to data processing, becoming its number one customer and playing a decisive role in influencing, financing and adapting it to its requirements.

In 1888 the US War Department tested the Hollerith calculator when compiling health statistics of army personnel, to be updated on a day-to-day basis. After this test the logistical advantages of the machine were demonstrated to the generals and admirals, to begin with for the transportation of troops and war material and later for supplying the Army and Navy with food, weapons and munitions. The full effectiveness of the Hollerith calculator became evident when put to a purely mathematical task with a large number of variables: calculating the trajectories of projectiles under varying environmental and wind conditions. The tables which were produced in this way optimised the accuracy and destructive potential of the artillery both on land and at sea. In the First World War the headquarters on both sides of the front lines used Hollerith calculators: the slaughters on the Somme and near Verdun bore ample testimony to their effectiveness. The German naval command stood out by using Hollerith machines to plan and carry out total submarine war, as well as evaluating its effects.

Herman Hollerith was a monopolist. In order to block any potential rivals from entering the computer market, or at least to make it as difficult as possible for them, he refused to sell his machines. In the early days he had put them at customers' disposal free of charge, making his profit on the sale of punch cards, which he also produced exclusively and which the customers had to buy from him. Only after the turn of the century, by which time thousands of units were in operation, did he start renting out the machines so that he could more quickly recoup the capital invested in them. The rental or leasing price was based on machine capacity and operational utilisation. It was Hollerith who established what was to become the standard practice in the sector of renting hardware and selling software. His successors, the computer monopolists *IBM, Remington Rand, ICL, Univac* and *Burroughs*, managed to perpetuate this system until the emergence of the PC and *networking* after 1980 signalled the end of the era of large computers.

In 1911 the 51-year-old Herman Hollerith was persuaded by Charles Flint, the so-called »Father of Trusts«, that he should become a *gentleman-farmer* and start enjoying the fruits of his labour and allow his company to become the core of an office machines trust or corporation which Flint was proposing to set up. As *IBM*, short for *International Business Machines*, this monopoly corporation was to dominate data processing worldwide for some 70 years.

While Herman Hollerith brought data processing on its way, Frederick Winslow Taylor attempted to rationalise industrial production processes by measuring the individual movements of manual labourers and using the resultant data to formulate his theory of *scientific management*. The process which had begun with Babbage's *Difference Engine* and his all-encompassing cost-benefit analysis and which was carried onto a higher level by two men working in separate fields – Hollerith with his electro-magnetic computer and Taylor with his ideas of scientific management – was, at least in part, brought back together again in Henry Ford's conveyor belt production. Although only partially integrated, these two approaches both served the goal of production rationalisation – of which the conveyor belt was the visual manifestation.

This Fordism was the beginning of data-based mass production subject to extensive and ongoing rationalisation; mass production not only of automobiles but also of all the other technical consumer goods, with home appliances and garden equipment filling private households to bursting point.

The first cautious attempts to integrate data processing and process control into one whole system, took place in the continuous process industries, where production must run continuously and can only be interrupted at a loss: in electricity generation and oil refining; in the chemicals, rubber and glass industries. It was not, however, until after the Second World War that it was possible to integrate early computer-based production planning and monitoring and the regulation and remote control of production process to create computer-controlled refineries or factories in which human workers were solely required for the supervision of the instruments and maintenance of the machine units or for auxiliary functions such as transport.

III

Great wars generally tend to trigger major technological change. The Second World War gave a boost to nuclear power, the computer, automation and the setting up of telecommunication networks.

In the early forties the military-industrial complex – as President Eisenhower would call it later – commissioned a number of research projects under the title *Manhattan Project* at Herman Hollerith's *alma mater*, the *Massachusetts Institute of Technology (MIT)*. Scientists at the *MIT Radiation Laboratory* worked on creating the prerequisites for the self-destruction of mankind with nuclear weapons. The atomic and hydrogen bombs were later built at Los Alamos. At the neighbouring *MIT Servomechanisms Laboratory* researchers developed circuitry and guidance equipment for weapons systems which, in modified forms, were later adopted by industry as control systems for machines and complete production lines.

Meanwhile, *MIT*'s star mathematician Norbert Wiener was devoting his attention to the similarities and differences between humans and human machines, as such devices began to become an increasingly viable technical prospect. He called the new science of information flow in open and closed control circuits »cybernetics«. It was to become the theoretical foundation for computers, microelectronics and computer-controlled automation, itself based on microelectronics.

According to the *MIT* technology historian David Noble, Norbert Wiener »insisted upon the indeterminacy of [control and computer] systems and a statistical, probalistic understanding of their functioning. [...] He emphasized especially that living systems were open and contingent rather than closed and deterministic because the »steersman«, the self-correcting mechanism, was human in social systems and thus moved not by formal logic but by skill, experience, and purpose. Any technical parts of such systems, [Wiener] stressed, should be designed to complement, to be compatible with, and therefore to sustain and enhance human life. [...] In denying the full potential of human beings, with their accumulated store of experience, skills, and tacit knowledge, the overly determined system would constitute only a severely impoverished realization of the existing possibilities. Moreover, in delimiting the full range of human thought and action, the system would tend toward instability and breakdown because it narrowed the range of negative feedback: self-adjusting, self-correcting action. Finally, in ignoring the time scales, for example, appropriate to human activity, such merely technically consistent systems diminished human control over machines [...]. But Wiener did not misconstrue total control as merely a mad technical assault upon all human purpose. He was fully aware of the fact that it reflected human purpose itself, the purposes of those in power.«

But those who held military and economic power were deaf to Wiener's warnings, and during the war years they chose the computer as an instrument for consolidating the existing distribution of power, adopting the theoretical model developed by John von Neumann. Von Neumann viewed the computer as a mathematical-deterministic system of closed control circuits. Whatever data is fed into such a control system, whatever is done by somebody anywhere in such a control system, can itself be controlled. The entire development of computers to date goes back to von Neumann's concept which undeniably has its origins in military notions of order and control.

Norbert Wiener was deeply shocked when the atomic bombs were dropped on Hiroshima and Nagasaki. He asked himself whether cybernetics, which he had done so much to develop, would not be used to increase the technological capacity for domination and destruction, and came to the bitter conclusion that this was what had indeed already happened. Wiener wrote an open letter to his colleagues in an attempt to prevent the military-industrial complex from tightening its grip on technology or a least to slow down the process. In the letter, which appeared in the January 1947 edition of the *Atlantic Monthly* under the title »*A Scientist Rebels*«, he called on his colleagues to subordinate their scientific work to the social benefits it could yield and not to sell themselves to the powers that be. He promised that with regard to his own research work he would decide whether to carry on at all and which results, if any, he could publish without putting society at risk.

In August 1949 Norbert Wiener went a step further. In a letter to Walter Reuther, the president of the *United Automobile Workers (UAW)*, he urgently warned against the spread of automation using servomechanisms, control systems, programmable machines and computers. These technologies, wrote Wiener, are »extremely flexible and susceptible to mass production [...] and will undoubtedly lead to the factory without employees.« »In the hands of the present industrial set-up [...] the unemployment produced by such plants can only be disastrous.« It appears that Walter Reuther either did not understand what Wiener was getting at or did not want to understand because he did not even answer the letter. The unions missed the opportunity of putting up early resistance to the gradual automation of the work processes in factory and office, an opportunity now lost.

On the other side, the military-industrial complex, backed up by a conformist scientific establishment, took advantage of the permanent state of war in which the United States found itself since it entered the Second World War in order to radically assert its agenda of order, control and profit-maximisation and to militarise society.

The transistor, developed in 1947 in *AT&T's Bell Laboratories*, enabled microchips and computers to become ever smaller while at the same time enhancing their operational capacities. The contemporary *laptop* has greater capacities than the old house-sized giant computers, with all their tubes, of the last war years and the immediate post-war period.

In the fifties the Pentagon insisted that all power stations, refineries and chemical plants introduce fully-automated computer control in the interest of national security. Then the Pentagon directed all armaments companies, which were dependent on it for contracts, to switch production from analogue numerical machine control and the utilisation of industrial robots only for specific tasks, to total digital computer control from the first draft of a product to final assembly. In order to remain competitive, manufacturers of civilian goods also made the same changes.

Miniaturisation in microelectronics has gone so far that the micron has become the standard unit of measurement. Any further miniaturisation would seem to be dependent on the development of new materials, above all of organic materials. The *software* sector keeps coming up trumps with flashy products developed in the military-financed *artificial intelligence* factories: the *electronic battlefields*, highly-complex *expert systems* developed specially for the military, only require minimal adaptation for civilian use as management systems. In the same way industry has taken up both *outsourcing*, the process by which component production or even whole production stages are farmed out to outside companies, and the *just-in-time* principle. Since then convoys of trucks have been circulating around the clock between the outside suppliers and the central assembly plant.

Optical fibre networks and satellite technology offer anybody who can afford to be part of the traffic on the information super highways and its by-roads in the global village literally unlimited communication channels to data banks and mail-order catalogues as well as to other communication addicts. As they increasingly disinform people, the mass media and suppliers of sources of diversion and distraction are gradually being sucked in by the global telecommunication giants with their demand for mass products which they can beam to the consumer, at a price, via screen, loudspeaker or headphones.

While conformists who consider themselves as technically-attuned believe the dialogue capacities and willingness of computers and other micro-electronic systems enable them to communicate with the world, and while hackers believe they can anarchically undermine the domination of military and financial capital and one day, through chaos, actually bring about its collapse, the individual is in fact forced into ever greater isolation, the virtual reality of cyberspace keeps him away from social reality. Data processing desocialises the whole of humanity, reducing it to a parasitic monadic existence.

Control over people as well as social and technical processes is top of the agenda for the powers that be. Together with demoscopic processes and mass-media disinformation, computer systems enable them to manipulate nominally democratic processes of decision-making. As if this statistical control did not already suffice to pacify both those out of work and those still in it or to mobilise for genocide, when, as was the case in the Gulf War, the interests of business and the testing of new weapons systems make it necessary, the Pentagon has, since the mid-seventies, had research carried out to see whether *wetware*, that is metal-protein molecules, can be used to manufacture nanometer-sized biochips and computers, which could one day be implanted in the human brain as a control organ, if, that is, genetic technology does not make implants of this kind unnecessary by mastering the process of cloning.

If these visions cherished by the military were one day to become reality, each individual would vegetate in his or her own cyberspace experiencing sensations randomly generated by some *Big Brother*. The permanent connection with the global internet would be fed directly into the individual's brain. Thinking about the external world – about city and country, about society and nature – would become a futile activity and, in any case, hardly anybody would consider it a worthwhile pastime.

Chup Friemert

Mediatecture

Architecture becomes mediatecture when digital media serve to make events out of spaces. This new discipline was developed by *ag4* and the project where it took place was the design of the corporate headquarters for the *Hoechst Corporation*. *ag4* is a group of architects and designers which includes one of the founding members of Pentagon, Ralph Sommer. Some members of *ag4* felt provoked by Chup Friemert's essay on the group in which he compared their work with that of the cosmati of the middle ages. We publish both sides of the debate: Friemert's text and *ag4*'s response.

Part 1

The entry foyer at the Corporate Center of the Hoechst Corporation in Frankfurt. It is located in Frankfurt's oldest high-rise building, which was specially converted to house the Corporate Center. Two floors were added to the executive offices and the ground floor was completely redesigned. This took place as part of the complete restructuring of the Hoechst Corporation. The entry foyer, measuring 42 x 21m, or 884 square meters, was designed by the Cologne-based design specialists *ag4, Mediatecture*.

A corrugated fasade in green glass rises at a right-angle to the entry axis and leaves the building on the opposite narrow side. It is divided by a red wall which screens the emergency staircase. Opposite the entrance there are two reception desks in front of a curved copper wall. But what is special about the design is not so much these somewhat classical architectural elements as the media which are used. Initially working mediatecturally means applying technical design to construction components, developing programs to activate the surfaces, creating moods and selecting visual elements. What this requires is harmonising the architectural design, interior design work, engineering construction, programing and overall composition. *ag4*'s speciality, *mediatecture*, therefore comprises architectural elements such as floor, wall and ceiling, but they are reconceived mediatecturally.

Floor and Stone.

In the perceived but not geometrical center there is a marble stone under a slightly raised vault marked by four pillars. A computer-controlled high-performance projector, based on the kind of technology used in flight simulators, is used to project a 14-hour video program onto this vault. The images projected in this way are derived from the various activities of the Hoechst Corporation and include molecular structures and representations of organic and/or chemical formulas. In the morning hours the mood is a calming blue with only slight movement. But in the course of the morning the intensity of colour and movement increase, with bright sunshine colours around midday and rapid and colourful technical images in the afternoon. The mood then hovers above dusk in blue before passing on to fantastical images in the evening. The specially-constructed glass floor protects sheet metal bars upon which are mounted a total of 11,000 light iodes regulated by a special computer program. The program varies the light intensity and produces an overlapping field of associations based on water moving both outwards from the stone in the center and back towards the center. The lights in the floor are synchronised on the hard disk of a computer via (optic) fibre cables using pre-programed time codes. This control system produces wave-like effects, such as when a stone is thrown into water, or whirling, then pulsating and softly flowing effects which are superimposed on the images projected onto the stone.

Interactive Wall

Four interactive points on the side of the lift shaft demonstrate contemporary corporate communication to visitors. They can access information on the Hoechst Corporation from a range of databases, link into various news agencies, or enjoy modern art in the Internet.

Video wall

A video wall on the narrow side of the entrance foyer opposite the lift shaft shows a satellite picture of the earth on 12 frameless reverse projection monitors, with the image moving at the real speed of the earth's rotation. The locations of Hoechst plants are marked, with the local time given as they appear. If a visitor moves into the video wall's sensor field one screen augments the satellite image with photos of cites and landscapes as well as video images of people from all five continents. Pictures of a different continent are shown every 40 seconds. The wall can be used at any time for presentations of films or photos.

Part 2

When, from the twelfth to the fifteenth centuries, and above all in the churches of Rome, the artists and decorators known as the cosmati made decorated parcloses, pulpits, ambos, paschal candles, wall facings and floor surfaces they of course applied contemporary production methods. Selected marble pieces, remains of the buildings of antiquity, coloured glass flux, gold-plated gilded glass pastes and mortar. They brought these together to create artistic inlay work, influenced as they were by techniques employed in distant lands, not least in Arabic countries. But they were constrained by immobility, by static images, often by geometry. Their work is therefore frozen because they could not imitate movement, although they could represent it. Their main task was to give a new glory to existing architecture by adding additional parts, as well as praising both the purpose of a building and its owner. As a rule the buildings in question were churches and each altar, indeed each part of the temple, is a cosmic center of power in which, given that sacred buildings were always set in a relationship to the cosmos, communication with all beings is possible.

It is of course, unlikely that design will today be accepted as a contemporary form of decoration, as an ornament for technology or the technological world – although there is much to be said for this contention, even if it should not be taken quite literally. Many designers would be vehemently opposed to being consigned to such a task because they disparagingly view ornamentation as an apparent anomaly, as superficial and bizarre. (Rectifying this misunderstanding will at times be the task at hand, but for present purposes we will accept that such an interpretation of design is at least a possibility.) But why make such a claim? Perhaps in an attempt to define what the *ag4 mediatecture* is all about.

As a rule definitions serve especially to highlight something, that is to locate differences. But they also serve to focus on evolutionary interrelationships. The work of *ag4* could indeed be viewed as a contemporary form of decorating architecture. It is distinguished from the cosmati due to its means of production: light iodes, high-performance computers, photos of the earth taken from space or images which are only possible using state-of-the-art microscopes, computer-controlled high-performance projectors, video screens, reverse projection monitors, molecular structures. In the same way as the cosmati they bestow a greater glory on architecture, the owner of a building and the purpose for which a building is conceived. There can hardly be a reason for refusing space to this special enactment, for banning decoration from a place.

A distinction can always be made between which class of ornaments belongs to which ordered parts, either the structural or the supplementary, and, as a result, whether an ornament is structural or decorative. The difference between structural and decorative does not imply any normative distinction or a hierarchy. Of course, they are two distinct categories, but it remains fundamentally the case that the ornament is not identical with the object, although it cannot be divided from it and needs it to shine through, to exist. There is no doubt that the verb ornare – to decorate, to furnish, to equip, to improve – refers to the fact that something different, something which perhaps already exists, can be given added quality. But what is significant about ornamentation is always a function of pictorial qualities – however hidden, erased or faded this might be. In this way it can be distinguished from patterns. But these days this leads to the problem of what each ornament was endowed with: its symbolic significance. Which symbols can be used? Which messages are acceptable? What is given? What can be invented?

The Stone

There are several myths which tell of birth from a stone or a rock. One such is that of the God Mithras. According to the Greek legend, a new race of men and women was born of the stones which Deucalion and Pyrrha threw behind them. The stone which engendered this new race (petrus genetrix) is closely linked with the concept of Mother Earth. Because they are unshakeable stones and rocks can be taken up as symbols of the sacred middle: the marble cone as the center of the world in Delphi, the black rock of the Ka'aba in Mecca, the stone in the throne of the English monarchy.

Water

In the Neolithic period, in ancient Egypt and in ancient Mexico water was often represented by wave, comb-like or zigzag patterns. By as early as 40,000 years B.C., and probably even earlier the Neanderthals used this symbol. Because of its formlessness water is often equated with chaos and prime matter; at Miletus it is the origin of all things. Water is normally viewed as a female element and for the Chinese it is attributed to Yin. Wells and springs are the source of life. The Egyptians hoped that the water emitted by Osiris would liberate them from rigor mortis. Water from holy springs played an important role for the oracles of ancient times. Near or below the temple to Mithras there was always a constantly-flowing spring at which sacrifices were made. The Ka'aba in Mecca is linked with a holy well from which pilgrims drink and take water when they return home. The symbolic interpretation of the source of life is to be found in the old testament where God appears as the »source of life«.

Water and the Stone

Ancient legends tell of how a godhead such as Rhea uses a rod to pierce a stone or a rock and bring forth a spring. In the same way Moses followed God's command to bring forth life-securing water from a rock.

It is evident that today symbolic connotations are often questionable or problematic, that symbolisation is a complex social process. To a certain extent symbolic significance has to be invented, nothing can be taken for granted. This necessity of invention is at the heart of the problem faced by designers and at the same time explains their mistrust, because there is no longer any uniformly accepted way of explaining the world which the symbols refer to. But all attempts to invent corporate identities and corporate cultures amount to little more than an attempt to organise a vision of the world which can be shared by the largest-possible group of people; a vision which can be realised and recognised through symbols. In the era of the global market, also known as globalisation, the objective has been achieved when an object no longer carries the message »Made in Germany«, but »Made by the Hoechst Corporation«. The difference between the work in question by the *ag4 mediatecture* group and the work of other designers, for example the rationalism of Otl Aicher, is clear: it would have tried to represent the activities of the Hoechst Corporation, but it would have done everything possible to avoid adopting symbols and symbolic connotations from history or loaded with history. It would have worked structurally. In its work for the Hoechst Corporation the *ag4 mediatecture* group adopted a different approach: in a philosophical sense, decorative.

Tanja Diezmann

Informal Characters

What kind of visions do multimedia firms have? How come they are able to evolve from idealistic low budget ventures to major enterprises in hardly no time at all? Five people founded Pixelpark in 1991. Today the company employs 70 permanent and 60 Freelance staff members. The average age is under 30. Since 1996 the Bertelsmann group has a 75 per cent share in Pixelpark. We consulted Tanja Diezmann, Pixelpark's creative director since 1994, on the profiles that have developed in the field of professional work with hypermedia and on the dullness of so-called multimedia.

form+zweck How does design regarding digital media distinguish itself from traditional image production?

Diezmann We are devising a medium that is capable of dialogue. In fact we are actually creating a type of interlocutor that distinguishes itself, not only by its appearance, but also by its performance. That makes a difference. It's vital how the medium reacts towards the user, how it responds, how it answers questions. My fundamental philosophy is: we are creating a character. We're moving away from pure visual form and are attempting to employ creative methods that are more or less independent of formal aspects. That way I can exchange and vary shapes, which means I can also change specific segments of information, images and so on. I can follow a chronological development. A feeling of recognition or familiarity is not evoked via the image but rather by the application of one method, or rather, because the system's functioning follows from this method.

In the field of digital processing I can work with time, movement and interaction. This is not possible with any other medium. I want the user to grasp the abundance, depth and scope of information that is at his or her disposal. The user should be able to understand a system of data in its entirety instead of standing there, shuffling back and forth through everything in a linear fashion. They should be in the position to retrieve all the information they need from the pool of data.

While doing so, users shouldn't have to move around in the system looking for the information, instead it should be possible to have the information come to them. We're attempting to give them the means to act with foresight. Specifically for one of our clients, we tried out a kind of associative navigation system that enables you not only to preview the subsequent topics that lie beyond the one you're dealing with, but also to skip ahead to them, to hop back and forth, from one point to another within the entire system.

At first the focus lies on the visual: the images come first and if I wish I can call up some text to accompany them. So, in fact, we're applying the focusing principle experienced in everyday life: I perceive many things when I walk around in the world. But I filter out those things that interest me. Systems can function the same way: allowing the user as much freedom of choice as possible. They can decide for themselfes what they're specifically interested in, instead of getting crammed with all kinds of stuff.

How does one go about creating a character?

You figure out which type of performance you want it to achieve. We devised a MIS (Marketing Information System) for the firm adidas. There were certain requirements: It was supposed to support sales-representatives when talking to customers and to be of aid when further information was needed. The character has to be modelled accordingly. That is, all the subject matter contained must be easy to find, but shouldn't necessarily be visible.

So when you're talking about 'character' you aren't referring to 'acting', but rather to a certain mode of operating?

A specific way the system performs with regard to the user, meaning the characters are oriented towards certain target groups.

A specific way of reacting to the user's wishes?

Both by way of the system's performance and, ultimately, its outer appearance the character reveals itself to the user. In this context design means more than just a visual aspect. Here design intervenes with the information structure. In the case of the adidas-assignment, on the other hand, the design-scheme was responsible for the database's structure.

What does the firm adidas get out of the bargain, though, apart from getting set up with a new system?

»Pixelpark media concepts«, the system we developed, makes it possible to generate a number of applications from one data pool. With the database, the connection of the systems with the data bank as well as the structure and set-up of the systems, we have created the basic conditions for adidas to be in the position to present, in a matter of just a few weeks, products selected at short notice on POS, in the net, during sales or a training course, to various target groups. When a new product, textiles or shoes or whatever, is launched, all systems (CD-ROM, Kiosk, On-line) are provided with the vital product-information. It can then be presented in the adequate multimedia-context matching the individual demands of users within the different target groups.

Do management experts state any advantages regarding the use of these applications? Or do the clients only think they have to go along with all that because it's trendy?

Most clients aren't doing this just to be hip. Adidas especially doesn't have this 'me-too' attitude. Adidas showed a lot of trust in Pixelpark, they practised foresight and spent a lot of money for a development that didn't materialize for one and a half years. Only then were we in the position to present results. Today, though, Adidas can produce a CD-ROM within two weeks. But of course results don't just drop from the sky. That requires a long phase of development. Adidas believed that multimedia offers the means to shorten the paths of communication, and everything connected to distribution on a long-term basis.

Did the firm come up with this idea or was your contact established by coincidence?

It was our idea, but Adidas was aiming at employing multimedia on a large scale and was looking for a partner. In this sense Adidas approached us at the right moment.

What is considered to be new at Pixelpark ?

Unfortunately that usually relates only to software and technology. Up to this day I haven't seen one useful application that would justify this medium's existence. At the same time, that's also why the field of multimedia still intrigues me. I believe one has to push it so far that one can say: okay, this project couldn't have been realized without this form of digital communication.
It's depressing to go to trade fairs with the expectation that the others might be really far along, might have created something really wild and then – all you get to see are some full-screen photos being scrolled back and forth. Then I think: let's go ahead and publish a newspaper, the world is not ready for interactive media. I'm strongly interested in the question, how one can structure information so that it can be processed more adequately with the means the medium has to offer.

A statement such as »I haven't seen one useful application that would justify this medium's existence« wouldn't be uttered if one didn't have a more adequate application in mind or if one hadn't had a negative experience?

One has a lot of negative experiences, because often not even the most trivial of possibilities are being exhausted.

Why, do you imagine, is this the case? Is it simply stupidity or is there just no challenge, no project out there?

Oh sure, there are projects. But unfortunately clients often lack both the budget and the confidence to apply new methods. And those who are working on the project are often either under time pressure or making it too easy for themselves. They go on with their task the way they know best. It's not tackled in a creative way. In interactive media I can make information accessible in a number of ways. I can reach a lot more people than I could with a circular letter. Within the interactive system I can tell right away who is working with this system and react accordingly. The system is able to register, after all, what is clicked first and in which order. Information can be provided accordingly, and a variety of approaches can be pointed out. In most interactive systems there are only two three strongly prescribed paths. All other options aren't attended to. Then, whoever is interested is forced to follow a predetermined route.

What are your future goals?

In any case, to establish systems for learning and to gain access to large data banks. However, structured access to data banks isn't simple. Because here the issue is to come up with links that make sense, and not simply to be confronted, for instance, with the complete Nivea product line when you're looking for Nivea soap. In a similar way as in real life, systems have to be equipped for reacting to approximate tendencies, inclinations, eventualities. One has to be able to unfold topics slowly. Intersections have to be created that offer information one can choose from.

Or one might employ net-agents to take over search jobs independently?

Scout-programs are intelligent solutions for certain questions, but if you have a database with more than 2000 entries they become complicated to work with. You have to index all the contents of a database so you can link them with one another, according to a specific set of rules. Then the agent is able to find whatever he's searching for. I mean, the agent-program has to know how to address these items. And that's the crux of the matter. One would need a system that – I know this sounds absurd – structures and organizes the many influences a person is exposed to in everyday life with respect to possible scouts. The system would have to be intelligent, but that's not conceivable at this point. It may never be. The system would have to interpret the user's behaviour. Otherwise we programmers would have to know all the questions or interactions that can possibly arise in advance – and we have no way of achieving that.

Then it's easier to hire someone. What would you consider to be an ideal interface?

In my view, today's input- and output-media are prehistoric. Multimedia is still working primarily with acoustic and visual means. All tactile qualities are missing here. Integral sensory perception is impossible under these circumstances.

Does this constitute the ideal interface: integral sensory perception?

This is the least it should offer to be better than other media and options existing today.
I believe, in the long run, it will amount to having just one, very minimalist, interface. For sure it will be a dynamic system, a system based on change over time – an interface in which hierarchic structures are eliminated, and instead, takes on a sort of model-like moving network structure. One can't really make any definite predictions. There's always the information structure per se, as well as the way you focus on it. Ideally, I have a tool which gives me easy access to the information structure. I can handle everything with only one tool – probably in the shape of interactive TV, or by way of a similarly constructed user surface. Then it will make no difference whether I want entertainment or infotainment. But the problem is that we, as human beings, aren't able to think several things simultaneously. Ultimately, we think in linear structures. Things do happen simultaneously but this simultaneity is perceived in a linear way. For the conceptual designer this gives rise to the problem of how to develop something truly interactive – something that works exclusively with semi-linear structures. There's a large difference between this and a book, where, during the act of reading, a complex construct of cross-references develops in the imagination – perhaps even an image of what the author had in mind. On the other hand, an interactive situation requires that all the options that may arise at a point of decision be programmed in advance. This may work out fine for a while, but then it becomes completely impossible to imagine and plan all the links simultaneously. It's simply not possible. To escape the excessive demands of programming all decisions in advance, rules should be set up, that – if followed – would point the way.

These rules relate to what you called 'character' a while ago?

Exactly. This has something to do with the fact that one doesn't define place, time and the type of encounter anymore but leaves it up to the user to define events by way of his actions.

But isn't the problem with this stype of freedom that a technological apparatus, a little piece of information or an 'effector' may be connected to each one of these processes? If one looses charge of these guys, then they might meet and cook something up together – in this case real time consequences could result which can't be considered beforehand.

Right, and then you have to set up regulations regarding the separate elements, so that there will be no fallout.

Should the regulations apply within the machine, so to speak, or might one say: this is the machine and it has a boundary, and now one has to have a few guards watching the boundary?

Well, I have the idea that the machine should have a built-in system of regulations and a performance that is dynamic in itself.

And yet, there are these little arms sticking out of the machine and are getting at me, and they may even try to suffocate me...

All that sounds rather philosophical – that's why one can't sleep anymore...

Do you have your own company-philosopher, who is on the pay-roll, or do you have some kind of big guru, whom you study with awe every Monday morning?

No, not at all. I read all kinds of stuff: Virilio, Flusser... But, above all, normal life, everyday perception, and just plain time, serve as a research lab. I don't gain a lot from reading what someone else has conceived within other contexts. I lie in my bathtub in the evenings, totally worn out, and come up with my own views regarding the world. The main aspect is time: the aspect of using time creatively in the field of digital information. Meaning, that one doesn't design a poster or a moment anymore, but rather that one designs moments which are linked, or moments that are not – one isn't designing predictable constellations of sequences.

Which formal model is this based on – is it an abstract, structural or figurative model?

I would say, it's an abstract-structural model.

Right now, one has the following situation: Here is the user, over there the firm, and you're operating in between. But it's perfectly clear that the impulses are triggered by the firm, and then amplified by Pixelpark and other relay stations. Basically, a user finds the shoe, for example, he's looking for via Adidas, that is, via the firm. Are other forms of mediation conceivable between the user and the range of goods offered by a firm?

Yes, one has to get away from product-related communication and, instead, invest in service: Adidas itself has to become the partner. In this case you're not just talking about shoes anymore but about an institution that supplies sports, meaning not only products but, for instance, information on the Olympic Games and all the topics relevant within this context.

Is there any difference, say, between this and an amusement park- you go there, have fun and shop around a bit?

What it amounts to, is that they are presenting the user with the largest target possible to aim at.

I mean the institution you have in mind. Basically it would have to have a type of structure that constitutes a separate place, and then the manufacturer appears on the scene, bringing his shoes with him?

No. I picture a gigantic data pool. All the information is stored in the database, and structured in regard to certain features or areas, according to subject-matter. But you don't jump to these areas automatically via interface, instead the user sets his own priorities, and then lets the computer display the products and information he's interested in. This means, he can decide whether or not he wants an amusement park in the first place, and if so, he can put together the criteria himself needed for creating it. That's the basic intention behind all this: You're confronted with a whole lot of subject-matter here and you can determine in which way you wish to view it. It's all there simultaneously.

Do you still draw at all?

Yes.

What for?

In order to relax, or when I'm just scribbling down stuff, but not the way I used to – in the past I always attempted to make good drawings.

To make the scenarios clear to yourself?

To make structures clear, the multi-dimensional constellations. Often the two-dimensional page doesn't suffice, especially when the fourth dimension, namely time, is included.

Which criteria do people have to fulfil in order to be hired by Pixelpark?

In our section I have decided that nobody is hired who hasn't had instruction of some kind in the field of design. I only look at applications from which it follows that a person has tackled an artistic problem for a few years. Any idiot can learn how to use a program. They must have a creative understanding, and be able to read the world between the lines.

Chup Friemert
The DSS Complex

Digitalisation undermines the classical notion of the image. Because there is no one who really knows what it will be that is to replace the image, one tends to resort to using old terms such as computer image. But what is it, that on the flickering screen, on the curving projections, still looks like an image, but isn't one?

Twenty three-legged tables,
»he had fitted golden wheels to their legs so that
they could go to the meeting of the Gods and amaze
the company by running home again.«
HOMER

Image

What it promised is beginning to take on previously inconceivable dimensions: never before have there been as many images as today. The world is teeming with them. Don't be surprised to see your neighbour on TV. Whether or not we want to see something of the dark side of the moon, a continent or a tree, last year's family get together or last Sunday's outing, the images are always at hand, or at least available, captured en masse and disseminated. All this based on a process which operates at almost the speed of light. Where images are concerned, something has changed.

It used to be clear that one image would be based upon another, normally a fixed image, something which people could see in front of themselves. Not everything which people thought existed revealed itself, but everything which did appear in an image gave some sign of its existence by doing so. What was revealed in images and what existed seemed to be complimentary. Today this link appears questionable. What is today described as an image is neither proof of anything nor product. In many instances images are created not because a specific piece of information is to be reported but because it is intended. Necessity is not derived from existence and, consequently, from the reporting of what exists, but in the intention of the reporting of the information and this often takes place simply because of the power one has over the means of disseminating information. Information is the product of informing institutions – of the institutions which are known as the media. This process can not be discussed without broaching the issues of power and control.

The electronic media, their material and social structures, have shifted the historical and complex interrelationship between model, visibility and the process of making visible. Today's technical capabilities have removed the previous correspondences and opened up a space for modelling, for a process of manufacture. Not, therefore, a dialectical relationship between image producers and image suppliers, not a relationship between painter and model in which the model makes a substantial contribution to the visibility of what the painter produces, but a supply system based on a process of making visible which satisfies an image addiction. The process is based on the long history of the image, which has always revealed what could be seen. Today's process of making visible is indifferent to what exists, it is manufactured visibility, merely factual.

Of course, it is commonplace to say that an image can be seen on a computer screen. But this statement is mainly suggested by the configuration of the hardware: it is due to the frame, the narrow edge which surrounds the surface of the screen. If the surface were not limited in this way there would be a surface around us: not only a field of vision would be filled out, but a more expansive field, which would no longer be called an image. A new term is required to describe the space constituted in this way. |[1] Because the screen is surrounded by a frame the information which is presented on it tends to be called an image; the computer user, identifying a similarity with everyday experience, calls what is seen on the screen surface an »image«. |[2]

In the same way as in the process of poesis, of creation, all images are derived from the composition of song and poetry and thus from the painted image, regardless of whether it is in the form of a cave painting, a drawing, an etching, a lithograph, a fresco or a painted panel. The image was first subject to in-corporation and change due to technical reproduction, when light began to paint itself and provide the images developed on the emulsive plate. The inventors of this process were quick to realise how inappropriate it was to use the term image for what they were producing and called it a print. Serial printing led to the creation of what became known as photography, since which time the prints have been known as photos. The photo emphasises the objective element of what is visible and represents the repeatability of what is visible, and, at the same time, stands for the non-repeatability of what was seen. Film is the sequential repetition of what is visible.

The DSS

What appears in front of us on the computer screen is neither an image nor is it a photo – it is a digitally-stimulated surface. The frame surrounding this manifestation is neither ingredient nor decoration, but the border of the hardware configuration. We will call this clearly demarcated shape the digitally-stimulated surface – the DSS. The DSS is data processing made visible in which nothing which is absent is present, in which there is only what is present: the stimulated, configurated surface. What is specific to the DSS is not to be found in visibility and not in the making visible, but in clarity: its criteria is graphic-ness. This graphic-ness is the result of invisible operations. H. van den Boom recently presented Yakunov equations after the processing of which figurations appear on the DSS, clusters of stimulated surface points (pixels). The impression that logical operationality is appearing of its own accord or spontaneously is deceptive. It is not the visibility of the Yakunov equations, because what is represented on the DSS is merely another expression of mathematical relations, a representation in another, in a (McLuhan would say in a warmer) softer system of symbols. Once this has been determined and the equations have been processed in time with the vibrations, then access to the equations is suggested to those who have no comprehension of mathematical symbols. But this is still not an image. |[3] Not only because no other previous or otherwise visible reality is brought into the image, but above all because that which is calculated to be visible on the screen is nothing other than the arbitrary manifestation of a mathematical operation rendered visible. This visibility is nothing other than a construction, and – as any technician would confirm – it is the purest form of the digital manipulation of symbols in which there are no qualitative limits. The only limit is quantitative and depends on the computer capacities. What is interesting in this pure form of symbol manipulation is the generative aspect, the process which creates visibility, that is to say the mathematical generation, the equation, the calculating operation according to requirements.

The DSS is not an empty shell, it is not a membrane, not a surface of something, not a foil and nothing representing anything else, because there is nothing behind it which is similar to it, which it shows. The DSS is independent. This independence is eroded through the notion of the interface because they interface emphasises communication. |[4] The aesthetic significance of the DSS is not based on its communication capacities, but on its position between other elements. It would be foolhardy to want to see behind this surface, but there is nothing behind it. Only the graphic-ness is visible and nothing else. The DSS only shows its own texture and its lacks the complement of what is behind it because it is in front of nothing. But: there is something in front of the DSS – a calculating operation, a calculating process, an electrically-generated control system. What they are based on, their origins, the causality which the DSS follows is of a processing, temporal nature. This is also the source of the impatience of those who sit in front of the flickering screens: it always takes too long until the DSS is set up – until they actually get something to see.

The processing of the DSS renders void the notion that, »digital images precede reality« (Bolz). There are, of course, configurations on the DSS which bear some similarities with later factual configurations. But this »preceding« has nothing to do with image characteristics, nothing to do with pre-images, nothing to do with plans, not, at least, with what is possibly meant by those who speak of »digital images«. That the DSS precedes reality (or tries to catch up with it) is part of the inevitability of its existence. What can be seen only exists in processing, at temporal intervals, and due to an arbitrary fixing between pixels and time frequencies, as temporal displacement.

Proponents of DSS will respond by telling us that with the aid of data processing anything and everything can be produced. But this is not the case. The DSS is not a product, it is not poetic, but stochastic. At any moment the traces of snow on the screen contain everything which is to be seen on the DSS. If a computer program which could structure the generated pixels were linked up with the DSS, all manner of things would become visible including many things which are already familiar, such as, for example, a DSS re-presentation of the Mona Lisa which would be deceptively similar to the original, one of Idi Amin, then one of a belling stag, and then there would be one or two things we had never seen before. This processing is, however, only a special case of what is already taking place on the screen. |[5]

Will people remove the DSS from this competition with the classical image, its specific visibility and its claim to truth, or will what is digitally visible be given the title of image until we believe that what we are looking at is not generated but a product? Or will visibility from now on always be accompanied by a certain scepticism? |[6]

One possibility which the DSS has is re-presentation. Re-presentation could be used to describe when the stimulated configuration of pixel points depicts a reality. Even when, indeed precisely when the DSS is the only possibility of capturing an external reality and transforming it into something visible through computer operations, it remains a re-presentation. The fact that in the practical observation of many natural processes both on earth and in space, in military technology and in production, processes which often only take place in the nano range, and the fact that all these processes can only be carried out with the help of the screen and the computer, account for the re-presentative character of what appears on the stimulated screen. Previous image-like or image-based methods of representation have been joined by a new form of re-presentation. However, the previous contribution of what exists to the production of its visual representation has ended because it is no longer available as a correspondence, but is manufactured. There is something behind this DSS because this »something« is in front of it. This »in front of« is to be understood both temporally and, in the sense of »before«, spatially. What we, of course, have here is the possibility of questioning what precedes the DSS or using new technical terms to question the DSS itself. But even in cases of re-presentation nothing becomes visible. Instead the graphic-ness is calculated. The eyes cannot see in the nano range and it is questionable whether what we see is adequately described in the language of enlargement.

The DSS is a limit, maybe a magic window. What is visible upon it reaches a high degree of perfection, is finished, fixed, authoritative, valid. The shield-like surface makes what is hidden behind it untouchable: it can not easily be smashed open because the very act of smashing it open would not lead to any greater immediacy, but to obliteration. What is visible on the surface, however realistic it might be, is a division, although it opens the computer up, although it is the place where the effects of inner processes emerge into the world.

The IDSS

The DSS is transformed when it is conceived and built as an actively-reacting surface. What now appears on the surface is no longer only unilinear, no longer goes only from the computer via the visibility of the DSS to the person who is located in front of it. Now the exposure surface is also at the same time the place where users can activate operations, start and modify programs, etc. Touching an interactive DSS – an IDSS – means that the re-presentational function of each surface point is enriched and extended by giving it a control function. Not a separately provided, added, objectively separate, that is autonomous control unit is used for intervention, but a dually-functioning surface which can be activated and is activating. The touch-ability of the surface leads to a new relationship. In the world as we have known it organic material responds to touch: dead material does not – it reacts. |7

By making human power redundant, by relieving the human hand of having to deploy its energy, technology transforms an organ of action into an organ of touch, which – in contrast to magic – does not evoke wishes but what is expected, what is predicted. To touch becomes to activate. This touch has been robbed of all metaphysical truth, all knowledge concerning a world beyond the material world, all power to convince and to prove. Touch, which was once stronger than the eye and the ear, which was miraculous, has, through technology, become tactical. Who could be raised from the dead by touching an IDSS?

Each controlled touch, each touching of designated areas of the IDSS, on the synthetic shell, the outer skin, triggers a series of pre-planned operations. In this way, it is true that the IDSS is the limit of an internal system, but not in the same way as packaging or casing, which is mainly a protective container, but as an action and reaction surface between an interior and its surroundings. It is no longer the indicator of an internal condition, but the controlling surface for desired and, through this surface, permitted interventions in the internal operations. What is visible on the IDSS is feedback from the process in the interior of the system, a regulator. It presents itself as a configuration permitting touch and, apparently intervention. But it is at the same time a sensitive control organ. It is true that the IDSS still indicates internal conditions, but it also primarily invites the user to touch, and touching the right surface area will strengthen the user because it triggers a reaction. The hermetic unit will be set in motion. By touching the surface the user will be drawn into a fixed circle of functions. But the various forms of intervention are pre-determined according to the options offered by the system: the machine is and will remain self-relating. This is hardly surprising – after all you can't milk a frog.

It is conceivable that the total volume of a computer system is not even partly limited in the sense of the closing of its interior, but that the complete enveloping in all dimensions takes place through the IDSS. So the IDSS is both a visual representational organ and a sensory responsive organ. Control over the IDSS is therefore doubly unified in the sense that the external data are taken in as stimulatory data for the internal processes and the internal processes can trigger actions the results of which in turn are externalised through the IDSS and consequently controlled. This leads to an autonomous or autarchic volume.

On the one hand the organic skin is a limit and on the other it is the place where exchange takes place between man and the world. The internal and the external meet; man is at the same time made aware of his self. According to Stelarc, however, this organic skin offers only fragile protection and is highly vulnerable. Not only in the way revealed by Apollo when he skinned Marsyas alive: in the contemporary reality of radiation this limit is also ineffective, because it does not guarantee sufficient protection. This is the reason why it is time to declare it obsolete and reformulate it. Its characterisation as a divide between interior and exterior, even in the reduced notion of the interface, is also inadequate because its softness, dampness and complexity cannot fulfil the technical requirements; it must be hardened, dehydrated and deliberately opened. A well-known strategy: insufficiency should not only be accepted and passively taken for granted, not suffered or enjoyed, in any case not be viewed as irreversible, but accepted as a starting-point, a precondition and definition for reconstruction.

Digitally Stimulated Behaviour (DSB)

Knowledge of objects is often little more than just facts about the same. Activity which could bring experience is excluded because the access to the objects is reduced to the collection of mathematically processable and processed data. Currents, for example, which can be measured during the contraction of muscles tell us nothing about muscles themselves, but provide us only with knowledge concerning currents within given functional circles. But there some actors who have no further requirement because this is sufficient for their activities. It is fundamentally possible to utilise electronic currents in negation, in reversal, provided the relevant data have been collected according to a clearly reversible image. This has nothing to do with experience; these data do not even bear any similarity with experience: experience is neither a simple representation of reality nor is it clearly reversible images, but a representation modified by the subject, as are works of art. The perceptions upon which experience is founded never only record individual data or facts or even individual series of data or facts. Perception means never concentrating attention on one single point, on one datum or one fact; perception always scans a whole range of data, moves across a whole field. This way of relating to the world is the basis and at the same time the field of activity of experience. While the result is a construction, it is not a simple construction.

Stelarc's reversal of simple and direct image uses the same methods as the production of the image. For example, electrodes are attached to the human arm and the currents during the contractions of muscles, that is to say during movements, are first measured and recorded and then, by reversing the procedure, the muscle is stimulated by electricity. The precondition for such a reversal is the prevention of the conditioned and unconditioned reflex, of the will. If this is achieved the muscle body can indeed be represented and treated and manipulated as a segmented corpus which can be electronically simulated. In this way it is, for example, possible to set a person dancing. All that is required is sufficient knowledge of causal currents. They could then be used as stimulatory currents for the various muscles involved. A data block based on representations of a dance and collated in the form of a computer program could therefore, through simple reversal, lead to the dance being repeated. A system of electrodes, generated currents, and organised programs becomes a multiple muscle simulator. Once again: the precondition is that the will can be switched off, making involuntary stimulated movements possible. The execution of the movement is body-less: it is merely linked to a construction which is body-like. If it were possible to locate what is generally assumed to be a neuronal control center for movements in the human body and to represent it in a definitively reversible way, then programs could be developed to directly feed into this control system. In this way a human or, even better, a human-like organism could indeed be set in motion, just as if he had chosen to move. The result would be nothing more than a physical movement; a strangely body-less movement.

In his performances Stelarc demonstrates some aspects of the reversal of definitive representations in ends-means relationships when, attached to a computer through a sufficient number of electrodes, he sets himself in motion. Stelarc has learned enough meditation techniques to switch off his will. In this way we can see him dancing. The data block from his dance is available on computer and can also be processed. He could, for example, be physically present in Berlin, but controlled online from Moscow. The dance could also be modified in the Moscow computer if individual data could be reprogramed, newly composed or signalled with varying intensities. All this poses no problems for satellite transmission.

Stelarc goes on to demonstrate something which he finds even more important: a third arm which is attached to this own right arm and controlled by muscular contractions in his body. The third arm imitates movements of his natural hand and even surpasses some of its capacities, turning by 290° for example without any problems. Controlling the third arm through currents from his own direct muscle contractions is just a game, because the third hand could in the same way as both the natural hands be controlled by computer. A scenario: sombody's own hand is instructed to strangle him. This probably would not be possible. And if it were physiologically possible, the computer-controlled third hand would save the person by preventing the natural hand from carrying out the action. The technical arm would certainly be stronger. The reverse is certainly possible: the third arm does the strangling. Under such an arrangement Sharon Lopatka, from a suburb of the city of Baltimore in the United States, would not have had to travel 600 kilometers to her murderer Robert Glass, a man she had contacted through the Internet, in order to be strangled to death. Her yearning for death, which she had expressed in the Internet, would not have had to remain virtual without her travelling so far (see Die Weltwoche magazine of 26.12.96): an attached artificial arm would have sufficed. And if she had really wanted to be linked up with the Net she could have given the order to start the strangulation via the Internet.

The fact that man is a creature of insufficiencies is at the core of all of Stelarc's ideas. Supposedly man's phylogenetic evolution is at an end. It can only be perpetuated when the body – which was once both the contents and subject of evolution, but which has recently become just the border for what follows – can be surpassed. The question of where the evolution of the body is going and why is superfluous. What is important is the process itself, the overcoming of the body. Its physicality must be pushed forward whatever the cost in order to be able to carry out the tasks with which man could be confronted, such as the colonisation of space. Contemporary man would not be up to it: he as a whole and his organs independently are altogether too short-lived; he does not lend himself to repair; he is too much of an organism, too much of an integral whole, not modular enough. It ought to be possible to design a body according to a modular construction system; a system in which there would be enough room for all necessary small parts in order to carry out the desired tasks. It would be better still – and this is the first time that Stelarc sees freedom looming – if each individual could recompose his own DNA, his genetic code, that is his whole controlled existence, by freely and independently removing elements, characteristics and qualities and replacing them with others. The result would be genetic design.

If it does initially seem possible that the human body can be extended through attached, imitated and controlled limbs, this kind of prothesis only anticipates what Stelarc believes is urgently required, namely the replacement of inadequate natural physical functions by artificial limbs which are not just attached but implanted. For Stelarc more or less the whole of physical man is inadequately equipped, and linked with desires and reflexes, wishes and physical, even ethical, limits.

Stelarc's performances are weak technical naturalism born out of the Promethean shame that the capacities of the technical world are greater than the possibilities of the natural subjects. He hides what he is trying to achieve behind industrial noise, behind loud sounds and the blinding light effects. He's not, as one might suppose from first impressions, an artist of enlightenment but an artist who is terrified by his own mortality; an ideologist of what he does not reveal rather than a master of what he does. He is an artist of concealment.

Stelarc's arrangement is only the beginning of what he desperately hopes will be a larger-scale operation. The list of sponsors for the technical presentation is impressive: Silicon Graphics, Hewlett Packard, Siemens, Nikon Koden, Softimage, Asea Brown Boveri.

The stated reason for these constructions is fear of mortality, fear of death. Technical power fantasies bring these ideas to light.

We have every reason to suppose that all this will come to pass, and, for that matter, exactly where it will be least contradicted: in or from the world of medicine. The only prerequisite is that everybody has to want to become immortal.

[1] Concerning the clarification and the power of the frame: when we are standing in a landscape it does not occur to us to say to our neighbour: what a beautiful picture of a landscape. We would say: what a beautiful landscape. Regardless of the fact that today special viewing-points are set up in landscapes for visitors and that often the landscape presented to the visitor will only become a perceptible image when it corresponds with the reality of a photograph seen previously. By putting up a frame we can experience the relationship between a landscape and a picture. Through the frame an extract is visible; something limited, something which has a format and therefore enables the formation of what is within, of an image which can be remembered.

[2] An image evokes something, gives presence to what is absent or alienates what is present from itself. An image is, therefore, the creation of a relationship in time and space.

[3] Even mathematicians would hardly be capable of reconstructing the Yakunov equations from the figurations on the DSS.

[4] It is therefore inappropriate to judge the interface according to criteria of graphicness or even photography or according to criteria of reproducibility.

[5] It is comparable with the mock-up text which is used in layouting and is composed of combinations of 24 letters. The probability that a written text which we could understand, that is a meaningful combination of letters could emerge when randomly combined, is lower than the probability that something incomprehensible would result. The construction rules in mock-up text are in turn no different from the random combinations of the elements. The mock-up text only produces combinations which are possible and is therefore pure construction. Of course, every written text is a construction, however simple or complex, tautological or profound it might be.

[6] It is not clear why one should »abandon the reality principle« (Bolz), as long as one operates with calculated visibility. On the contrary, a reality principle which is adequate in terms of the calculated visibilities seems to be necessary. They are not just a digital pretence which appears in the world and then disappears from it without trace. Recently specialists in the case of Sharon Lopatka and Robert Glass demonstrated this in the press when they used a special police program to scan the hard disk of Sharon Lopatka's computer and found all the details which she had earlier carefully deleted. (See Die Weltwoche magazine, 26.12.96) And why should the next step not be some kind of genetically-marked symbol, where the symbol would not only signify something, but also someone, being the person who had produced it?

[7] It is for this reason that it could also be called the DSS, the digitally stimulated surface.

Stelarc: Ping Body

At the earlier November 1995 »Telepolis« event, Paris (the Pompidou Centre),Helsinki (The Media Lab) and Amsterdam (for the Doors of Perception Conference) were electronically linked through a performance Website allowing the audience to remotely access, view and actuate the body via a computer-interfaced muscle-stimulation system based at the main performance site in Luxembourg.

Although the body's movements were involuntary, it could respond by activating its robotic Third Hand. Two SGI Indy workstations input images to a Website so that the performance could be monitored live on the Net. Web server statistics indicated the event was also watched in S.E. Asia, North America and Europe. During the April 1996 Ping Body performance, what is being considered is a body moving, not to the promptings of another body in another place, but rather to Internet activity itself – the body's proprioception and musculature stimulated not by its internal nervous system but by the external ebb and flow of data.

By random pinging to Internet domains it is possible to map spatial distance and transmission time to body motion. Ping values from 0-2,000 milliseconds (indicative of both distance and density levels of Internet activity) are used to activate a multiple muscle stimulator directing 0-60 volts to the body. Thus ping values that indicate spatial and time parameters of the Internet choreograph and compose the performance. A graphical interface of limb motions simulates and initiates the physical body's movements. This, in turn, generates sounds mapped to proximity, positioning and bending of the arms and legs.

The Ping Body performance produces a powerful inversion of the usual interface of the body to the Net. Instead of collective bodies determining the operation of the Internet, the collective Internet activity moves the body. The Internet becomes not merely a mode of information transmission, but also a transducer, affecting physical action.

Adib Fricke
The Poetry of Chance

Adib Fricke started out as a graphic designer. Since the mid-eighties he has been working on installations and shows, investigating the interplay between image, text and computer intelligence. He gained an international reputation with his project »Leonardo da Vinci's Smile.« Fricke resides in Berlin, works as an independent artist and runs TWC, a company for the development and distribution of words, on the side. We spoke to Adib Fricke about the particular quality of computer-based texts and images.

Interview with Adib Fricke February 5, 1997 4.08 p.m.

form+zweck How did you get interested in working with texts and words?

Fricke Initially I started out with photography. I tried out various ways of dealing with photography as a medium and worked on that for a long time. Beginning with image-text combinations and with an urge to write about photography, I finally ended up leaving out the images altogether. That was a turning point. I went on working exclusively with text because that seemed quite sufficient to me. I simply didn't want the images anymore, didn't feel I 'needed' them. People have enough images in their mind that, in turn, can be evoked by words. This interested me and so I dispensed with photography completely und created so-called 'text-pictures' which – in opposition to photos – depicted situations in an exemplary way rather than featuring concrete situations as subject matter.

So you replaced images by text?

As a student at the Hochschule der Künste Berlin I had already organized a number of small exhibitions at the self-run gallery »Galerie für den Fotofreund". Accompanying one of these exhibitions – a presentation of my own project »Double-Take« – I wanted to have a publication offering some additional information on a specific phenomenon regarding amateur and snaphot photography. Since I couldn't come up with an adequate writer and the matter in question appeared interesting enough I decided to write a piece myself. That was in 1986. In addition I had a strong desire to put together a small brochure on my own, independent from the academy. Back then I bought my first Macintosh computer, which enabled low budget production. Already then it was extremely important to me to be able to work self-sufficiently. Further publications on related topics followed, at that point under the title Hefte zur Fotografie. During this process I couldn't help getting involved with problems concerning graphics, and became increasingly interested in this field, especially in text processing with its characteristically simple requirements. Of course, the more I dealt with text, or later with words, the more relevant the question of graphics became. On top of that I wanted very much to learn what was going on behind the screen, so to say, to find out how one of those boxes works behind the user surface. So a bit later I started getting involved in computer programming on a simple level as well.

Was it the limitations of program standards that 'initialized' you?

No, they weren't self-written applications that could have improved work processes. Working with the Mac was comfortable enough, and additional user-software became available almost on a daily basis. At first I was just amazed at the simplicity of programming processes which for instance were enabled by HyperCard, giving me the opportunity to get to know the tool and its functions more thoroughly. An art piece called »Leonardo da Vinci's Smile« developed out of this: a random generator which, in its second version, can produce roughly 30 million statements on art. I was occupied with that for several years, mixing chunks of text, or letting the computer mix them – to feed fragments that were combinable on the grounds of a syntactic model into the computer.

What kind of syntactic model did you employ?

In the case of »Leonardo da Vinci's Smile« it's a simple one-sentence-model: I have heard I that name/work I is said to be good/is said to have been good or: I believe / that I name/work I is/was not good – so there's always an introduction and a middle part plus an ending, whereas the last part is always selected in accordance to the two preceding parts (regarding case, tense and number). Crucial for its functionality are these factors: All variable fragments are strung around the conjunction 'that' which forms a constant within the program. Later on the programs became more complex.

How did you come up with the title for your work »Leonardo da Vinci's Smile«?

During the first stages of the project, when I was developing the program and had already fed in enough fragments for some preliminary test runs, the computer generated the subordinate clause: »that Leonardo da Vinci always smiled before painting«.
Although I devoted much attention to random generators for a long time, I was never interested in being a 'computer artist' because that didn't interest me as an end in itself, even though I of course was given this label immediately. The random generators are art pieces that are operated by a machine, so a machine is simply necessary.

My idea of a computer artist is probably rather antiquated and oriented towards the visual impressions generated by a computer. To what extent are artists working with computers in a linguistic sense?

There are a few, but not many, especially since computers have gained in power and speed over the years, making the generating and processing of graphics a whole lot cheaper. So most artists plunged into image-manipulation and got really excited about all the possibilities of creating effects. Some tried to paint by way of the computer as if using a brush. »Painted by computer« says about as much as »painted by mouth«. I don't exactly view that as a great leap forward.
It's interesting though when you are dealing with questions selected from several different fields in combination with one another. The program I wrote would have easily been possible twenty years ago. Technically, all that was merely child's play, probably no bigger deal than an exercise for students of informatics and certainly not a sensation in any way.

What turned this into art then?

Theoretically, the idea to combine fragments of text at random is over 250 years old. Even as early as 1726 Jonathan Swift describes such a machine. During his third journey Gulliver arrives at a university where, among other people, he meets a professor of speculative knowledge. This knowledge is based on a random generator. It is described in great detail, but never took on concrete shape at the time. As far as I know Swift himself made a – rather vague – drawing of the generator along with the story. It's quite short – if you like, I'll read it to you:
»We crossed a Walk to the other Part of the Academy, where, as I have already said, the Projectors in speculative Learning resided.
The first professor I saw was in a very large Room, with Forty Pupils about him. After Salutation, observing me to look earnestly upon a Frame, which took up the greatest Part of both the Length and Breadth of the Room: he said perhaps I might wonder to see him employed in a Project for improving speculative Knowledge by practical and mechanical Operations. But the World would soon be sensible of its Usefulness; and he flattered himself, that a more noble exalted Thought never sprang in any other Man's Head. Every one knew how laborious the usual Method is of attaining to Arts and Sciences; whereas by his Contrivance, the most ignorant Person at a reasonable Charge, and with a little bodily Labour, may write Books in Philosophy, Poetry, Politicks, Law, Mathematicks and Theology, without the least Assistance from Genius or Study. He then led me to the Frame, about the Sides whereof all his Pupils stood in Ranks. It was Twenty Foot square, placed in the Middle of the Room. The Superficies was composed of several Bits of Wood, about the Bigness

of a Dye, but some larger than others. They were all linked together by slender Wires. These Bits of Wood were covered on every Square with Paper pasted on them; and on these Papers were written all the Words of their Language in their several Moods, Tenses and Declensions, but without any Order. The Professor then desired me to observe, for he was going to set his Engine at work. The Pupils at his Command took each of them hold of an Iron Handle, whereof there were Forty fixed round the Edges of the frame; and giving them a sudden Turn, the whole Disposition of the Words was entirely changed. He then commanded Six and Thirty of the Lads to read the several Lines softly as they appeared upon the Frame; and where they found three or four Words that might make Part of a Sentence, they dictated to the four remaining Boys who were Scribes. This Work was repeated three or four Times, and at every Turn the Engine was so contrived, that the Words shifted into new Places, as the square Bits of Wood moved upside down.«

This type of artistic production immediately brings to mind its psychological counterpart, the 'automatic writing' of the Surrealists. Did this is in any way inspire you?

In the manner in which the Surrealists dealt with writing the subconscious plays an important role. I, on the other hand, specifically try to keep that out of my work. Of course it's in there because I decide which groups of text I want to include or leave out. Surely an author's achievement of selecting certain text-pieces – namely choosing one particular piece instead of another – is closely linked to his or her biography. But what interests me is finding ways to automate this process and to delegate it to the machine. At least that was what interested me in the case of »Leonardo da Vinci's Smile«, as well as in the case of a later work called »The Night-Watch by Rembrandt« which was also composed by a random generator that can produce up to 100 million captions for amateur photos. I was able to do this with respect to photography or amateur shots because this is a field I am familiar with, whereas I wouldn't toy with philosophy or music theory or anything I didn't know enough about. I wanted to work with photography again, wanted to combine my present working method with my knowledge of photography.

But rather than working directly with photography, you are creating art in which the material quality of photography is being overwritten...

Yes, I believe that all these images today – except those which act as personal representations of experience – aren't necessary, that we carry enough of these images in our heads. The captions alone are sufficient for us to imagine them. As soon as I say: »Mother in front of the Eiffel tower« you immediately have a visual conception, the same goes for »Oscar's new car« or »We are flying at a speed of 350 kilometers per hour, below us the clouds«. You fill in the picture. This interested me, but not merely in relation to an author's act of putting something into words. I was intrigued by the idea that this act can be automated, that a machine can take care of this job. Of course within a certain regulated frame, since the machine can't be creative independently. It can draw connections that I have no way of determining in advance and in which results can be quite surprising, but those are just lucky hits: naturally this is not a creative process actively triggered by the machine. I don't believe that a machine can be creative.

So images aren't acquired by way of the machine, but rather the machine evokes images one has acquired in the reality of everyday life and has stored in one's mind, and it would be up to the media – one does have to generalize here – to re-animate these images?

No, I wouldn't say the media generally have this evocative quality. They play with this, but they're doing something else in addition.
When I read a novel, I start furnishing it with my own ideas. Media today, the news media, function in a different way. All they have to offer is the big thrill, they don't seduce you into another mood, they just stuff you with information.

But one could concede that in principle there's a difference regarding the proportion of imagery contained in a piece of news versus a novel or story...

Indeed. The novel is a closed entity hosting an imaginary cosmos of images. What seems to be playing a larger and larger role though, as far as the news media are concerned, is the reflection of one's own consternation or self-indulgence on the basis of concrete images. This, I believe, is the phenomenon that interests me most in discussions. That's what is getting to be more and more rampant, pithy and, in effect, increasingly interchangeable. It doesn't make any difference whether little Ann falls into the well in San Francisco or Anton tumbles into a ditch in Berlin. The only important thing is that it has happened in your vicinity and that it could happen to you as well. It didn't happen to you, but it could. That differs greatly from, say, the film version of a novel, that will seduce you in most cases, will lead you somewhere and create an illusionary world of images for a certain amount of time.

»Leonardo da Vinci's Smile« is a news-structure though, isn't it?

It is a gossip-structure, so in this respect a news-structure. What you experience might be a sentence which you yourself could have uttered or heard at an opening. It's a statement and that makes it a piece of news.
I designed a third program that was never realized. It dealt with headlines. I discontinued it when the computer started spitting out headlines that I saw on the street the next day, at the newsstand. That was one of the reasons to stop continuing with the project. From roughly 30 000 possible headline-combinations I selected 254, Highlights, and put together an exhibition. One headline, in contrast to gossip and scandal mongering, or to all that cheap talk, or to a hundred million snap shots – in contrast to these every single one has to be good. Its purpose is to sell, and if it isn't good it won't sell. A hundred headlines can correspond to one situation but you have to have the uniquely good headline. So I made a selection for the show and hung small laser prints on the wall. The last few days before »Super« (a German tabloid) went out of print – the exhibition was being shown then – they called and wanted to place one of those headlines on the front page of their last issue. That would have been great. The paper is vanishing from the scene, the headline is generated by computer, but would have been a real headline, at least for one single time and would have stimulated consumer interest. Among the headlines there were a few such as »Designer gets wrong leg amputated« or »Senior consultant jerks off in mortuary«. That would have been sensational enough for the front page and yet the resolution would have been that this headline had been created with the computer program of an artist. It's a real pity I was out of town at the time! Even if reality didn't correspond with the headlines, it would be the job of the news editors to construct an event matching the headline, to supply the sub-story, as it were. ...
Visitors of the exhibition were convinced that I had copied the headlines from somewhere, and that they had seen them all before. I had to give the work the subtitle »Random-generated Headlines«, otherwise no one would have understood what it was about. The visitors to the show were certain they had read one or the other of those headlines before.

How did your work develop from there?

Today I don't even produce textual works anymore, as was still the case with the text-pictures. Of course I'm quite clearly interested in words. I remember a work that I devised almost nine years ago but never realized – even back then I was concerned with words. I'm not a man of letters and certainly don't write stories. I'm a word-artist: 'Wordman'. With 'The Word Company', which I established in 1994, my work has found an adequate continuation. The business purpose »The Word Company« has, is the production and distribution of words not yet in use, so-called 'protonyms', and of 'units consisting of words', slogan-like sentences and half-sentences. The general word trade, governed by provisions spanning 26 paragraphs from A-Z, is regulated by the common business terms of TWC. I provide words that have no meaning whatsoever, for instance SMORP, MIPSEL or

ONOMONO and offer them for sale. It's wonderful because that way, among other things, I can work as a totally self-determined graphic artist. I can design my own business papers, fashion my own words and devise the mode I want to present my words in. The nice thing is, that I have the opportunity to give shape to something that makes absolutely no sense while nevertheless getting much joy out of it.

Do you criticize the application of media in the field of graphics?

Often that's just cheap showmanship. Frequently the elaborate design is absolutely unjustified by the subject-matter in question. Many designers are just enthused by the creative possibilities themselves. It's becoming increasingly difficult to comprehend why something was done the way it was and what led to specific visible results. But that's something I've observed not only in the field of graphics – in the case of pamphlets, news papers and sometimes even forms, where it's become common to employ cute little designer elements – but also in the field of visual arts. This doesn't apply exclusively to traditional art forms such as painting and sculpture but also to artists who are working with 'contemporary media' – which is a better term than 'new media'. In fact, to use a profane example, some even employ Photoshop filters and interpolate photos because they're thrilled by the effect, and manage to arouse a bit of interest for a few seconds simply through the moment of surprise. Personally, I find this extremely boring, and in most cases there's nothing to detect except a certain amount of self-love – there aren't any ruptures. Amazingly, precisely because of this, you'll find a lot of these artists construing all kinds of stuff when it comes to discussions of their work.

In graphic arts there is usually an author, a graphic designer and the product of their co-operation. The author usually pursues a specific intention, that's why he writes the text. Under classic conditions the graphic designer serves the author. With the emergence of contemporary media this no longer appears to be valid. The relationship has changed. The graphic designer takes note of the author's intentions, but then states that basically there is no other instance to relate to than the text itself. And that the graphic design would in effect mirror his attitude towards the text. Of course in this case the personality of the graphic designer is part of the game at least as much as the personality of the author. In consequence something will emerge that might crack the author's intention, or even crush it, in any case will comment on it in some way. The former notion of sharing a kind of common reality or mutually relating to a problem is no longer in force.

I even believe that modern design has reached a point where texts per se have become secondary, and where decorative aspects enjoy absolute priority.

Why do you think this is the case?

I don't want to talk about the power of the image.

Why not?

Because it's so simple.

When you mention the power of the image, you're referring to its suggestive quality and that 80 per cent of our perceptive faculty is subject to that?

Those are the usual arguments: »A picture says more than a thousand words.« Now that's a notion one can safely dispose with. That's not the crucial issue. I believe that at some point we won't find the time anymore to actually take in what's there. Meaning that the capacity to be attentive has vanished, or rather that there is so much that wants to be perceived, that's screaming to be heard, that's shouting in your ear. Georg Franck, by the way, coined an interesting phrase for the title of his book: »The Economy of Aufmerksamkeit.« All the yelling and shouting, all these pleas for attention – they're dependent on a certain amount of shrillness to come across. If, for instance, you have a very calm and simple page with just some text on it, then it has to be read in utter concentration. I have to be in the mood to get involved in it. Peace and quiet are the prerequisite for reflection. This type of serious and sometimes – with luck – even elegant graphic style has somewhat gone out of fashion, and yet: a few designers are still doing this kind of work or are starting to do so again. But most pages in contemporary magazines and many life style ads – naturally not all of them – are often shrill, in loud colours and hectic to the extreme, just to draw attention. They are always, or at least are supposed to come across this way, designed just slightly beyond, above or below current aesthetics – that is, blurred and out of focus when everybody else is doing stuff that's sharply defined and in focus or the other way around, whatever. That's the so-called hype of the fashion victims. At least the conspicuous 'deviation' ensures attention.

That's what's the problem with the media these days: they have to be so fast and full of excitement. It's not the point here, in my opinion, that »a picture says more than a thousand words«, but rather that everything is focused on the spectacular, which can only be achieved by way of extravagant and extreme graphic design. This is why designers have gained in importance and are now receiving much more attention. Yesterday I bought the magazine w&v (werben und verkaufen) which contains a story on a campaign commissioned by a building and loan association in Bavaria (LBS der Finanzgruppe Bayern). In this case the print is deliberately fuzzy, as if it had slipped during the printing process. They do that on purpose, so it looks like a misprint. The campaign is devised to draw a maximum of attention with the least advertising effort. That's what it's all about.

Do I understand you correctly, that the viewer's attention is stimulated so much one doesn't have enough energy left for the subsequent process of reading and understanding? Normally, at the moment one sees something, one's own thoughts, interpretations, are triggered, the situation is evaluated and placed into context. Today the flood of pictures is so overwhelming, awareness is torn open so wide, that there seems to be neither time nor energy or space for thought. Aesthetic overkill as the anaesthesia of awareness?

Interaction is the key word here. Of course the texts are partly so boring one doesn't really need to read them. Even though they may be this boring, they might get a lot of attention if they're presented in an extreme way. It's not just the image, not just the photo or classic picture that is stuck there somewhere in between – it's the over-all impression based on the combination of image and typography. That's how the process works. Furthermore there is an increasing amount of poor texts, which have to be presented in a more and more elaborate way, must be structured and processed, and this grows into a real wave. You tried to break that wave. In this media-process the designers have gained tremendous power and these designers are under great pressure to succeed.

That of course also compensates for the feeling of powerlessness one might have regarding the ability of shaping one's own life.

Yes, that makes sense to me immediately.

Perforated Partikel Projektion

Last year we found a film container in our mail box. Enclosed were two catalogues on installations by film makers and the announcement of an exhibition opening. At the Kampnagelfabrik in Hamburg: Pay admission. Put your money on a race between ten film projectors. The light goes out, the projectors at the start are switched on – pulling themselves forward along the films. There is flickering on the wall at the finishing line. Turmoil on the track. Cheering...

The »Particle Projections« reveal the illusory and deceptive quality of the medium film – the photographic image as a result of the movement of substances, the way they connect mechanically and their energetical excitation.

Perforated Particle Projections

is an exhibition project that will feature screen-installations and cinematographic sculptures by nine artists working with film. This series of exhibitions is to be understood as a »work in progress« in which the individual pieces will not only be adapted to the specific site but rather will include new reels, objects and stagings at each additional show.

Art installations involving film projections go back to the sixties and seventies. Back then this was called 'expanded cinema', a genre that drew from ideas of the fluxus movement (rejection of the movie experience), of experimental film (structural film) and the abstract film of the twenties (visual music). The central motivation for these installations and performances was to reveal the unreal quality of the medium, to analyse the psychological phenomena linked with perception or to incorporate the viewer into the film process. The artists viewed themselves as avant-garde and created new visual experiences.

Today we are a far cry from this self-image. In the era of virtual reality, of data super-highways and so-called interactive computer programs, film projectors are, technically speaking, totally outdated. But for the artists of »Perforated Particle Projections« these image machines, now ending up in the junk yard, are their artistic raw material. While designing their art pieces it is of vital importance for them to be able to intervene in the technical processes. Functions that have been developed by engineers for a specific purpose must be reshapable according to the artists' needs. Video and computer do not meet these requirements. The 'black box' doesn't enable any reach beyond the user surface. All activities with it are limited to the multiple but nevertheless regulated possibilities of soft and hard ware. When dealing with film on the other hand the whole technical process – from the camera shot and the developing of film material in the lab up to the screen projection – is under the artist's control. It is possible to intervene at each seperate step or to remove seperate elements out of their context and establish new connections. In this sense technology is not merely an aiding device but in itself becomes an artistic conveyor of signs. The sculptural quality of the instruments, the way they relate to the projected image and to the given space: all these factors form a unity and make the »Perforated Particle Projections« a visual and palpable total art experience.

Thomas Bartels
The Eye

The eye consists of an oblong sheet of steel with a circular section cut out of the middle. At eye level the sheet is precariously balanced on a wound iron rod. At a right angle to the sheet, within the cut-out section, the narrow part of a rotating plexiglass-tube is attached. This eyeball contains the essential parts of a super-8 projector mechanics and projects a short infinite loop. A camshaft lets the image wander slowly across the wall. The running legs of a man are captured in the image.

Jürgen Reble
Sisyphus

When approaching Sisyphus, it is switched on automatically for a few seconds by an infra-red motion detector, and a super-8 film runs from the reel through a rebuilt projector with a removed wing aperture. The film is projected on a wall in slow-motion. Subsequently the film slides out of the projector into a blender, where it is ground to dust. With a second projector lamp the swirling granules are cast in the viewer's eyes one last time. The materials applied are chemically manipulated pictures and master copies out of the artist's own production. Sisyphus is a renunciation of the preservability of film, standing rather for a unique act of sacrifice. The illusion of the image is replaced by the concrete material at hand. The emerging granules are blended with paste and thus processed. Sisyphus is gradually overgrown by this plastic mass. Or as J. W. Goethe put it: A thing that shines is born for the moment, truth is preserved for posterity.

Martin Hansen
2 x 2, vis à vis Projection

He walked down the stairs...
On the landing he encountered a man who was on his way upstairs. But, as he continued downstairs and saw the same man coming towards him again from below, he had the strange feeling of having jumped back up the stairs, that he was treading on the spot, like a needle on a soiled record. He stopped on the landing and sensed that someone was following him. He turned around and saw himself.

Two infinite loops are projected onto two walls facing one another. On the reels, two men can be seen, one on his way up-, the other on his way downstairs. By way of a mirror fastened in the middle between the two projectors, half of the image is covered up and reflected back. This way a picture is created on the screen that is composed of the directly projected film and the reflected image. The two men who been filmed ascending the stairs one after the other now meet in the film's image. Since the projectors run at different speeds new constellations of encounters constantly arise. The projection contains two different levels of reality: a directly projected reality and a reality transcending on to another plane by way of the mirror. Dream and reality together again – hardly noticeable for the viewer – on the screen. Often one can even see viewers who hold up their hands into the beam of one of the projectors, surprised that things are different from what they thought.

Lutz Garmsen / Ursula Helfer
Lukas' little World-Machine

Two film reels with different surfaces are projected onto each other. The film loops run on supports a metre high. Like the projectors, they are constituent parts of the installation und thus exposed to the viewer's eyes. In front of the lens of the slide projector a maple leaf moves back and forth as a kind of sector-aperture. But it is not synchronized to the moving pictures – as an aperture normally would be – but rather is asynchronous. Since there is no visual equalizer the leaf sometimes overlaps the projected picture. The two reels are not necessarily projected simultaneously – the projectors' mechanisms are controlled by a random principle. Connected by way of a circuit to these machines, two toy figures facing each other on a small wooden desk are gesticulating: a clown with a drum and a former Barbie-doll. In both cases the lower part of the body is missing. The doll propels around its own axis every few seconds, its outstretched arms sometimes touching two dangling balls. If they collide by chance then the contact closes: the clown-figure starts beating the drum and the films are set in motion. Thus in the course of a simultaneous projection, random and new combinations of both these images keep resulting – sometimes in form of moving pictures, sometimes in form of stills.

Helmut Staubach

Inquiry into the universality of objects

There are no longer any design schools that do not offer training in information technology. Many design studios recruit these young people in order to save the time and money for training. Helmut Staubach, professor for design of product-complexes at the *Kunsthochschule* Berlin-Weissensee since 1993, still has a gift which has become rare these days: the gift of questioning the conditioned perfectionism in daily life, filtering out the cultural deficits and transforming these into topics of his students' inquiry. This rather classical approach to design results in an enormous popularity of his projects among students. None of them see a contradiction to digital technology in this. We spoke with Helmut Staubach in order to banish the cliché of the death of classical design, and asked Nils Krüger, who is writing his diploma thesis with Staubach, to relate his experiences with digital technology in the context of design.

form+zweck You have been a professor for product design at the Kunsthochschule in Berlin since 1993. You have advised a large number of students, and among them one finds many who's work deals with flaws in the mundane. I have learned that this is not an outdated issue, and I have learned to how small a degree that which is considered perfect actually works. How do these topics come about?

Staubach I do not know. I don't understand this. Sometimes, information from the media coalesce to a question, a theme, or just generate thoughts. About a year ago, there was a report from the USA on the number of people working at home. This interested me. I then define a topic together with the students; this means, we collect aspects belonging to the general environment of such information before beginning to think about the concrete dimensions. For instance: what structural changes result from the shift of the workplace into the home. This can, and will have, a severe impact. It touches on the role of trade unions as well as questions of commercial and social organization, since it concerns the disentanglement of technology and location. This process has an influence on issues of ownership. If for instance parts of the enterprise are shifted into private spaces, who pays for the workplace? And this in turn has an impact on the character of production. The furniture industry still adheres to the classical separation of workplace and home. For the last few years there has been a diffusion of these patterns. The question arises whether one needs 23 variants of a desk. I believe it has become necessary to think about the universality of objects. If I cover a desk with a cloth, it becomes a dining table. Inquiry in this direction cannot be based on the improvement of singular objects.

If one is not to analyze objects, but the processes of their utilization, then I find the term ‚utilization processes' to narrow for what you are describing.

A project must capture as many facets as possible. The process of making it concrete comprises different phases; there is no script that defines their order, nor are they determined by a desired result. The students approach the task sort of from the »edges«, simulate situations, run through functional relationships, gather facts. In this process of design, of conception and rejection, specific determinants start crystallizing, basic parameters for concrete design. To stay with our example: What happens if manufacturers become the owners of work-places located in private spaces? Or: How will the design-conditions change if employees own the space as well as the means of production? Such considerations go far beyond aesthetic issues, and can not be tackled with conventional approaches to design. Or: I wish to improve the situation of waiting for the subway. If my work is oriented towards the object, I might design a new, more comfortable bench, which is better than its predecessor. Or I might attempt to make the wait less boring through the use of media. But does it not make more sense to ask what »waiting« actually means? I might then come up with the idea to already indicate at the entrance to the subway that the train will not arrive for another twenty minutes. Passengers can then decide whether to wait above (where there is usually more to see) or below. A type of self-determined waiting would be guaranteed.
I believe a critical examination of the question to be solved is fundamental. It generates different results than the interdisciplinary work on solutions. To comprehend design as an act of modification of processes, and not primarily as a differentiation of objects, this is how I understand my work with the students.

Has the computer nowadays become a tool like any other in the design-process of the students?

We are not just producers of objects, but also of ideas. The computer is a medium requiring little effort and a low investment of resources. Certain processes and sequences can be easily represented, tested, documented with the computer. Nevertheless, digital technology does not replace study and familiarization with the three-dimensional. The computer is for instance a good instrument to simulate dynamic processes and variations of detail. For students – and not just for them – it can also be a therapeutic instrument. I you still can't draw after three years, you might get a sense of achievement with the computer.

A deceptive one ...

I have an ambivalent relationship to the use of computers in the education process, to be exact, with the technological over-equipping of the universities. A wide range of high technology is available to the students that, once graduated, they will not have at their disposal as practicing designers in the near future. They familiarize themselves with a very specialized, complex, and expensive technology that to this degree does not currently exist in daily life, nor will it in the foreseeable future. But it does allow us to produce results that would not be possible with the traditional means. I try to steer the students onto levels of problem solving that will make them less dependent on specific technical equipment. For me the computer is primarily a documentation tool, less frequently a design tool.
Another problematic relationship is the coupling with the manufacturing technologies. The manufacturing process of a chair used to follow this pattern: I made sketches, built a working model or had one built, made detailed drawings that included dimensional information, and passed these on to the technician of the manufacturer, who then adapted the model to the production conditions and in general made a mess of it. The toolmaker then usually again made specific changes, and the final result was a chair that no longer corresponded to my original ideas. Then the exact, universally compatible computers hit the market – great. Today we work with the same programs that the production departments and the toolmakers have. It is a coordinated procedure. Except: Now mistakes can also slip though unhindered where there used to be complete verification. For the computer, everything is »true«. This »truth« is carried through to the final design.

Are the designers taking away the work of the builders, similar to the process in graphic design where typesetting has almost become a normal part of the design?

No. For graphic design this was the case. It is a pity about the cultural knowledge that got lost this way. Because of the variety of materials and production methods, the realization of designs in our field requires a cooperation with the relevant specialists for construction and development.

How do you view the future potential of a design concept that is derived from the real-time analysis of actual utilization processes? Does the notion of needs – which can be manipulated, renewed, discredited by forms – play a role for you in this context?

I don't believe that one can change the world through forms, or that design has therapeutic or conflict-reducing functions. This does not mean that I stop thinking about social problems or stop taking a position. But I cannot see a direct connection between this question and my design-related decisions. The notion of needs, for instance, is not a clear concept for me. There are very different ways of aesthetically taking possession of the world; some want the lawn ornament, others the Michelangelo. Reasons for this are so varied, the possibilities of interpretation so open, that they become useless as the basis for a design. The manipulation of needs is not a question of form, but rather a question of propagation and thus also of power.

I studied during the seventies, during a time in which for instance the product-aesthetics of Haugk had a major influence on the character of our design. This had the consequence that students rejected design, and/or moved into other fields. Others tried their hand at treating questions of social relevance in their design. Design for the handicapped, design for the third world, recycling. All these issues were discovered during this time and seemed to provide an opportunity to find a »clean« niche, independent from product-design. I thought this was a terrible attitude. And when this was theoretically legitimized – as for instance by Papanek – and led to the opinion that, for example, Coke cans should be made into radios for the third world, I believed this to be a type of imperialism which could hardly be outdone.

How does one recognize what is lacking in a society of plenty?

I primarily design for my own set of standards and on the basis of my experience and knowledge. I cannot design for six million people and I do not see myself as the attorney of all those denied justice.

Would you design things that protect jobs? In opposition to automation?

I would certainly design things that support jobs, but not just for the sake of protecting jobs – rather if I wanted to counteract the loss of cultural substance.

Do you have a relationship to the Internet?

I do. But I had higher hopes regarding the research possibilities. That hasn't been much help so far. If I am presented with 300 references for a certain topic, and 290 of them are useless, I give up. There need to be other criteria, which match my competence.

Nils Krüger

Design – *with* or *at* the computer?

This text describes a design project with (not at!) the computer, a personal experience. The design of an operating-theater for the neurosurgical department was the topic for a diploma thesis in product design at the *Kunsthochschule* Berlin-Weissensee. Starting point for this project was a study conducted in Germany on the operating-theater of the future. This study serving as an impetus for this work, it ultimately developed into an independent project. The operating-table displayed here was designed for microsurgical procedures anywhere on the body, especially for use in the area of neurosurgery. From the medical side there was the desire to introduce an imaging method that could accompany the operations. Given its lower negative impact on patient and operator, and a higher quality of the image, magnetic resonance imaging seemed to be most suitable, although this technique required the operating-area to be free of magnetizable metals. The operating-table described is part of an overall concept.

Experiences with the computer:

In order to research an unfamiliar topic, the organization of Internet pages or search-programs found in libraries is generally useful. The organization of references (inter-connection) and the various types of searches (keyword, subject, name) allow an intuitive approach. The effectiveness of this research depends primarily on the appropriateness of the linking and the parameters of the search, but also on the speed of access, switching, and searching.

But what ultimately counts are the content and quality behind the keywords. In this respect, the new information systems are (currently?) far behind the evolved level found in the world of print.

»Their content seems so small when compared to the genius of their technology ...« (John Updike at the Frankfurt Book Fair 1995)

In the beginning, there remains the idea.

Of course this first illustration does not have to be made with the aid of a computer. A hand-drawn sketch is completed in less time than it would take to turn on the computer.

But the computer does demand that some decisions be made. A line has to have a specific length. And this for every perspective. With sketches, the proportions are usually different in every drawing; mine have a tendency to be idealizations. Using the computer requires making commitments, comparable to a proportionally accurate sketch or a technical drawing. On the other hand, a quick sketch provides the feedback between hand and eye which I find very important while working on a design. When drawing by hand, making changes is no problem, they are a part of the process. Changes to computer-generated objects and drawings are only simple to a degree (more on this later).

The images produced by the computer, be it on the screen, as a printout or a photo, are technically perfect. This places a higher demand on the viewer's abilities of judgment and selection.

The qualitative differences of a computer image lie in its design. The recognition of flaws in the perfect images generated by computer must be learned and experienced in the same way as is the case for the fundamentals of design in other forms of representation. This is why I believe that apart from familiarization with the use of its software, training in the evaluation of images on the computer to be very important. Both are preconditions for high-quality design.

The prevalent trust in technology hinders a critical use of the new media. Unfortunately, texts and pictures generated by machine are not frequently enough questioned.

As a means of verification of designs, the computer's primarily two-dimensional representation lies <u>between</u> a technical drawing or perspective and a model. Spatial relations can be checked fairly well. The possibility to rotate objects in the computer simulates 3-D vision (movement of the head). Proportions, colours and materials can, in my opinion, only be judged to a limited extent.

Comparable to the photography of models, the media seem to be useful for the communication of textures and values by creation of a suitable setting. But these are based on the form of presentation an not on the object itself; this means an image is never neutral and hence only of limited worth for the evaluation of design values.

With the computer as tool, variations of proportion, colour and material are readily produced. Since the potential for creating an arbitrary number of variations leads to arbitrariness, only truly distinct variant-ideas should be depicted.

It is frequently simpler to create new objects on the computer than to change old ones. Certain modifications (scale, position, rotation) are easy to achieve in 3D applications. It is more difficult to make partial changes, to define free-form surfaces, etc.

It is important to also make the »uncomfortable« modifications. Work with the computer should be determined by the objective of the design and not the weaknesses of the software.
With animation, one definitely does transcend the boundaries of industrial design. The description of an object, its documentation with moving pictures,

applies cinematic methods (video clip). There is a plot – what should, or must the viewer know prior to a specific occurrence, where is he surprised, in which order are the actors (components) introduced, and what characterizes them (dramaturgy, direction). Without a pre-planned script, it is not likely that the sequence of an animation will have closure, the plot will be arbitrary.

The problem of modification grows with the progress of the work. Certain flaws in an animation only appear during the assembly process. Changes can then usually only be made by repeating the entire process for the relevant segments. This is very time-consuming.

A good imagination, command of the software, the willingness to throw what exists overboard and invest time in critical verification and modification are the prerequisites for obtaining a result that corresponds to the potential of the medium.

The design:

Approaching a complex thematic field requires research and familiarization with the facts. This activity is characterized by an intuitive search-process with the structured collection of material as its goal. Here already, the first steps of the task can be undertaken on the computer.

The topic was approached through conversations with doctors, attending operations, and via information on current and new operating techniques. Public and specialized libraries provided a fairly substantial amount of material, whereas the search in the networks of the new media was generally unsuccessful.

The fascination of a seeing a home page from Helsinki or Montreal (sooner or later becomes a habit) distracts from the more or less trivial nature of its contents. The net is of use for finding out who is working on similar topics, and how they can be contacted. But the selection is very arbitrary and incomplete, and the pages are frequently not up-to-date.

The keyword-catalog of a library (in the form of a card-catalog or computer-based), and the subsequent study of the bibliographies did provide me with an overview of the standard works in the respective fields. One morning was sufficient to obtain a handful of (seminal) books.

The same amount of time spent on the Internet produced two pages of popular-scientific text with missing images (without promise of more), and an e-mail address.

At some point, it was possible to formulate a fundamental problem with one's wishes, and with the basic parameters of the framework. For this reason the first idea was a structure. In order to bring a person into the desired position for operation, two surfaces are sufficient that can be bent in different ways and can be positioned with respect to each other. Since they follow its form, they are superior to existing multi-jointed models for supporting the body. These surfaces should be non-metallic (MRI) and remotely controllable (state of the art).

The first step on the computer was the depiction of the structural idea of bringing two surfaces with independently adjustable curvature into position relative to one another.

A technical solution for the structural elements, as well as formal-aesthetic criteria, were at this point in time still entirely unresolved.

The results functioned primarily as a basis for communication. The first decisions were documented. From private sketches, the requirement of precision had created more readily understandable representations. I have experienced that a computer-printout gains greater acceptance than a hand-drawn sketch. Just as a technical plan is seemingly more 'true' than a sketch, a computer-generated image is taken more seriously.

It was becoming more concrete. Hardly any sketches, no work at the computer, everything done in the head. An idea for suitable continuous adjustability of the operating-table took form:

A bowl-like shape (similar in make-up to the hull of a boat) is surrounded by an elastic skin, a membrane. By filling this space, the shape of the membrane can be controlled by internal pressure.

Water seems to be a suitable substance for filling the membrane. It is non-compressible, non-toxic and has good heat-conducting qualities. Temperature-regulation of the water can thus be used to cool off or warm up the patient (currently realized by separate units).

Again, the principle of the membrane was depicted.

The positioning of the bowls is controlled with »gliders« in the shape of circle-segments. Moving through a node, they turn the individual bowls around an imaginary axis. The entire table can be swiveled around the axis in this manner. Part of the height adjustment can be realized by counter-directional movement of the bowls on their respective circular tracks. The bowls themselves are mounted on joints. The overlapping of these movements allows for adjustment to any required position.

A supporting foot enables the other two rotations (around the vertical and the longitudinal axis) as well as a second height-adjustment. The foot carries the upper part of the table which is transportable, hence available in pre- and post-operation rooms (the patient is not moved to different beds in an anaesthetized state).

A new stage of drafting followed. Up to now only structures were depicted, now the more conscious design-work began. The necessary proportions, respectively for all movements, were taken into account. Design-ideas that had grown naturally – and had partially been sketched – brought in their influence and were incorporated.

The initial processes can be depicted and verified in static images. At this stage, the study could again be presented and discussed. The values depicted were printed in scale and served as plans for the construction of scale models. Design-related spatial verification and modification was conducted on the models. A number of changes resulted from this analysis of the depicted state of the operating-table.

The edges of the bowls are the inside, supported by a cushioned cross-beam. The membrane now stretches around to the outside of the bowl. All the parts that may come into contact with the patient are made from the same material. The bowls taper off toward the edges. This causes the membrane of a bowl to rise (or fall) strongly at first, more gradually at the ends. This form of curvature is more appropriate to the requirements. General construction-variants are created for important technical components, such as the node or the foot. Their forms are modified. The gliders are reduced in weight.

Now followed the »third generation« of representation. The modifications were incorporated or parts were remodeled. This computer-model was to be used later for an animation. Colour-tests were undertaken on this model, but final decisions on colouring were applied to the constructed model.

My goal was to create an animation documenting the project. On the other hand, the result was supposed to go beyond a mere technical and functional description, to generate interest as a distinct medium, to inform, entertain, and possibly even be somewhat lyrical.

A drawn film existed at the outset of this work on the animation. It included scenery, lighting concepts, camera angles and sequences of movements. The order of scenes, ideas on speed and sound existed.

Definition of most of the parameters for the separate elements (objects, lights, cameras, etc.) significantly accelerated work on the animation.

During realization, the elements can be viewed and thus verified in real-time as wire-frame models. Lights, shadows, textures are verified via selectively rendered images. Their interaction occurs in one's head. Over the course of this process, flaws were discovered and new ideas evolved. They generally could be dramaturgically inserted without changing the overall structure.

Desired medium of output was a video with sound. The set of separate images was treated like digital film-clips, assembled with a video-editing program, transitions inserted, sound added. Only after the assembly process could the result be viewed in its entirety.

Many of the shots and scenes are quite close to the initial ideas, others were modified or created during the process.

The resulting images and spatial data can unfortunately only be used to a limited degree for technical detailing of the design or for the generation of data-sets for use in production.

The conditions for the animation were based on minimizing computing-time for *the vast amount of images. For this reason the modelling of the objects was relatively rough. The opposite would be the case for the requirements of technical realization. Independent sets of data should be concurrently developed or be created. For this reason, it is important to know the possible interfaces, realizations and applications, and to have made a decision at the outset.*

Annie Grove White
Beyond the Book?

»The Book is Dead« – a frequently heard cry from those who lavish praise on the new technologies which, undoubtedly are making themselves felt in many different aspects of our lives today. But what does this slogan really mean? What ideas are contained within it? What exactly do we mean by the book anyway? Yes, firstly, it is a text made up of words and images; but it is also an object, a thing which we handle, interact with physically and emotionally. In this article I want to explore this second aspect of what books mean to us, in order to open up the debate as to whether the book is really dead and to what extent can electronic books replace it.

The book as object has been mainly discussed in relation to limited editions of artists' books which consider a book as a text and as an object – where content and form are placed in particular relationships to each other depending on what the artist wishes to try and communicate. Little research, however, has been carried out on how the mass reproduced book becomes an object which may hold a set of very special, and highly personal meanings for an individual. This is mainly because debate on the book has been dominated by two issues: a book as a container of the authorial text, and the effect of technology on the book form as we know it today.

In this article I intend to flag these central issues but I do not want to enter into these debates specifically. Rather, I wish to explore, in an open ended way, issues surrounding the book as an object – as something which is used and stored within lived spaces, our homes. This is done, not so much as to disparage the CD ROM or the possibilities of electronic publishing, but more to try and highlight what other aspects of books, publishers and designers of CD ROM software might need to take into account when they assess the effectiveness of their programmes and technologies.

This discussion draws on recent theoretical and historical research into consumption, reception and design. Here, the emphasis is not so much on how the object was designed, produced, mediated and distributed, but rather the meanings or significances that different objects, particularly, within the home come to hold for the people who have books. Much recent ethnographic research has demonstrated the ways in which objects can carry meanings above and beyond ideas of function and taste: of personalisation, of signifiers of important moments in the life history of an individual, ideas of self and identity. The book as an object is not immune to this process of establishment of identity and indeed it may be an important aspect for those involved in multi-media publishing to consider. To what extent is it possible to personalise multimedia products?

The impact of technology on the book has been elevated in many spheres of the design and new technology industry. For example, a leading contemporary British graphic designer Malcolm Garrett wrote an article for a magazine Graphics Review in 1992 titled The Book is Dead. In it he argued that designers should acknowledge the possibilities the new multi-media made available and thus challenge 'the future role of an increasingly old-fashioned way of storing and retrieving data'. To ignore these developments was, in his opinion, 'tantamount to typographic heresy'. Claiming that books did not reach wide audiences, were expensive and 'tedious to access ' he made the automatic assumption that 'the logic is to undeniably to publish via an electronic medium'.

Malcolm Garrett is not the only one to have prophesied the death of the book as we know it, as an object with words and pictures printed on paper, folded, glued, bound between boards and stacked on shelves or in piles on the floor. It is true that the publishing world is changing to accommodate and exploit the possibilities of the 'interactive' challenge of the fusion of image, text and sound on CD ROM. However, one is forcibly struck by the way these new multimedia technologies have been idealised by their exponents to the extent that these technological changes are seen as autonomous, in some sense 'outside' of society and unstoppable in their march towards the new millennium and a new kind of society.

Such a viewpoint could be loosely described as 'technological determinism'. Many critics of this attitude have pointed out that the kind of society we live in plays a large part in deciding how these technologies are adopted – that is, how do its producers and consumers think and feel about such developments in terms of what they offer economically, socially and culturally as well as what they are unable to offer or may replace. Are certain technologies approached cautiously or even resisted for what may seem rather unusual reasons? Furthermore, new technological developments can have very different effects in different situations which can only be understood by analysing the dynamics of a particular society. For example, much has been written about the way certain technologies are gendered – bought, used and/or controlled by men or women depending on different economic, social and cultural factors within a certain society.

On another front, the death of the author has been hailed as we increasingly live in a pos-tmodern world where it is argued that reading is an active process whereby the author's intentions and meanings are inherently unstable. Much research within cultural studies bears this out, particularly in relation to the products of mass media such as television and film. In the case of the book, interactivity is seen as a way of breaking the linear nature of the reading process, empowering the reader to select and participate more actively. Here the reader can become the author. Rather the multimedia market and its proponents, including many designers, present the illusion that the user can make decisions, determine how the narrative develops and so on. In practice, the reader is offered a set of predetermined choices which function within a fixed range of outcomes. Yet, the reality is not a mass of unbounded possibilities.

Most of these CD ROMs are limited to non-fictional or reference work in the main: dictionaries, encyclopaedias and so on. Novels are more difficult to adapt in a way that makes most use of the technological possibilities. As new technology consultant, Tony Feldman says, 'The key is to find new ways of expressing interactivity, information and entertainment, all combined, which has the same spell-binding effect of the storytelling processes of the past, not only capturing their minds but also their hearts. A book has that and until multimedia has that quality, I don't think it will capture the mainstream home market-place like the film, the television, and the book industry has done.'

While it is not in the scope of this article to discuss ideas of narrative, it is clear that the book (or a magazine) as an object is something very familiar to people. They handle them, pick them up, flick through them, keep them – interact with them in a way that is beyond the 'mind' alone. This familiarity is recognised to some extent by software programmers. Already, within the design culture of the electronic book, the book – an object with a cover and pages, remains a potent image or sign of accessibility. Many software designers continue to use a picture of a book or a magazine as the equivalent to the electronic book's title page. (Similarly, as I open my MacWrite programme, there is an icon of an old fashioned ink writing pen on the screen). Perhaps, the American designer Stephen Doyle is pinpointing some of these unacknowledged meanings when he is reported as saying in Baseline magazine (no. 15) that »... [the programme designers] are taking something cold and icy and trying to warm it up by using the familiar reference of the printed page.«

What other meanings can the book as an object hold for us? Books are objects that can be brought with us anywhere. They are highly transportable in that they can be read in all sorts of different contexts and places as well as metaphorically speaking, accompanying us through our life's journey.

Let us take the book's transportability and adaptability to different situations. In manuscript culture, reading tended to be a social activity where one reader read aloud to many. Manuscripts did not circulate. They were read in particular fixed situations, many of which were religious. The impact of printing during the 15th and 16th centuries produced smaller and cheaper books than those produced during manuscript culture. Professor Walter Ong, in his book Orality and Literacy, argues that the growth of print was a major factor in the development of the sense of personal privacy which marks modern society. Smaller and more portable books set the stage psychologically for solo reading in a quiet corner and eventually for complete silent reading. George Steiner (1967) went so far as to suggest that reading suggests a home spacious enough to provide for individual isolation and quiet. But reading today takes place throughout the home and beyond: in bed, on the toilet, in the living room, at the desk, on the bus. We read in all sorts of different places: it's dependent on such variables as the purpose of our reading, the social acceptability of the reading material, time available, ideas of comfort and relaxation or of formality and concentration. Many working people, for example, do most of their reading on public transport as they travel to and from work, »cos that's the only sort of time you have«. For others, working mothers for example, their reading for pleasure is done in bed »because that's my space and my time«. In addition to these aspects, many interviewees reported that reading any substantial amount of text off a screen was 'uncomfortable', 'annoying', 'awful',' boring'

To what extent has the multimedia industry been able to cater for people's reading habits? So far, as Andrew Dewdney and Frank Lloyd summarise in an article in The Photographic Image in Digital Culture, the industry has focused on three main physical locations for which to develop hardware and software. These distinctions have arisen because of the existing organisation of the multinational electronic companies and are referred to as couchware, deskware and streetware. As yet, these multimedia products, unlike the book or the magazine, do not have the flexibility of portability across and through these different locations. For example, deskware is based on CD ROMs for research and education. It is as if study activity is assumed not to take place elsewhere such as on the floor in front of the fire.

Magazines are probably the most portable and flexible of all our reading material. The visual format and organisation of material allows for different reading strategies and we can take it with us wherever we go. There has been quite a lot of hype about CD ROM magazines but again, this seems to ignore how and where people like to read magazines in and outside the home: in the toilet, on the train, even walking down the street. Furthermore, many people like to be able to collect magazines and then cut out any relevant articles. This process seems to be important. A student told me, »I like to spend an evening going through and cutting out articles I want to keep. I like handling them and organising them. I seem to become more familiar with what I've got«. In the case of the book, people select any relevant sections that particularly catch their attention. Books, as objects, can be very easy to interact with. As one interviewee explained: »... if I come across a page of description that strikes me, or impresses me, I turn over the corner to remind me... and then I can go back to it«. Are there equivalent forms of interaction with a CD ROM?

The question of the physicality of the book is important to many people, not least because the act of reading involves a process whereby an individual may actually »like holding the book. I like to feel the bulk of it and close it, like a box, and feel that all those characters are there in it... it's a fantastic thing whereas a CD ROM is just... a bit of metal«. Here the book becomes a visual metaphor for the content, the narrative, the fiction or whatever. And importantly, it can be held to oneself.

In spite of being a mass reproduced object, a book can continue to hold a unique relevance to a reader, who more often than not is the owner too. Buying and owning a book seems to be an important step in building up other meanings around the book, other than just something to read. »Owning it, it's yours.« »I love owning books... I really mourn books that I have lent people and not got back'.« »I like owning it because it's something personal.« All interviewees agreed that books became symbols for different moments in their lives:»I don't dislike it cos it's battered and stained. I can look at that rip and say, Ah, I remember when that happened!« or more succinctly, »it's like the bookshelf is my history, it's like my bookshelves are who I am, everything I've read over the years, good, bad or indifferent.« Books can serve to evoke memories and feelings of reassurance and self-identity. They can also provide comfort in unexpected ways: »I mean Elisabeth [daughter], now that she's feeling worried about her exams, I found her in bed asleep holding a book from her childhood. It was all so familiar to her I'm sure: the story, the battered corners and scribbling that she'd done years ago... maybe even the smell?«

Given the importance that books can have for different people as a set of objects which construct a biography and build up towards a sense of self identity, the manner in which books are displayed within the home may become linked to this project. Le Febvre in his book The Coming of the Book gives a full account of the different ways that printing as a technology facilitated different processes throughout Europe: from the growth of vernacular languages to the establishment of division of labour within the book production process. He charts the growth of all kinds of books for different purposes and the growth in the market. Mass production and a growing market facilitated a new sense of private ownership of books. In particular, personal libraries and collections became means by which an aristocrat displayed, or a hesitant member of the newly emerging middle-class imitated and aspired to certain ideas of wealth, learning and culture. These people often posed in their libraries to have their portraits painted in order to convey the right impression of taste and status. This tradition continues on a popular level today when high-street photographer places his family group or newly graduated student in front of a 19th century library backdrop to be photographed. Similarly, in many British pubs which are seeking to evoke a certain idea of British cultural heritage, you can find a few second hand, dusty, hard-backed books placed tastefully in the alcove of the nostalgic country-style interior. Even in the living room some people continue to consciously display books in such a way that »people probably think I'm quite arty and know something about Victorian things, which I don't really. But I like the books and the way they look up there.« Here is someone using books, as they might use a painting above the fireplace or an ornament on the sideboard to express certain ideas of taste and culture to themselves and the people who enter their domestic space.

Books become very important markers of personality, attitudes and lifestyle. One interviewee spoke about looking at people's books in their homes as »the first thing I do.« Books are seen as objects which tell as much about an individual as the decor and furnishings of a room: »It tells me if people are into the same things as me and if there are any surprises...« For people who are not intimidated by books, a lack of books represents a lack of depth of personality: »My boss, he's a clever man but he doesn't have any books in the house... It was a confirmation that he was a one-dimensional man... totally bland«. Even those interviewees who did not buy books because they found them somewhat intimidating agreed that books and magazines »definitely have a good quality that CD ROMs don't have«.

On an even more personal level the moment when book collections are re-organised or merged with another's can be quite traumatic. As one interviewee recounted on moving in to live with her partner, Michael: »Books were the only thing that stayed in boxes, even after 2 years. I couldn't find the energy to think about it... I remember a friend telling me »I just get the sense that your relationship to Michael is reflected in your house, and your books are still in boxes«. I thought a lot about that and realised that one of the barriers to putting my books out was a fear of actually merging my collection with Michael's... I didn't know if I wanted them to be together or separate... Books were the main expression of my unresolved feelings about being with someone and at the same time being myself and keeping an identity... So here are mine and his are on the other shelves...«

So where does this all leave us? Where is the book going? Should we just ignore the way that people speak about themselves through books? Is it important where they read books, how they display books and how they interact by ripping, staining and folding corners? Is it irrelevant that people think surprisingly carefully about where their books will be stored and how?

To ignore these kinds of issues suggests a wilful blindness to the way that people try and make sense of and attempt to control their lives, in an increasingly complex and fragmented world. Even people who sit at computers for any length of time attempt to personalise this most advanced technology: think of the images which are stuck onto the hardware, the screen that talks to you and tells you to wake up or the mouse pad which is patterned or decorated. More specifically, in the case of the electronic book, publishers, designers and software specialists still have a long way to go in addressing these aspects in any significant manner before we can really say that »the book is dead!«.

References:
Febvre L. and Martin H.J., The Coming of the Book, London, 1958
Graphics Review, 1992
Ed. Lister M., The Photographic Image in Digital Culture, London 1995
Ong W.J., Orality and Literacy: the technologizing of the word, London 1991

Thanks to all who agreed to be interviewed.

Carsten Schlegel
The acoustic Tomb Stone

A high-tech object, devised specially for victims of high technology whose mortal remains are not available.

The cylinder is covered with cardboard (164 x 346 mm). It measures 112 x 164 mm in diameter and weighs 2,1 kg. In addition, a narrow strip of cardboard wraps around the cylinder both vertically and horizontally, preventing the cardboard covering from slipping, and pasting its seams together on the side where they meet vertically. On the opposite side, both ends of the cardboard strip – which are glued to the covering as well – meet in the middle. On the upper side the strip can also be used as a handle for carrying the tomb stone. Looking from above, one can now already perceive the tomb's orange tone, as well as the solar cell which has been positioned, slightly recessed, inside the cylinder. Viewed from a slight angle, an opening, at a level with the solar cell, becomes visible. From beneath, a sunken switch can be seen.

On the site where the tomb stone is to be installed – which does not have to be identical with the actual burial site – a conical section of earth, measuring 210 x 150 x 150 mm, is loosened and removed. Right over the hole the cardboard covering is torn open, allowing the cement (1,1 kg) contained in the space in-between to pour out. This cement, and 260 ml of water that have been brought along to the site, as well as the material removed from the hole (if it's not suitable an adequate alternative has to be found in the vicinity), are then mixed in the hole until the concrete has the right consistency and fills it. Holding the cylinder in one hand, the two-stage push-button switch (4 mm displacement between stages) is pushed into the first position with a finger of the other hand, with the solar cell facing towards you. Then, in 20 cm distance perpendicular to the solar cell, either speech or music can be recorded. The maximum recording time is 64 seconds. Subsequently, the switch has to be pushed into the next lower position to make it snap into place permanently. With the switch facing towards the ground, the cylinder is now sunken into the concrete with a spinning motion until only its top is still visible. Using the resonance opening and solar cell as orientation marks, it must then be adjusted such that the solar cell points north. The cardboard is reduced to small pieces which are then pushed into the concrete. The installed tomb stone now weighs 5,2 kg (the cylinder alone 1 kg). As long as sun light reaches it, the recorded sequence is repeated softly but continuously.

Technical Data
Case: recycled plastic, coated with orange-yellow (RAL 1028) synthetic material
Covering: grey cardboard, 1 mm thick
Solar cell: sealed with acrylic glass, light-gathering, water-proof, resistant against industrial environmental conditions
Resonance cone: acoustic opening, sealed with water-proof membrane
Microphone
Speakers
Circuit board with electronic components (shielded against radiation): buffer accumulator, recharger electronics, memory device (16 Bit 32 kHz sampler with 64 sec. max. recording time), interval controller device, amplifier
Push-button switch (two-stage, waterproof): 1st stage – power on and record; 2nd stage – power on and play; light and interval controller device, permanent locking device

The tomb stone can be manufactured from various materials (aluminium, plastic, stone, concrete, ceramics, half stuff) and by way of various techniques (casting, machining, welding, soldering, gluing).

Price: 2.500,- DM

**Gui Bonsiepe
interface
Design neu begreifen**
Bollmann Verlag 1996
ISBN 3-927901-84-9

Bonsiepe's book *interface. Reinterpreting design* is an appeal to put an end to the lacklustre state of affairs in which the German discussion context has found itself for a number of years. For Bonsiepe, who studied and taught in Ulm and for many years has been the head of an institute for design and media in Florianopolis, Brazil, who got to know the thought patterns of the computer scientists and programers in the software workshops of the United States, who, as a designer on the global periphery, has always maintained the intellectual link with centers in Europe and the United States, was, in the early nineties, appointed professor at the design college in Cologne. Back in Europe. I can well remember his return to everyday design life in the Federal Republic, one of his first appearances at a Bonn design congress, where he wanted to replace the chic and lightweight German notion of multimedia with the term hypermedia. Hardly anybody understood him. In Germany at that time there was still no conceptional notion of information technology. I could presume that Bonsiepe was disappointed on his arrival in the land of poets and henchmen: disappointed over the intellectual lousiness with which design and design publicity were undertaken here in Germany. But Bonsiepe is not prone to such disappointment. These days there are very few people of comparable integrity and stature who allow what is small to simply remain small.

The book is not a comprehensive text on design, not a draft design theory, even if it was not written without such a background, even if that is its aim. The book is a collection of essays and interviews from the last ten years and manifests Bonsiepe's relentless and dynamic quest for partners for a design-theoretical discussion context. According to Bonsiepe, design theory is essential to design if it is to stake a claim to the future, that is to re-shaping and re-structuring. Not because design is a treasure chest of utopian dreams, and not because theory sets down rules concerning how design should take place, but because design theory ensures that aesthetic artefacts can more readily be analysed and communicated, because design theory puts design consciousness on a level of language and articulation which guarantees it acceptance in the division of labour in a post-industrial society, which establishes communication with the disciplines of engineering, with management, and, last but not least, with the users. It is only when design practice takes place in a conceptual context that design can realise its social, technical and cultural function in a society with a high level of division of labour. Those who do not understand, to give a somewhat burlesque interpretation of Bonsiepe, can not make what they do understood and are simply excluded from the division of labour in society. Let them be artists.

And communication is also the key word in Bonsiepe's reflections. After all, design is not just a discipline which has to be communicated if it is to play a effective role in society. The very act of design is based on the model of communicative practice, the center of which Bonsiepe occupies with the term Interface, a notion derived from information theory where it describes the point at which the exchange of information between machines or computers is realised. For design, Bonsiepe uses the term in the following way: »The interface is the central area upon which designers concentrate their attention. The design of the interface orders the field of action of the user of products. The interface includes the tool character of objects and information content of data. Interface turns objects into products. Interface turns data into comprehensible information. Following Heidegger, the interface makes what is simply present into what can be handled. ... However, it must be remembered that interface is not a thing, but the dimension in which the interaction between body, tool (artefact, both objective and sign-linked artefact) and the objective of an action is ordered. This is precisely the essential domain of design.« [20]

There are two reasons for the axiomatic nature of these formulations. Bonsiepe's proposals for a contemporary understanding of design is intended to form the basis for a design-scientific context, which does not yet exist and in the construction of which categorial options are involved, and, secondly, an information-theoretically oriented understanding of design should if possible encompass the full breadth of the field which the profession aspires to cover, or at least the domains of graphic design and industrial design, in order to make both areas compatible with the field of work of information technologies.

Bonsiepe extends this broad notion of design, which in Germany is almost identical with Gestaltung, to include the classical non-aesthetic related fields within the design profession. The theme of his book is not the relationship between design and art, or design and architecture, but the interface to management, to the engineering disciplines and, above all, to information technology. The axis around which these interfaces turn are the social and cultural anchoring of design: the global and ecological dimensions of design, the pedagogic responsibility: the project of modernity as it has been outlined by Thomas Maldonado and to which Bonsiepe is dedicated.

In Bonsiepe's book I see a renewed attempt to proceed with the Ulm project of the rationalisation of design. The theoretical origins, the fundamental approach which are expressed in Bonsiepe's reflections unmistakably have their origins in the Ulm School. Ulm is the source of his communication paradigm and of his idea that the process of design could be spelt out in information-theoretical vocabulary; Ulm the source of the unwavering faith that rationality is progressive which gives the theories and arguments their gravity, makes them transparent and comprehensible. In this context I would recommend that one begins by reading the postscript.

But this information-theoretical approach, which has manoeuvred design so closely to information technologies, and which takes up and carries on what design has been in recent decades, also implies an unprecedented limiting of design. The advantage which the term Interface enables, »a bridge to be built between experience with the design of material artefacts – from toys to agricultural machinery – and the new immaterial tools of computer programs«, is transformed into a barrier because the category of the interface does not concern »retinal space«, not temporal-spatial actions, but data transfer. What losses occur when the cybernetic notion of information exchange is applied to four dimensions, when all that remains of the reality you can reach out and touch are data formats? When design is reflected in the categories of information-theory, what is lost is that for which there are no information-theoretical concepts, because in its news-technical modelling it only interferes. So can Bonsiepe's terminologies react to the losses suffered by a society which is structured according to data flows?

In this respect Ulm proves to be a burden. It was there that the information-theoretical modelling of the design process began. It could be asked what the motives for this were. Why was a function-oriented modelling of the design process replaced by an information-theoretical orientation before had even properly begun? Could it not be that this shift of paradigms undermines the project of modernity, which is not abstract progress, not blind adherence to scientific advances, but the question of where man stands between the generative nature of the past and the construed nature of the future. Given all these questions which the book provoked in me, one wish becomes clear: what I am missing at the beginning of this collection are the intellectually committed positions which Gui Bonsiepe published in the last edition of the Ulm magazine in 1968: both an editorial and a personal reaction to the closing of Ulm as a school and as a magazine; a document which reflects the drama of an approach to design which views design as re-shaping and re-structuring, as a privilege to a future. I asked Gui Bonsiepe for permission to reproduce a slightly shortened version of this document here. It is a text which marks the great watershed in design-theoretical attitudes in the Federal Republic and which is to a certain extent the background to the book presented here. A historical text. And how many texts can you say that about?

Commentary on the situation of the HfG

On February 23, 1968 the members of the HfG decided to terminate their activities at this institution with effect from September 30, 1968 if the government and parliament of the Land of Baden-Württemberg persisted in their previously published plans and conditions for continuing the HfG. As we go to press, it is not certain whether and in what form the HfG will continue its existence at Ulm or elsewhere. [...]

Freedom is first and foremost economic freedom. And in this respect the position was never very favourable right from the start. It was a mistake to assume that an educational institution could and should be financed by earnings from industrial commissions. Education cannot be run out of its own resources. The HfG had therefore to rely on public funds and thus became dependent on the goodwill and understanding of elected representatives.

Neither could be taken for granted. On the responsible committees grants were often authorized only by narrow majorities in the teeth of stiff opposition. As the international reputation of the HfG continued to grow, the means whereby the demands arising from such a reputation might be met dwindled because the utterly inadequate funds made a mockery of its aims and commitments. After the HfG had eked out a day-to-day existence on an economy budget year after year and then on an emergency budget in a country whose representatives blithely pose as members of a developed industrial society, the HfG unanimously turned at bay in a resolution which was couched in no uncertain terms. Disrespectful was the word used by liberal-minded middle-of-the-road men to describe the hard and indeed harsh language of the manifestos, which did not hesitate to call a spade a spade. For it is pertinent to ask who stands to gain from pandering to the power of ignorance and the ignorance of power. Certainly not the HfG.

Arguments about the continuation of the HfG began even before a brick was laid. Apart from the politically motivated hostility engendered by the avowed anti-nazism of the HfG, the institution also had to contend with adverse opinions rooted in sheer provincial ignorance and cultural conservatism. The reason was that it did not fit into the traditional cultural scheme in which no provision is made for environmental design. It transcends a conception of culture where the focus is on the cultivation of the economically independent individual and social aspects are ignored. Culture in its bourgeois form does no harm; it jeopardizes nothing and nobody, least of all a society which can afford such a culture. Beyond the political line it leaves everything precisely as it was. [...]

To be sure, there is no straight path from a well-designed advertisement or a well-turned doorknob to a better society. And although there was an instinctive consciousness at the HfG to the relationship of design to society it was not actually embodied in its curriculum in a pondered form. The socio-political elements of the HfG were relegated in dilution to vague speeches about the cultural responsibility of the designer. Certainly, it would be naive to expect an improvement of social conditions to result from a qualitative improvement of the world of signs and objects, although efforts to make the world a slightly more pleasant place to live in must undoubtedly be regarded as legitimate. By taking a leap into the pragmatic, one might rid oneself of doubts and find what is right by a subjective approach. For since the environment is created and will continue to be created as a super-prothesis, it will not be the least of the factors deciding whether and how a society of whatever system will live and survive. Yet this noble demand that man the crustacean should be surrounded by a shell worthy of his humanity is inseparable from certain contradictions resulting from changes in historical circumstances.

In the mid-fifties, when the HfG was opened, there was still virtually no realization in industry of the necessity of design. The first missionary endeavours were therefore directed at the owners of the means of production with a view to convincing them that design and business are not irreconcilable opposites and may therefore contract a harmonious marriage. It was found then, and has frequently been confirmed since, that a product satisfying the designer's criteria of quality can also be a money-maker. Today design is part and parcel of industry and only a hypocrite could complain about the improvement in the functional and aesthetic standard of the products. An industry with designers is an advance over a design-less industry or an anti-design industry. During this process of assimilation however, antinomies have sprung up between the satisfaction of needs and consumerism, although this cannot be turned as an argument against design itself. Whereas in theory the designer was to be the representative and interpreter of the interests of society as a whole, design was changed into an element of strategy in modern entrepreneurial policy in which the price war between competitors has been replaced by a design-based differentiation of products. This change in the situation has very special repercussions on the schools of design where kind professionalists can no longer be produced as a matter of course in times gone by.

The technical rationalism advocated whole-heartedly by the HfG constituted a progressive element particularly during the earlier years of its existence. Previously opposed, it has now gained acceptance everywhere. The socio-political factor associated with this rationalism is, however, less welcome; for it cannot be fitted snugly into the productive and reproductive process of society. Industrial societies need intelligence to remain alive. One brand of intelligence in particular is favoured. Instrumental intelligence is taken into service but critical intelligence is desired to a lesser degree or not at all. Evaluated willy-nilly in terms of output, the HfG – particulary for the last 5 years or so – has had to prove its right to existence by becoming a production centre of qualified designers. It became an designer factory which endeavoured with shamefully slender funds to fulfil one part of its programme, viz. the training of designers. After the HfG had cooperated in turning the unsolved problem of training designers for today into a solvable one, two other parts of its programme would have had to be implemented: development projects and, more particularly, research in the field of environmental design. In any case the mimetic process of training (pedagogics copying practice) would have had to be abandoned: today industrial practice is more advanced than pedagogics whereas ten years ago it was the other way round. Now if training is not to become an insignificant appendage of industry, it must create its own models and patterns so as to give future practice its bearings: otherwise training will be merely duplication. And thus it would be unable to give a stimulus to practice in industry.

[...] If the HfG had been relieved of ... external constraints, the realization that a monolithic concept of design is no longer tenable today would have produced its fruit. For the view that the problems of design can be solved primarily, if not exclusively, by designing has been shaken. The relationship between the designer and the sciences must be thought out afresh. So far designers have clung to the role of consumers of science hoping that someone somewhere will produce a piece of knowledge which they will apply and utilize if they come across it more or less by accident. Today there is no future in this receptive attitude; it must be converted into a productive one. This can be achieved if the design schools do not train their students merely to make design objects but also to create design knowledge and design organization. In the last analysis design is more than the creation of three-dimensional forms. The activities of the designer will become differentiated. There will be designers who work on the drawing board; there will be designers who research; and there will be designers who organize and plan. These are the lines along which we shall have to proceed in the future and at the same time the eclectic attitude towards the sciences will have to be abandoned. Design which might claim to organize and leave its imprint on a highly artificial and in future extremely complicated environment needs the creation of a science of design as a branch of a future science of environment.

Viewed from the future of the HfG might appear to be a transitional institution which attempted to conjoin science and design but only succeeded in the initial stages of the synthesis. As a newcomer among the classical seats of learning the HfG could not live independently of them. Its functional dependence on the production centres of knowledge became increasingly apparent. But since the latter are themselves bogged down in a serious crisis of a political nature and must ponder their own relationship of society, they can do little to help design out of a crisis which is rooted in the nature of the subject.

In view of the urgency and the rapidly increasing proportions of the problem confronting the occupants of a world environment it would be hopeless to wait for the universities to reform their organization and their activities. Similarly the organizational form of industry – and this applies in particular to capitalist industry – will not allow it to tackle and solve problems affecting society at large, i.e. problems including such fields as community design. This touches on the immense sector of public use as against private consumption. Today a town, a hospital, a school, make up a hotchpotch of individual and part products which do not form a system or at best only a jerry system. To deal with the problems looming up there it would be necessary to create new, versatile institutions where environmental design could be studied on a broad and interdisciplinary basis. Here would be a field of experiment for that collaboration between sociologists, psychologists, economists, engineers, doctors and designers which has so often been aimed at and so seldom attained. And at the same time this would spell the end of the obsolete arrangement whereby designers and architects are 'advised' by scientists.

Trials could be made with new didactic ideas according to which each student is no longer the competitor of the others. Certificates of attendance as the expression of a repressive principle of performance, and indeed any didactic system which operates with the threat of minimal frustrations, would be replaced by an emancipating form of instruction. Lectures, which are a highly uneconomic way of imparting knowledge unless it is new, would drop out and be replaced by teaching programmes in which existing knowledge is concentrated. Heuristically oriented instruction would be replaced by instruction in which the solution of a problem is the focus of attention. The members of a working group might team up on the basis of their motivations and interests rather than be assembled according to the fortuitous criterion of their date of registration. The learning process would become productive instead of reproductive.

Perhaps the HfG could have stripped these speculations of their tentative character although it must be remembered that experience shows that regeneration does not come about of its own accord or arise spontaneously from the matter itself but that it must be created by taking a revolutionary grip on things.

But for this the HfG would have needed a freer climate and not have had to solicit in fear and trembling the favour of the elected representatives whose hands control the money-bags and who have never found the HfG's desire for innovations and experiments congenial.

The HfG is therefore almost at an end. It is to be hoped that it will not suffer the same fate as the Bauhaus, i. e. to be rendered harmless and put on show as an exhibit in the museum of cultural objects. Nor should the resolution of the members of the HfG be decked out as a heroic gesture. It was not the end of the HfG that was heroic but the hope presiding at its inception. The HfG is not to be gauged by what it achieved but by what it was prevented from achieving.

Gui Bonsiepe
31.3.1968

(Gui Bonsiepe, Commentary on the situation of the HfG in: ULM 21/1968, page 5-14)

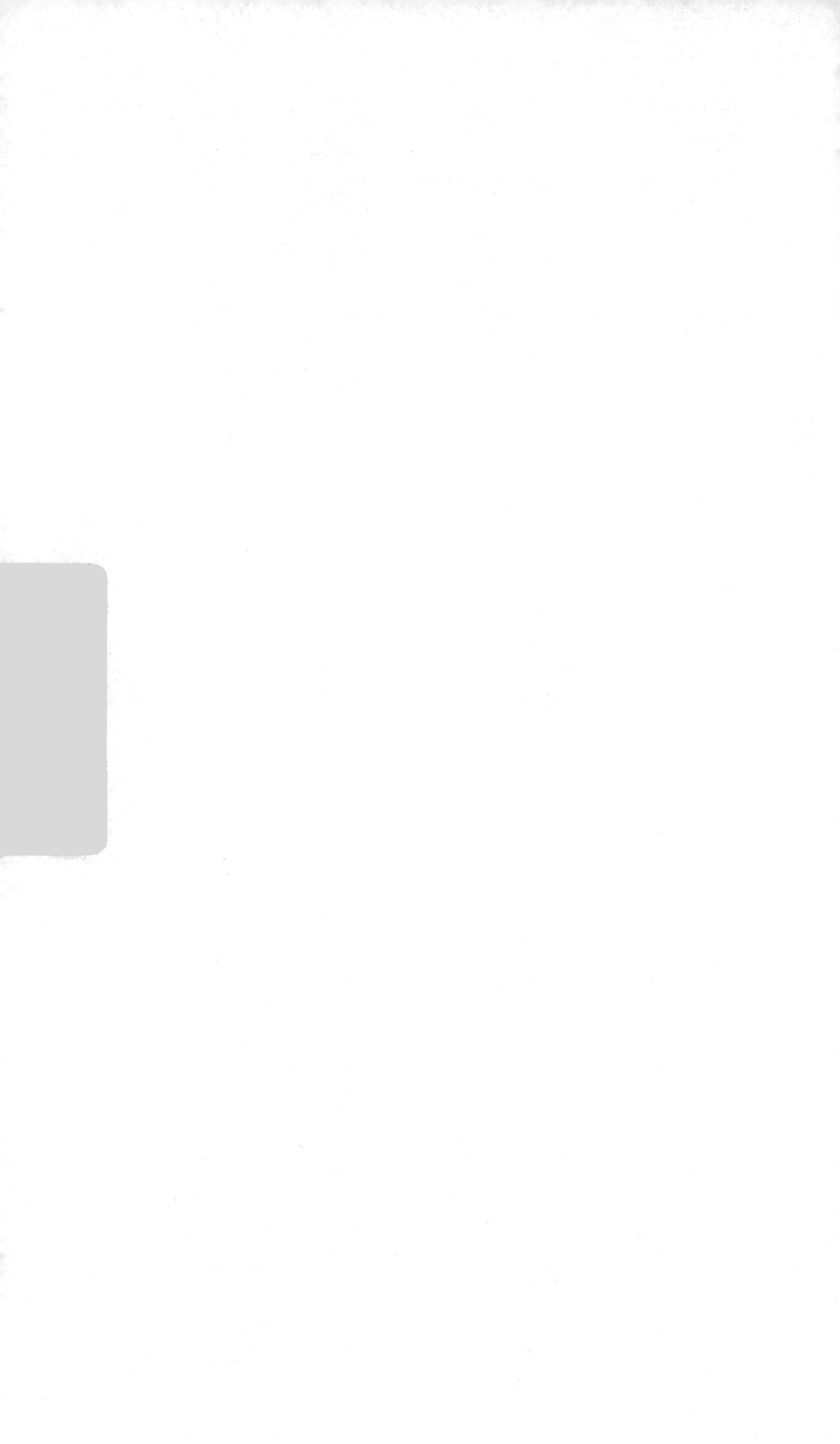

Impressum

Wo kann man form+zweck kaufen?

Aachen
Buchhandlung Backhaus
Trichtergasse 14
52064 Aachen

Augsburg
Bahnhofsbuchhandlung
Ulmer Straße 53
88154 Augsburg

Basel
Galerie Stampa
Spalenberg 2
CH-4051 Basel

Jäggi AG
Freie Straße 32
CH-4001 Basel

Domushaus
Buchhandlung für Architektur+Design
Pfluggässlein 3
CH-4051 Basel

Berlin
artificium
Hackesche Höfe
Rosenthaler Straße 40/41
10178 Berlin

Bücherbogen am Savignyplatz
Stadtbahnbogen 593
10623 Berlin

Bücherbogen
Kochstraße 19
10969 Berlin

Galerie 2000
Knesebeckstraße
10623 Berlin

Kiepert KG
Hardenbergstraße 4-5
10623 Berlin

Kiepert KG
Georgenstraße 2
10117 Berlin

Wasmuth
Hardenbergstraße 9a
10623 Berlin

Darmstadt
Georg Büchner Buchladen
Lauteschlägerstraße 18
64289 Darmstadt

Dessau
Buchhandlung im Bauhaus Dessau
Gropiusallee 38
06846 Dessau

Dresden
Richters Buchhandlung
Förstereistraße 44
01099 Dresden

Düsseldorf
Walther König
Heinrich-Heine-Allee 15
40213 Düsseldorf

Rudolf Müller
Neustraße 38
40213 Düsseldorf

Essen
Heinrich-Heine-Buchhandlung
Viehofer Platz 8
45127 Essen

Frankfurt/M.
Karl-Marx-Buchhandlung
Jordanstraße 11
60486 Frankfurt/Main

Kunst-Buch - Schirn Kunsthalle
Dr. Bernd Kalusche
Römerberg 7
60311 Frankfurt/Main

Walther König
Domstraße 6
60311 Frankfurt/Main

Hamburg
Heinrich-Heine-Buchhandlung
Schlüterstraße 1
20146 Hamburg

PPS
Fachbuchhandlung für Photographie
Feldstraße/Hochhaus 1
20375 Hamburg

Sautter + Lackmann
Admiralitätstraße 71/72
20459 Hamburg

Von der Höh
Große Bleichen 21
20354 Hamburg

Hannover
kunst MeRz
Im Sprengelmuseum
Kurt-Schwitters-Platz
30169 Hannover

LITERA
Jacobistraße 12
30163 Hannover

Köln
Walther König
Ehrenstraße 4
50672 Köln

Krefeld
Buchhandlung Dahl
Neue Linner Straße 90
47798 Krefeld

London
Zwemmer Media
24 Litchfield Street
GB – London WC211 9NJ

Serpentine Gallery
Kensington Gardens
GB – London W2 3XA

Photographers Gallery
5Great Newport Street
GB – London WC2H 7HY

ICA
The Mall
GB – London SW1Y 5AH

Dillons Art Bookshop
8 Long Acre
GB – London WC2E 9LH

Mainz
Buchhandlung Am Kirschgarten
Kirschgarten 20
55116 Mainz

Mannheim
PRINZ Medienvertrieb
T1, 1-3
68161 Mannheim

München
Amalienbuchhandlung
Amalienstraße 71
80799 München

Buchhandlung L. Werner
Residenzstraße 18
80333 München

Hans Goltz Buchhandlung KG
Türkenstraße 54
80799 München

Moths
Rumfordstraße 48
80469 München

Paris
Librairie La Hune
170, boulevard saint-germain
F - 75006 Paris

Stockholm
konstig - an art bookstore
Kulturhuset
Sergels Torg 3
S - 10326 Stockholm

Stuttgart
Fachbuchhandlung für Architektur und Design
Rita Limacher
Lautenschlagerstraße 16
70173 Stuttgart

Kunsthaus Schaller
Königsbau
70173 Stuttgart

Wien
Buchhandlung Lia Wolf
Bäckerstraße 16
A - 1010 Wien

Heger
Wollzeile 2
A - 1010 Wien

Minerva
Wissenschaftliche Buchhandlung
Sachsenplatz 4 - 6
A - 1201 Wien

Minerva
Museum für Angewandte Kunst
Stubenring 5
A - 1010 Wien

Morawa
Wollzeile 11
A - 1011 Wien

Zürich
Edition Howeg
Waffenplatzstraße 1
CH - 8002 Zürich

Krauthammer
Obere Zäune 24
CH - 8025 Zürich

SCALO Books & Looks
Weinbergstraße 22a
CH - 8001 Zürich

Back Issues

1/1991 DM 16,00
Ökologie und Design
64 Seiten, ungeschnitten, 12 Farbtafeln

2+3/1991 DM 39,00
Noch einmal: Ökologie Noch einmal:
Recycling Noch einmal: DDR
128 Seiten, Schweizer Broschur

4+5/1992 DM 39,00
Visuelle Kommunikation, Information Design
128 Seiten, Schweizer Broschur

6/1992 DM 18,00
Design Begriff und Berufsbild
64 Seiten, japanische Bindung

7+8/1993 DM 39,00
Mitgedacht - Dabeigewesen, Kleine Weltlaterne, Urbanität
128 Seiten, Schweizer Broschur

9+10/1994 deutsch/englisch DM 39,00
Kleine Weltlaterne, Art Déco
144 Seiten, gebunden, Bibeldruck,
Schutzumschlag

11+12/1995 deutsch/englisch DM 50,00
Reparatur, Zoo, Art Déco
152 Seiten, genietet

13/1996 deutsch/englisch DM 48,00
Fünf Ebenen eines Augenblicks
Ein Heft für Augen und Hirn
128 Seiten, 12 Leporellos, Ringheftung

Plakat form+zweck DM 10,00

Fotonachweis
C. Reinelt (Sisyphus), Baden-Baden
KARO-FILM (Auge), Braunschweig
LULU-Film (LKW), Kirchzell
Jörn Zehe (Projektorrennen), Hamburg
Archiv für Kunst und Geschichte (Hollerith-Sortiermaschine, Hollerith-Lochmaschine)

Autoren
Professor Dr. Joseph Weizenbaum, Massachussetts Institute of Technology/USA
Dr. Jörg Petruschat, Humboldt-Universität Berlin
Professor Dr. Chup Friemert, Hochschule der Bildenden Künste, Hamburg
Tanja Diezmann, Pixelpark, Berlin
Joachim Sauter, Art+Com, Berlin, Hochschule der Bildenden Künste, Berlin
Adib Fricke, Künstler, Berlin
Dr Hans G Helms, Privatgelehrter, Köln
Ann Grove White, University of Wales, Cardiff
Professor Helmut Staubach, Kunsthochschule Berlin
Nils Krüger, Student Kunsthochschule Berlin
Carsten Schlegel, Designer, Hamburg
Thomas Bartels, KARO-FILM, Braunschweig
Jürgen Reble, Filmgruppe Schmelzdahin, Bonn
Martin Hansen, KARO-FILM, Hamburg
Lutz Garmsen, LULU-Film, Kirchzell
Ursula Helfer, LULU-Film, Kirchzell
Jörn Zehe, Filmemacher, Hamburg

Übersetzung ins Englische:
Peter Craven (Weizenbaum, Petruschat, Friemert, Helms)
Belinda Gardner (Fricke, Diezmann, Partikel Projektion, Schlegel)
Thomas Gardner (Staubach, Krüger, Sauter)

Übersetzung ins Deutsche:
Rosi Heise (Ann Grove White)

form+zweck Heft 14 / 1997 / 29. Jahrgang
© form+zweck Verlag, 1997
Redaktion: Angelika Petruschat/Dr. Jörg Petruschat/Dr. Chup Friemert
Dorotheenstr. 4/12557 Berlin
Telefon ISDN +49-30-655 57 22 Fax ISDN +49-30-65 88 06 53

Gestaltung: Sabine Golde/Tom Gebhardt, Leipzig
Schrift: Helvetica und Quay Sans
Papier: opak-Dünndruck, 60 g
Belichtung: Tripple AAA, Berlin
Druck: Jütte Druck GmbH, Leipzig
Buchbinderische Weiterverarbeitung: Buchbinderei GmbH, Leipzig

ISSN 0429-1050
ISBN 3-9804679-3-7

Dank
Wir danken Silke Rothkirch, Gabriele Tuch, Elvira Möser, Elia Patricia Martinez.

Dieses Heft entstand mit Unterstützung des bauhaus dessau e.v.
Dafür bedanken wir uns.

gedruckt in leipzig